陌生人效应

Talking to Strangers

[加] 马尔科姆 · 格拉德威尔
(Malcolm Gladwell) 著　朱晓斌 译

中信出版集团 | 北京

图书在版编目（CIP）数据

陌生人效应 /（加）马尔科姆·格拉德威尔著；朱晓斌译 . -- 北京：中信出版社，2020.6（2024.5重印）

书名原文：Talking to Strangers: What We Should Know About the People We Don't Know

ISBN 978-7-5217-1818-8

Ⅰ . ①陌… Ⅱ . ①马… ②朱… Ⅲ . ①心理交往—通俗读物 Ⅳ . ① C912.11-49

中国版本图书馆 CIP 数据核字（2020）第 070535 号

陌生人效应

著　　者：[加] 马尔科姆·格拉德威尔
译　　者：朱晓斌
出版发行：中信出版集团股份有限公司
（北京市朝阳区东三环北路27号嘉铭中心　邮编　100020）
承 印 者：北京通州皇家印刷厂

开　　本：880mm×1230mm　1/32　　印　　张：12.25　　字　　数：268 千字
版　　次：2020 年 6 月第 1 版　　印　　次：2024 年 5 月第 7 次印刷
京权图字：01-2019-7183
书　　号：ISBN 978-7-5217-1818-8
定　　价：69.00 元

本书谨献给

格雷厄姆・格拉德威尔

（1934—2017）

马尔科姆·格拉德威尔还著有

《引爆点》

《异类》

《眨眼之间》

《逆转》

《大开眼界》

1

2

间谍与外交官：两个难题

人们普遍认为，张伯伦与希特勒的谈判是第二次世界大战中最愚蠢的事情之一。张伯伦被希特勒迷惑了，在与希特勒的谈判中，他陷于被动，误读了希特勒的意图。

令人困惑的是，被欺骗了的人往往是那些你认为不会被他人欺骗的人，而那些看清了真相的人却恰恰是那些你认为会被他人欺骗的人。例如，温斯顿·丘吉尔一直深信希特勒是彻头彻尾的奸诈小人，丘吉尔称张伯伦造访希特勒是“有史以来最愚蠢的事情”，但希特勒只是丘吉尔在纸质读物上读到过的一个人。

默认真实

我们会“默认真实”：我们常用的假设是，与我们打交道的人是诚实的。只有当事件明确地变得和我们最初的假设相反时，我们才会走出“默认真实”模式。

换句话说，我们不会像头脑清醒的科学家那样，在得出结论之前，慢慢地搜集证据来证明某件事的真伪。我们的步骤恰恰相反，我们从相信开始，只有当怀疑和疑虑上升到无法被解释的程度时，我们才停止相信。

3

4

“透明”假设

“透明”是指我们的行为和举止——他人可见的我们表现自己的方式——为他人观察我们的内心感受提供了一个真实可靠的窗口。

我们都有一种倾向——根据人们的行为去判读他们是否诚实。在我们眼中，说话得体、自信，握手有力，友好、有魅力的人被认为是可信的；说话时紧张、不自在、躲躲闪闪、结结巴巴、含含糊糊、言语费解且空洞无物的人则难以被他人信任。

委婉一点儿说，这简直是无稽之谈。

教训

我们需要接受这样一个事实，即了解陌生人是有限度的。我们永远不会知道全部真相，我们必须满足于了解部分真相。谨慎、谦逊地与陌生人交谈才是正确的方式。

5

耦合效应

面对陌生人时，我们常犯的第一种错误——“默认真实”和“透明”假设——使我们无法理解作为个体的陌生人。除此之外，我们还会犯的另一种错误——不重视陌生人所处的环境，这使我们理解陌生人变得更加艰难。

耦合效应理论让我们有了完全不同的看法，它告诉我们，不要一看到陌生人就匆忙下结论，不妨多了解一下陌生人的世界。

作者按

多年前，我父母来纽约看我，我让他们住在了美世酒店。这样的住宿安排可以说是我为他们做的安排中的败笔：美世酒店时髦、雅致、上档次，是社会名流和上层人士下榻之处，但我的父母——尤其是我的父亲——却不怎么在意酒店档次这样的事情。父亲不看电视，不看电影，也不听流行音乐。他以为《人物》杂志是一本人类学杂志。他潜心研习的领域很具体：数学、园艺和《圣经》。

当我到酒店接父母吃晚饭时，我问父亲当天过得怎么样。“太好了！”他说。显然，他整个下午都在酒店大厅和别人谈话，这是父亲相当典型的行为，他喜欢和陌生人说话。

“你们谈了些什么？”我问。

“养花种草！”父亲说。

“他叫什么名字？”

“哦，不知道。但在我们交谈的整个过程中，不断有人来找他拍照、签名。”

如果哪位好莱坞明星还记得，您很久以前在美世酒店的大厅里与一位留胡子的英国人聊天，那么请您在读到这本书时与我联系。

其他人呢？想象一下当时我父亲与陌生人谈话的情景，你就不难得出这样的结论：有时候，陌生人之间最投机的谈话仍能使双方保持陌生的身份。

序

“下车！”

1

2015年7月，一位名叫桑德拉·布兰德[1]的年轻非裔美国妇女从老家芝加哥开车去普雷里维尤农工大学参加了求职面试。该大学位于得克萨斯州休斯敦以西约一个小时车程的小镇上，布兰德几年前毕业于这所大学。布兰德身材高挑，妩媚动人，而且个性十足。上大学时，她参加了西格玛伽玛女生联谊社团，并在游行乐队中演出，还自愿参加了一个毕业生志愿者组织。她经常在优兔（YouTube）视频网站上以“桑迪谈话”为标题发布简短而鼓舞人心的视频节目，开场白常常是：“早上好，我美丽的国王和王后们。”

今天我只赞美上帝，感谢上帝之名。我之所以感谢他，绝不仅仅因为今天是我的生日，还因为他使我成长。感谢他在过去一年里为我的生活所做的一切。回首有生以来的28年，我感谢他赋予我的一切。虽然我犯过一些错误，也确实搞砸过事情，但他仍然爱我。因此，我想让我的国王和王后们知道，上帝也依然爱你们。[2]

布兰德求职成功，得到了普雷里维尤农工大学的工作。她十分高兴，有些飘飘然。她有一个计划——在工作之余攻读政治学硕士学位，现在有了这份工作，她就可以一举两得了。7月10日下午，她驾车离开学校去买东西，在右拐到校园的外环路时，被一位名叫布莱恩·恩西尼亚的警察拦下。恩西尼亚是一名30岁的白人警察，他有一头黑色短发，彬彬有礼——至少开始时是这样的。他说布兰德开车变道时没打转向灯，还问了她一些问题。她一一做了回答。接着布兰德点上了一支烟，恩西尼亚便叫她把烟灭了。

两人随后的交涉被安装在汽车仪表盘上方的摄像头录了下来，视频一时间在网上被疯传，在优兔网站上的点击量达到数百万[3]。

布兰德：我在自己的车里，为什么我必须把烟灭掉？

恩西尼亚：好吧，你现在可以下车了。

布兰德：我不用下车。

恩西尼亚：下车。

布兰德：为什么我……

恩西尼亚：下车！

布兰德：不，你没有这个权力。不，你没有权力要求我下车。

恩西尼亚：下车。

布兰德：你没有这个权力。你无权这么做。

恩西尼亚：我就是有这个权力。下车，否则我就把你拽出来。

布兰德： 除了向你表明我的身份，我拒绝和你说话。（视频中有串音）难道我就因为没有打转向灯就要被你拽下车吗？[4]

恩西尼亚： 下来，不然我就把你拽下来。我正在执行公务，我命令你快下车，否则我就把你弄走。

布兰德： 我要给我的律师打电话。

布兰德和恩西尼亚僵持了很长一段时间，双方情绪升级。

恩西尼亚： 我要把你拽出来（把手伸进车里）。

布兰德： 好吧，你要把我从车里拽出来？好，好吧。

恩西尼亚：（呼叫支援）2547。

布兰德： 你尽管拽拽看。

恩西尼亚： 是的，我们会的（抓布兰德）。

布兰德： 别碰我！

恩西尼亚： 下车！

布兰德： 别碰我。别碰我！我并没有被逮捕——你没有权力把我从车里拽出来。

恩西尼亚： 你被捕了！

布兰德： 我被捕了？为什么？为什么？究竟为什么？

恩西尼亚：（调度）2547 县区，FM1098 号公路，（听不清）派一队警员支援我。（对布兰德）下车！快下车！

布兰德： 为什么我被逮捕了？你是为了给我开交通违章的罚单……

恩西尼亚： 我让你下车！

布兰德：为什么我被逮捕了？你刚打开了我的——

恩西尼亚：我在给你传达一个合法的命令。我要把你拖出去。

布兰德：你是在威胁我，要把我从我自己的车里拖出来？

恩西尼亚：下车！

布兰德：然后你还让我……（串杂音）？

恩西尼亚：我会让你清醒清醒！滚下来！快！（拔出眩晕枪，对准布兰德。）

布兰德：哇！哇！（布兰德从车里出来。）

恩西尼亚：出来！快！下车！

布兰德：就因为我没打转向灯？你这么做全是因为我没打转向灯？

布兰德被捕入狱。三天后，她在牢房里自杀了。

2

桑德拉·布兰德案可谓美国公众生活中诸多离奇插曲之一。早在 2014 年夏末，在密苏里州的弗格森，就有一位名叫迈克尔·布朗的 18 岁黑人男子被警察开枪打死，据说是因为他刚从一家便利店偷了一包雪茄。[5] 随后的几年里，警察对黑人实施暴力的案件接二连三地发生，备受公众瞩目，全美因此引发的骚乱和抗议活动也此起彼伏。一场口号为"黑人人命也关天"的民权运动发生了，它很快成了所有美国人谈论的话题。也许你还记得相关新闻里那些人的名字：在巴尔的摩，一位名叫弗雷迪·格雷的年轻黑人男子因携带折叠小刀被捕，在警车后座陷入昏迷；在明尼阿波利斯市市外，年轻黑人男子菲兰多·卡斯提尔被一名警察拦下，令人费解的是，在他交出自己的身份证后，警察朝他开了 7 枪；在纽约，一位名叫埃里克·加纳的黑人男子被怀疑非法出售香烟，一群警察追上了他，随后双方扭打在一起，黑人男子被掐死；在南卡罗来纳州的北查尔斯顿，一个名叫沃尔特·斯科特的黑人因为汽车尾灯失灵而被拦下，他从车里跑出来后，被一名白人警察从身后开枪打死。斯科特死的那天是 2015 年 4 月 4 日，桑德拉·布兰德还特意为他做了一期《桑迪谈话》。[6]

> 早上好，我美丽的国王和王后们……我不是种族主义者。我在伊利诺伊州的维拉公园长大。我是全白人啦啦队里唯一的黑人女孩……黑人，除非你学会如何与白人共事，否则你无法在这个世界上获得成功。我希望白人能够真正理解，我们黑人正在尽自己所能……很多时候，当我们看到黑人的生命明显无足轻重时，我们不禁义愤填膺。对那些质疑他为什么逃跑的人，该死的，请想想我们后来看到的新闻：你可以站在那里，向警察投降，但你仍然被打死了。[7]

节目播出三个月后，布兰德死于非命。

这本书就是想尝试了解当天在得克萨斯州小镇的乡村公路旁到底发生了什么。

为什么我要写一本关于警察拦车引发意外事件的书呢？因为这一系列事件引起的两方面争论非常令人不满。有的人针对种族主义高谈阔论，置身事外，从“一万英尺[1]距离的高空”俯视这个案子；有的人则事无巨细，用“放大镜”检查每个经过的每个细节，比如，警察是什么样子的？他到底做了什么？一方见木不见林，一方见林不见木。

双方各有各的道理。偏见和无能是人们对美国社会做出的两种评价，这也很好地解释了美国社会出现的功能失调问题。但除了语重心长、郑重其事地暗暗告诉自己今后要更加努力，你还能奈之若何呢？社会中确实有差劲的警察，确实有带偏见的警察：保守派倾向于前一种解释，自由派则倾向于后者，最后双方相安无事。这个国家的警察仍在杀人，警察打死人已不再是新闻。我想，你可能得停下来想一想，才能想起桑德拉·布兰德到底是谁。一段时期之后，我们就会把这些争论抛在脑后，转而忙别的事情去。

但是我不想就这样去忙别的事情。

3

16 世纪的欧洲，战火频仍。国家和政权之间的战争有近 70 起：丹麦与瑞典交战，波兰苦战条顿骑士团，奥斯曼帝国入侵威尼斯，西班牙和法国大动干戈——兵荒马乱，没完没了。如果说这些无休止的冲突都有一种固定模式的话，那就是它们大都发生在邻国之间，多由边界双方的一国入侵另一国而起。其中也有一些是宫闱之战，如 1509 年奥斯曼帝国两兄弟为争夺王位而进行的斗争。纵观人类历史的大部分时期，遭遇战——不管是否怀有敌意——很少在陌生人之间发生。

① 1 英尺约为 0.3 米。——编者注

人们遭遇的敌人往往和自己一样：信奉同样的神明，以同样的方式组建城池，手持同样的武器、按照同样的规则兵戎相见。

然而，16 世纪最血腥的冲突却不属于上述模式。当西班牙侵略者埃尔南·科尔特斯与阿兹特克帝国国王蒙特祖玛二世首次相见时，他们彼此是完全陌生的。[8]

科尔特斯和他的军队于 1519 年 2 月登陆墨西哥，之后向墨西哥内陆徐徐前进，当他们到达阿兹特克首都特诺奇提特兰城时，他们不禁因眼前的景象而对阿兹特克人心生敬畏：特诺奇提特兰城建得太漂亮了，比他们在西班牙所见的任何城市都宏伟雄壮。此城坐落在岛上，通过桥梁与大陆相连。岛上运河交错，交通便利，街道宽阔，绿树成荫。其中既有公园和繁华的集市，又有庄严壮观、墙表涂有亮白色建筑灰泥的神庙。城中竟然还有一座动物园。整座都城十分干净，一尘不染。这对于在脏乱的中世纪欧洲城市中长大的人们来说，简直就是奇迹。

“当我们看到有那么多美丽的城市和村庄建在水上，陆地上也建有一些优美的城镇时，我们惊奇万分，眼前的一切就像被施了魔法一样。”[9] 科尔特斯手下的一名官员——贝尔纳尔·迪亚斯·德尔·卡斯蒂略回忆道，“看着眼前的一切，我们有些士兵甚至问，我们是不是在做梦。见到我们从未看到、听到甚至从未梦到的景象，我真不知该如何描述它。”

阿兹特克酋长一行在特诺奇提特兰城门口迎接了这些西班牙人，并带他们见了蒙特祖玛。只见蒙特祖玛被轿子抬着，轿子镶金嵌银，有花彩装饰，宝石点缀；一名侍臣在迎接队伍的最前方躬身前行，负责将地面清扫干净。整个场面真是威武盛大，非同寻常地气派。科尔特斯下了马，蒙特祖玛的大轿也被慢慢放下。科尔特斯按照西班牙的做法，走上前去拥抱这位阿兹特克最高统治者，没想到却被蒙特祖玛的侍从拦下了。没有人可以拥抱这位帝王，两人改为鞠躬示意。

“真是你吗？你是蒙特祖玛？”

蒙特祖玛回答说：“是的，正是。”[10]

在科尔特斯到来之前，没有欧洲人曾驻足墨西哥这片土地；阿兹特克人也从未见过任何欧洲人。阿兹特克人的巨大财富和宏伟的都城让科尔特斯由衷敬佩，但除此之外，他对阿兹特克人一无所知。蒙特祖玛只知道科尔特斯带着奇怪的兵器和阿兹特克人从未见过的怪畜——马匹——肆无忌惮地闯入了自己的王国，他对科尔特斯也是全无所闻。

许多世纪以来，科尔特斯和蒙特祖玛的会面一直吸引着历史学家的原因会让人感到疑惑吗？500 多年前，当探险者开始跨过大洋并远征陌生的土地时，他们即将面对的是一种全新的邂逅。科尔特斯和蒙特祖玛素不相识，但双方都想和对方交谈。当科尔特斯问蒙特祖玛“真是你吗”的时候，他并不是直接说给蒙特祖玛听的，因为他只会说西班牙语。他不得不带两名翻译作为随从：其中一名是他们几个月前俘虏的一个叫玛琳奇的印第安人，她懂阿兹特克人的纳瓦特尔语和科尔特斯在墨西哥征程开始之地的语言玛雅语；另一名则是一位随从的西班牙牧师赫罗尼莫·德·阿吉拉尔。早期，阿吉拉尔所乘坐的船只在尤卡坦半岛附近失事，他在半岛流落期间学会了玛雅语。交谈开始时，科尔特斯先对阿吉拉尔说西班牙语，阿吉拉尔再把科尔特斯的话翻译成玛雅语说给玛琳奇，玛琳奇再把玛雅语翻译成纳瓦特尔语讲给蒙特祖玛听。而当蒙特祖玛回答“是的，正是”时，冗长的翻译过程则再按上述相反的顺序进行。每个人一生中都会经历无数次的那种轻松的面对面谈话，突然变得令人绝望地复杂起来。

科尔特斯被带到蒙特祖玛的一座宫殿。据阿吉拉尔后来描述，这座宫殿内有“不计其数的前厅和房间、富丽堂皇的大厅、厚厚的床垫、由树皮纤维填充的真皮枕头、上好的鸭绒被，以及令人向往的用白色皮毛做成的长袍”[11]。晚宴过后，蒙特祖玛再次会见了科尔特斯和他的手下。但蒙特祖玛随后的讲话却马上令这些西班牙人有些“丈二和尚——摸不着头脑”。因为根据西班牙人的理解，这位阿兹特克国王当时是在做出让他们感到十分惊讶的让步：他认为科尔特斯是一位神灵，是古代预言中所说的有朝一日将从东方流放归来的神灵，因此他要臣服于科尔特斯。我们可以想象科尔特斯当时的反应：这座宏伟繁华的都城实际已非己莫属了。①

但蒙特祖玛的本意确实如此吗？阿兹特克人的语言——纳瓦特尔语本身带有虔敬的风格。依照他们的文化传统，像蒙特祖玛这样的皇室人物要使用特定风格的言辞，阿兹特克的豪门权贵也正是通过故意虚伪地使用这种特定风格的、貌似谦卑的言辞来凸显其尊严。

历史学家马修·雷斯塔尔指出，纳瓦特尔语中“贵族”一词与“孩子”一词的意思几乎完全相同。换句话说，当蒙特祖玛这样的统治者说自己弱小的时候，他实际上是在巧妙地让人们注意到，他是受人尊敬、大权在握的首领。

---

① 蒙特祖玛认为科尔特斯是神的说法已经被历史学家卡米拉·汤森等人彻底推翻了。汤森等人认为，这可能只是一种误解，因为纳瓦人（西班牙征服墨西哥前，阿兹特克人可能是其最主要的成员）用“teotl”这个词来指称科尔特斯和他的手下，西班牙人把“teotl”这个词翻译成了“神灵”。但汤森认为，纳瓦人之所以使用这个词，只是因为他们“必须给西班牙人起个什么名字，但又根本不知道该给他们起个什么名字……在那之前，在纳瓦人的世界里，一个人的指称总是带有表明他来自某个特定村庄或城邦的记号，或者更专门地带有表示某个特定社会角色的记号（如贡品收集者、王子、仆人）。而对于眼前这些完全陌生的西班牙人，纳瓦人找不到什么能用于表明他们的记号。”[12]

雷斯塔尔写道：

> 很明显，充分翻译这样的语言是不太可能的……说话者常常要说与本意相悖的话，其本意却在使用虔诚的敬语中得以体现。如果译者在翻译过程中，无视这些语言使用的细微精妙之处，多位译者再逐次对原话进行曲解的话……像蒙特祖玛这样的话语的本意不仅不太可能被准确地理解，还很可能被颠倒得和原来截然相反。若是这样，蒙特祖玛讲话时并不是要臣服于西班牙人，而是希望西班牙人对他俯首称臣。[13]

你可能还记得历史课本中对科尔特斯和蒙特祖玛结局的描述：蒙特祖玛先是被科尔特斯扣为人质，后来被斩首示众；双方的战争造成多达2 000万阿兹特克人丧生，有的直接死于西班牙人之手，还有的则间接死于西班牙人带来的疾病；昔日街市繁华、车水马龙的特诺奇提特兰城成为一片废墟。科尔特斯对墨西哥的侵略不仅拉开了充满罪恶的殖民扩张时代的序幕，还引入了一种人与人之间全新、独特的现代社会互动模式：现如今，我们每时每刻都在接触那些与我们的假设、观点和背景不同的人。在现代社会中，人们的互动已不像奥斯曼帝国两兄弟那样，为夺取王位而争斗不休，而更像科尔特斯和蒙特祖玛——通过冗长、复杂的翻译过程，努力去理解对方。[14]这本书将要探讨我们不擅长这种翻译的原因。

在接下来的每一章，我都将致力于解释如何从不同侧面理解陌生人。因为其中的很多事例都取自新闻节目，你可能对它们早有所闻。

比如，在北加州的斯坦福大学，一个名叫布鲁克·特纳的大一新生在一次聚会上邂逅了一位女生，晚些时候他却被警方拘留；在宾夕法尼亚州立大学，学校足球队前助理教练杰里·桑达斯基被发现有性侵儿童的行为，学校校长和他的两名高级助手也被发现对他有包庇行为。你会读到关于一个在五角大楼最高层潜伏多年而未被发现的间谍的故事，还会读到关于那个揭穿对冲基金经理伯尼（伯纳德）·麦道夫骗局的人的事迹，关于美国交换生阿曼达·诺克斯的错误判决，以及关于诗人西尔维娅·普拉斯的自杀。

在这些个案中，当事人都使用了一些策略来相互转译对方的言辞和意图，但却都发生了严重的错误。在本书中，我将试图分析、评论这些策略，追溯其本源，找到解决问题的办法。在书的结尾，我将回顾桑德拉·布兰德的经历，因为她与警察在路上遭遇的情景会一直萦绕在我们的心头，挥之不去。试想，她当时的处境有多艰难！桑德拉·布兰德不是布莱恩·恩西尼亚邻里街头的熟人，如果双方互相认识的话，那他们的交流就会容易得多。“你好吗？桑迪！”“下次可得小心点儿啊！”但事实恰恰相反，两人从未谋面，素不相识。布兰德家在芝加哥，恩西尼亚来自得克萨斯；一女一男；肤色一黑一白；一位是平民，一位是警察；一个手无寸铁，一个全副武装。如果社会中的我们能更设身处地地为他人着想，如果我们愿意就如何接近和理解陌生人进行深刻、真挚的反思，或许布兰德就不会死在得克萨斯州的监狱里了。

然而，我想先明确两个问题——关于陌生人的两个难题。我们先从多年前一位名叫弗洛伦蒂诺·阿斯皮拉加的人在位于德国的一间盘问室中讲述的故事开始。

1

间谍与外交官：两个难题

人们普遍认为，张伯伦与希特勒的谈判是第二次世界大战中最愚蠢的事情之一。张伯伦被希特勒迷惑了，在与希特勒的谈判中，他陷于被动，误读了希特勒的意图。

令人困惑的是，被欺骗了的人往往是那些你认为不会被他人欺骗的人，而那些看清了真相的人却恰恰是那些你认为会被他人欺骗的人。例如，温斯顿·丘吉尔一直深信希特勒是彻头彻尾的奸诈小人，丘吉尔称张伯伦造访希特勒是“有史以来最愚蠢的事情”，但希特勒只是丘吉尔在纸质读物上读到过的一个人。

第 1 章
专家漏洞

菲德尔·卡斯特罗的复仇

1

“铁幕”落下的两年之前（1987 年），弗洛伦蒂诺·阿斯皮拉加被派驻于捷克斯洛伐克的布拉迪斯拉发，做他的最后一份工作——经营一家名为“古巴泰克尼卡”的咨询公司。据说这家公司的业务与贸易有关，但事实并非如此，这只是个幌子：阿斯皮拉加是古巴情报总局的一名高级官员。

1985 年，因在莫斯科、安哥拉和尼加拉瓜为祖国服务工作出色，阿斯皮拉加当选为古巴情报部门的年度情报官，菲德尔·卡斯特罗亲自提笔给他写了一封嘉奖信，他简直成了明星。在布拉迪斯拉发，他负责古巴情报特工在该地区的一切联络工作。

然而，在古巴情报机关步步高升的过程中，阿斯皮拉加一度变得信仰丧失：当他看到卡斯特罗在安哥拉庆祝那里的共产主义革命并发表演讲时，他因这位古巴领导人太过于傲慢和自赏而感到震惊。1986 年，当他被派往布拉迪斯拉发任职时，他内心信念动摇的感觉变得更加强烈。

他计划在1987年6月6日叛逃。这是对古巴内部而言很具讽刺性的精心策划：6月6日是古巴内务部——管理该国间谍工作的全权机构——成立的周年纪念日。为了纪念国家间谍机构的建立，古巴情报总局的工作人员通常会在这一天举行演讲、招待会等各种仪式。阿斯皮拉加则希望自己当天的叛逃戳痛人心。

一个星期六的下午，他在布拉迪斯拉发市中心的一个公园里约见了自己的女友玛尔塔。她也是古巴人，是成千上万在捷克工厂当外来工人的古巴人之一。像与她身份和地位相同的所有古巴人一样，她的护照被存放在布拉格的古巴政府办公室，阿斯皮拉加只能将她偷渡过边境。他有一辆政府配发的马自达牌汽车，他把备胎从后备厢中取出，在后备厢的车底板上钻了一个通气孔，让她藏了进去。

那时，东欧仍然与欧洲大陆的其他地方隔离，东西之间的旅行受到严格限制，但布拉迪斯拉发距离维也纳只是很短的车程。阿斯皮拉加对这一带可谓轻车熟路，他持有外交护照，边境上很多人都知道他，于是卫兵挥手示意让他驾车通过了。

到了维也纳，他和玛尔塔丢弃了自己的马自达，叫了一辆出租车，来到美国大使馆门口。那是个星期六的晚上，美国大使馆的高级职员都在家休息，但阿斯皮拉加不需要多做什么就能引起卫兵的注意："我是古巴情报部门的一名官员。我是一个情报指挥官。"[1]

在间谍活动中，阿斯皮拉加这样出现在维也纳的美国大使馆会被称为"叛逃者"——突然出现在一个国家情报部门门口的另一个国家情报部门的官员。弗洛伦蒂诺·"小个头"·阿斯皮拉加是冷战时期最受欢迎的"叛逃事件"之一。人们对他掌握的古巴及其亲密盟友苏联的信息如此敏感，以至于在他叛逃后，他在古巴情报机构的前上司曾两次追踪并试图暗杀他，但他两次都侥幸逃脱。自那以后，阿斯皮拉加只被发现过一次，他是被曾多年掌管美国中央情报局（后文简称“中情局”）拉丁美洲办事处的布莱恩·拉特尔发现的。

在迈阿密郊外科勒尔盖布尔斯的一家餐馆里，拉特尔从一个充当阿斯皮拉加中间人的卧底探员那里得到了线报，中间人指示拉特尔在一个地方见面，那里更接近拥有新身份的阿斯皮拉加的居所。于是，拉特尔在一个自己都不知道是什么地方的旅馆里租了一间套房，等待“小个头”的到来。

“他比我小。我今年 75 岁。他现在很可能 60 岁刚出头。”拉特尔一边回忆两人的会面一边说道，“但他有严重的健康问题。我的意思是，作为一个叛逃者，以一种完全陌生的身份生活，压力应该非常大。”

拉特尔说，尽管阿斯皮拉加当时状态不佳，但旁人还是能一眼看出他年轻时应该是什么样子的：身材消瘦，颇具魅力，有一种戏剧化的气质——擅长铤而走险并带有富于情感的夸张姿态。

阿斯皮拉加走进酒店套房时，手里拿着一个盒子。他把它放在桌子上，转向拉特尔。“这是我叛逃不久后写的回忆录，”他说，“我想把这个给你。”

盒子里一页页的回忆录讲述的却是不该发生的故事。

2

阿斯皮拉加在戏剧性地出现在美国驻维也纳大使馆之后，被带到美国驻德国军事基地的盘问中心。那些年间，在古巴，美国情报机构独立于美国驻哈瓦那办事处，举着瑞士国旗开展工作（古巴情报机构在美国也有类似的组织）。盘问开始之前，阿斯皮拉加说他有一个请求：他希望中情局能派飞机把中情局哈瓦那工作站的一名前负责人接来。据古巴情报部门人员所知，此人名叫“埃尔·阿尔皮尼斯塔”，代号“登山客”。[2]

“登山客”曾在世界各地为中情局工作。柏林墙倒塌后，人们从克格勃①和民主德国秘密警察处获得的文件显示，这两处情报机构都向自己的特工教授过关于“登山客”的课程，因为他的间谍技术简直是精湛绝伦，天衣无缝。有一次，苏联情报官员试图拉拢“登山客”，他们把一包包现金放在他面前，他不为所动，挥手示意他们离开，还嘲笑了他们：“登山客”是收买不了的。他说起西班牙语来像个古巴人，阿斯皮拉加以他为榜样，想见他一面。

“我在另一个国家执行任务时，收到了一则消息，让我赶紧去法兰克福。”这位“登山客”回忆说。尽管已从中情局退休多年，但他仍然喜欢别人用他的代号来称呼他。“法兰克福是我们的叛逃者处理中心。他们告诉我，一个家伙叛逃到了维也纳的美国大使馆。他把女友藏在汽车后备厢里，开车离开了捷克斯洛伐克，叛逃过来，坚持要和我谈谈。我觉得这有点儿不可思议。”

“登山客”径直去了盘问中心。“我发现有四名办案人员坐在客厅里。”他回忆道，“他们告诉我，阿斯皮拉加回卧室和他的女朋友亲热去了。自从他来到安全屋，常乐此不疲。之后，我进去和他谈话。他

① 克格勃，全称“苏联国家安全委员会”，是 1954 年 3 月 13 日至 1991 年 11 月 6 日的苏联情报机构，以实力和高明而著称于世。——编者注

身材瘦长，衣着简朴，有些邋遢——跟那个年代常见的东欧人和古巴人的样子类似。但很快他就能让人明显地感觉到，他是一个非常聪明的人。”

阿斯皮拉加走进来的时候，“登山客”没有告诉他自己是谁。“登山客”试图保留几分戒心，毕竟阿斯皮拉加仍是个未知数。但短短几分钟后，阿斯皮拉加就明白了一切。接着，两人先是震惊，然后大笑，以古巴人见面的方式互相拥抱。

“我们谈了五分钟，然后开始讨论细节。当你让这样的叛逃者汇报情况时，你需要证明自己的诚意。”“登山客”说，“所以我基本上只是问他知道的关于（古巴情报机构）如何运作的内容。”

就在这时，阿斯皮拉加透露了他的重磅消息，正是这些消息把他从“铁幕”后面推向了维也纳的美国大使馆的门口。中情局在古巴境内有一个间谍网络，间谍们会尽职尽责地向情报官员汇报情况，帮助美国政府了解其敌人的动向。阿斯皮拉加说了其中一个间谍的名字：“他是个双重间谍，他为我们工作。”房间里所有人都目瞪口呆，不知所措。阿斯皮拉加则继续娓娓道来。他又提了一个间谍的名字：“他也是个卧底。”就这样，他说完一条又一条有名字、细节和精确事迹的信息。“你在安特卫普的船上招的那个人，那个留着小胡子的小胖子，他是一个双重间谍。另外，那个跛脚的家伙，在国防部工作的那个，他也是一个双重间谍。”他持续这样说着，直至列出了几十个人的名字——几乎是古巴境内所有美国特工的花名册。他们都在为哈瓦那卖命，为美国中情局提供古巴人自己编造的情报。[3]

“登山客”说：“我坐在那里记笔记，尽量使自己不露声色。我们就是这样被训练的，但我的心跳却在不停地加速。”

阿斯皮拉加说的正是当年“登山客”的手下，他们是“登山客”被派往古巴担任情报官员时共事过的间谍。那时的“登山客”年轻且志向高远。刚到哈瓦那时，他非常注重不遗余力地招募“消息来源”，挖掘他们的信息。“问题是，如果你有一个线人在哪个国家的总统办公室，但你却不能与他取得联络的话，那么这个线人仍然是没有价值的。”“登山客”说，“我的感觉是，我们要通过交流来获得一些有价值的信息才好，而不是等待六个月或一年，直到他能走出来，到别的地方和你见面。”但现在看来，当时所有的工作都是徒劳的。“我必须承认，我极不喜欢古巴，以至于我能从欺骗他们的行动中获得快乐。”他遗憾地说，“但是事实证明，我无法欺骗他们。这确实让我有些受打击。”

之后，“登山客”登上一架军用飞机，与阿斯皮拉加一起径直飞往华盛顿特区外的安德鲁斯空军基地，来自拉丁美洲分部的“大人物”在那里接见了他们。“在古巴分部，人们的反应绝对是震惊和恐惧。”“登山客”回忆道，“他们简直不敢相信，自己竟如此糟糕地陷于被动这么多年。此事在中情局内部引起了强烈反响。”

情况不止于此。当菲德尔·卡斯特罗听说阿斯皮拉加向中情局揭发了中情局自己的耻辱之后，卡斯特罗决定在伤口上撒盐。他召集了所有的假中情局特工，让他们在全古巴境内进行了一次胜利大游行。然后，他在古巴安排播出了一部令人震惊的、题名为《中央情报局对古巴的战争》的 11 集电视纪录片。事实证明，古巴情报部门将中情局至少 10 年来在他们国家所做的一切都拍摄并记录了下来，这简直就像在制作一部真人秀——《幸存者：哈瓦那》。视频的质量好得惊人，有特写镜头和从电影角度拍摄的镜头；音频非常清晰——古巴人一定事先知道了每一个秘密会议地点，并派技术人员在房间里安装了窃听器。

据信，纪录片中还点出了深度伪装的中情局官员及他们的姓名。中情局使用的每一台先进装置都被拍进了视频，比如，藏在野餐篮和公文包里的信号发射器。部分视频还详细披露了中情局官员是坐在哪个公园的哪条长凳上与线人联系，以及中情局特工是如何穿着不同颜色的衬衫来暗示他们的联系人的。[4] 有一个长长的追踪镜头显示，一名中情局官员将现金和指令塞进了一块巨大的塑料“岩石”里；[5] 在比那尔得里奥的一个废品堆放场，一名中情局官员在一辆报废的汽车里为他的特工藏匿秘密文件；在第三个镜头中，一名中情局官员在路边的草丛中寻找包裹，而他的妻子却在车里不耐烦地发怒。纪录片只拍到了“登山客”活动的一个小片段，后来接替他职位的人却没这么幸运，其境遇很糟糕。“登山客”说：“他们播放的那部纪录片给人的感觉是，似乎有一个他们的人走到哪里肩头上都扛着一部摄像机。”

美国联邦调查局迈阿密办公室的负责人听说此事后，给一名古巴官员打电话索要了纪录片的拷贝件。对方考虑得很周全：很快，一套带有英语配音的录像带就被送到了迈阿密办公室。世界上最复杂的情报机构就这样被愚弄了一番。

3

这就是弗洛伦蒂诺·阿斯皮拉加讲的故事不该发生的原因了：如

果古巴人像骗子那样欺骗的是一群卧病在床的老年人，那将是另外一回事，但古巴人愚弄的是中情局——一个非常重视研究陌生人之间相互理解问题的机构。

“登山客”说他仔细查阅了大量的关于每一个双重间谍的档案，他没发现任何让人警觉的可疑信息。和所有的情报机构一样，中情局也有一个部门——反间谍部门，其职责是监控自身的行动，以发现背叛的迹象。他们发现了什么？什么也没有发现。①

多年后回顾这段插曲时，拉特尔只能耸耸肩说，古巴人那时一定很厉害。“他们做得很细致。”他说。

---

① 中情局经常对其特工进行测谎，以防发生阿斯皮拉加描述的那种背叛。每当中情局的古巴间谍离开古巴时，中情局都会安排人在酒店房间里与他们秘密会面，让他们坐下来接受测谎。有时这些古巴间谍会通过测试，测谎部门的负责人就曾亲自给 6 名古巴间谍开过无不良记录证明，但后来这些人却被证明是双重间谍；有时候，古巴间谍会通不过测试。但是，通不过时会怎样呢？古巴分部的负责人并不想理会这些测谎结果。中情局前测谎师约翰·沙利文记得，在他们对过多的古巴间谍表示不满后，他们曾被召集开会。“让我们有些措手不及的是，”沙利文说，“我们被无情地斥责……这些情报官员都在说，‘你们这些家伙根本不知道自己在做什么’‘特蕾莎修女不会放过你们’等。我的意思是，他们真的非常讨厌测谎这件事。”

但是，你能责怪他们吗？这些情报官选择了用另一种方法——自己的判断——代替测谎仪来了解陌生人。这完全符合逻辑。

可以说，用测谎仪测出的结果并不精确。而情报官员则应该有多年与间谍打交道的经验：与他们见面，与他们交谈，分析他们提交的报告的质量。接受过良好培训的专业人士经过多年观察做出的评估，应该比在酒店房间里匆忙召见、测谎得出的结果更准确，对吗？但事实并非如此。

“我们的许多情报官员认为，‘我是这么好的情报官，他们骗不了我’。”沙利文说，“我尤其想到了一个人，他是一个非常好的情报官，我们认为他是中情局最好的情报官之一。”他显然是在说“登山客”。“但古巴人却掌握了他的行踪，还把他的一点儿间谍活动用摄像机录了下来，这简直太不思议了。”

我是说，菲德尔·卡斯特罗用来炫耀的这些双重间谍是卡斯特罗精心挑选的，这种精挑细选展现了他的真实才华……有些人受过演艺欺骗方面的训练。其中有一个人装作很傻很天真，但你知道吗……他其实是一个训练有素、非常狡猾的情报官员。要知道，他看起来那么蠢，别人怎么可能会认为他是卧底？菲德尔精心策划了这一切。我的意思是，菲德尔才是这些人中最了不起的“演员”。

在“登山客”看来，中情局古巴情报部的工作做得太马虎了。他曾在东欧分部工作，负责搜集民主德国的情报。他说，在那里工作的中情局人员要细心缜密得多。

但中情局在民主德国的业绩如何呢？和在古巴的业绩一样糟糕！柏林墙倒塌后，民主德国情报局局长马库斯·沃尔夫在他的回忆录中写道：

非常令人羡慕的是，我们知道，在民主德国工作的中情局特工，要么就是一开始就被策反成了双面间谍，要么就是为我们卖命的。他们都在依照我们的命令向美国人提供经过筛选的情报和假情报。[6]

事实上，在所谓细心缜密的中情局东欧分部，却发生了在整个冷战时期最具破坏性的叛变之一。中情局负责反苏联情报工作的最高级别官员之一奥尔德里奇·埃姆斯，后来被发现是为苏联工作的。他的背叛导致无数美国间谍在俄罗斯被逮捕和被处决。“登山客”认识他。局里所有的高层都认识他。“我对他没什么好看法，”“登山客”说，“因为我知道他是个懒酒鬼。”但是“登山客”和他的同事们从来没有怀疑过埃姆斯。“我们那些老家伙无法想象，我们中间有一个人会像埃姆斯那样被敌人诱骗。”他说，“我们都很吃惊，我们自己的人竟然会这样背叛我们。”

“登山客”曾供职于世界上最精密的机构之一，他也是其中最有才能的人之一。然而，他已经三次被误导（先被菲德尔·卡斯特罗误导，然后被民主德国人误导，最后是被中情局总部的一个懒酒鬼误导），见证了三次耻辱性的背叛。如果中情局的精英都能被误导那么多次，那我们其他人呢？

难题之一：当面前的陌生人对我们撒谎时，为什么我们看不出来？

第2章
洞察偏见

结识元首

1

1938年8月28日晚，内维尔·张伯伦给自己的贴身顾问打电话，叫该顾问深夜到唐宁街10号开战略会议。这时，张伯伦担任英国首相刚一年多一点儿。他以前是个商人，是个讲求实际、直言不讳的人，其个人利益和家庭背景与英国内政密切相关。但现在他面临着上任以来的第一次外交政策危机，这和阿道夫·希特勒有关——希特勒不断发表越来越好战的言论，扬言要入侵捷克斯洛伐克讲德语的苏台德地区。[1]

如果德国入侵捷克斯洛伐克，就意味着一场世界大战一触即发，这正是张伯伦想极力避免的。但希特勒在最近几个月里特别离群索居，别国无从得知德国的意图，这使得欧洲其他国家越来越紧张和焦虑。张伯伦决心打破僵局。那天晚上，他把自己的想法提交给顾问，作为最高机密，他们称之为“Z计划”。张伯伦后来写道，这个想法“是如此标新立异和大胆，以至于让外交大臣哈利法克斯勋爵大吃一惊”——张伯伦想飞往德国与希特勒见面。

20 世纪 30 年代末，当希特勒把世界拖向战争的深渊时，非常古怪的事情之一就是，真正了解希特勒这位德国元首的别国领导人太少了！① 希特勒是个谜。他在德国逐步登上权力巅峰的时候，美国正是富兰克林·罗斯福总统当政时期，罗斯福从未见过希特勒；当时的苏联领导人约瑟夫·斯大林也没有见过希特勒；1932 年，张伯伦后来的继任者温斯顿·丘吉尔在慕尼黑为一本书做研究时，差点儿见着希特勒，他两次和希特勒约定见面喝茶，但希特勒两次都失约未到。

战争爆发之前，在英国，真正同希特勒交往过的人只有那些对纳粹分子友好的英国贵族，他们有时会穿过英吉利海峡去表达他们的敬意或参加希特勒的聚会（法西斯社会名流戴安娜·米特福德经常在慕尼黑和希特勒一起吃饭。“在某些情况下，他非常有趣，”她在回忆录中写道，“他会模仿绝妙的滑稽表演。”[3]）。但那都是社交活动，张伯伦可是要去试图避免第二次世界大战，在他看来，了解清楚希特勒的真正意图是有好处的。希特勒是个讲理的人吗？他可信吗？张伯伦想得到答案。

9 月 14 日上午，英国驻德国大使给希特勒的外交部部长约阿希姆·冯·里宾特洛甫发了一份电报，问希特勒可否会见张伯伦，里宾特洛甫当天给了肯定的答复。张伯伦是个老练的政治家，极尽表演之能事：他巧妙地让自己为了避免战争去德国与希特勒见面的消息走漏了。不列颠顿时举国欢庆，民意调查显示，70% 的英国人认为他的访问是“有利于和平的一件好事”；各地的报纸纷纷发文道贺；在柏林，

① 唯一的例外是加拿大总理威廉·莱昂·麦肯齐·金。他在 1937 年会见了希特勒。他喜欢希特勒，把希特勒比作圣女贞德。[2]

据一名外国记者报道，消息传出时，他正在一家餐厅用餐，当时全餐厅的人都起立为张伯伦的健康干杯。

9月15日早晨，张伯伦离开伦敦，他以前从未坐过飞机，但当飞机在慕尼黑附近遭遇恶劣天气时，他却仍能保持冷静。数千人聚集在机场迎接了他，然后他由14辆奔驰轿车组成的车队护送前往火车站。火车驶进山区，朝希特勒在贝希特斯加登的别墅驶去。张伯伦在希特勒专用的餐车里吃了午饭，到达时已是下午5点。希特勒走过来和他握了手。后来，张伯伦在写给妹妹艾达的信中，详细描述了他对希特勒的第一印象：

> 元首在台阶的中间站着。他没戴帽子；穿着一件卡其色的阔呢外套，上面有一条红色的臂章和一个纳粹符号，胸前戴着一个十字军功勋章；穿着黑色的裤子，就像我们晚上穿的那种；脚上穿着黑色的漆皮系带皮鞋。他的头发是褐色的，不是黑色；眼睛是蓝色的；面部表情相当令人不快，默不作声时尤其如此。在人群中，你绝不会注意到他，你会以为他和刷房子的粉刷工没什么两样。[4]

希特勒带着张伯伦去了楼上的书房，他们只带了一名翻译。两人的谈话有时很激烈。“我已经准备好面对世界大战了！”希特勒一度对张伯伦大喊。他明确表示，不管世人怎么想，他都要占领苏台德地区。张伯伦想知道苏台德地区是不是希特勒想要的全部。希特勒说“是的”。张伯伦仔细地看了希特勒很久，然后决定相信他。在给妹妹的同一封信中，张伯伦写道，他从希特勒身边的人那里听说，这位德国领导人觉得他“与一个男人”进行了一次对话。张伯伦接着说：

> 简而言之，我已经有了一定的信心，这也是我此行的目标。尽管我认为我从他的脸上看到了冷酷无情，但在我看来，我得到的印象是，他做出承诺的时候是一个可以被信赖的人。

张伯伦于次日上午飞回英国。在赫斯顿机场，他迫不及待地在飞机跑道上发表了简短的讲话。“昨天下午我和希特勒先生进行了长谈。”他说，“现在我感到很满足，因为我们彼此完全理解对方的想法。”他保证他们俩还会再见面，只是下次会离英国更近一些。张伯伦说：“这是为了让一位老人免于再次长途跋涉。”据在场的人们回忆，当时大家都欢呼雀跃。

2

人们普遍认为，张伯伦与希特勒的谈判是第二次世界大战中最愚蠢的事情之一。张伯伦被希特勒迷惑了，在与希特勒的谈判中，他陷于被动，误读了希特勒的意图，而且他没有警告希特勒，对方如果食言将会有严重的后果。张伯伦因此在历史上备受批评。

批评的背后也有一个疑问。要知道，张伯伦此后又两次飞到德国，和希特勒座谈了好几个小时。两个人交谈、争论，一起吃饭，一起散步。张伯伦是那个时期唯一与希特勒有过长时间接触的盟军领导人，他仔细地记录了希特勒的行为。“当我看到希特勒的时候，他的外表和举止似乎表明，战争的信号已经发出。”张伯伦在另一次访问德国后告诉他的妹妹希尔达，“但接着，他和我握了两次手，这是他在显示自己特别友好的时候才做的事情。”回到伦敦后，张伯伦告诉自己的内阁成员，他没在德国元首身上看到任何“疯狂的迹象”。恰恰相反，他看到的多是“兴奋的迹象”。今天看来，希特勒当时的确没有疯，他是理性、有决心的，“他早已经想好了自己要什么，而且要不遗余力地得到它，他不会容忍超过一定限度的反对”。

张伯伦使用了我们所有人在努力理解陌生人时所遵循的假设：我们相信，与他人面对面互动时得到的关于对方的信息具有最重要的价值。你是绝对不会去雇一个你没见过的人给孩子当保姆的。公司主管也不会盲目雇用员工。他们把这些人约来，仔细地面试，有时一连面试几个小时，而且不止一次地这样做。他们这样做时和张伯伦一样：看着他人的眼睛，观察他们的举止和行为，然后得出结论。张伯伦对于希特勒和他握了两次手印象深刻，然而，在与希特勒的互动中收集的所有其他信息并没能帮他更清楚地认识希特勒，结果恰恰相反。

是张伯伦太天真了吗？也许吧。张伯伦在外交事务方面的经验很少。后来有人批评他，把他比作第一次走进酒吧的牧师，会把“酒吧社交聚会”当成“粗鲁喧闹的行为”。

但习惯采用这种模式的人并不仅限于张伯伦。哈利法克斯勋爵也深受其苦。哈利法克斯后来成为张伯伦的外交大臣，他是贵族出身，是伊顿公学和牛津大学的优等生。在两次世界大战期间，他担任印度总督，曾与圣雄甘地进行精彩的谈判。他具备张伯伦所不具备的一切：世故、老练、知性且极具人格魅力；他极其笃信宗教，以至于丘吉尔称他为“神圣的狐狸”。

1937年秋，哈利法克斯去了柏林，在贝希特斯加登会见了希特勒。[5]哈利法克斯是英国统治圈中为数不多的与这位德国元首有过接触的人之一。他们的会面并不仅仅是没多少意义的外交接待。一开始，哈利法克斯还一度误以为希特勒是个男仆，他几乎把自己的外套递给了希特勒。在接下来的整整5个小时里，希特勒就是真正的希特勒了：不时地生闷气，大喊大叫，离题，谴责外界。他说共产主义不好，还说他非常讨厌新闻媒体。据当时的另一位英国外交官所说，哈利法克斯是带着一种“混杂着惊讶、厌恶和同情的心情”观看了希特勒的“演出”的。

哈利法克斯在德国待了5天。他还会见了希特勒的两位最高部长——赫尔曼·戈林和约瑟夫·戈培尔；出席了在德国的英国大使馆举行的晚宴，在那里接见了许多德国资深政客和商人。哈利法克斯回国后表示，这“完全是为了与德国领导层进行良好的接触”。这一点无可争议，因为这就是外交大臣的工作。通过与这些人当面接触，哈利法克斯难能可贵地了解了希特勒恃强凌弱、情绪反复无常的个性。但哈利法克斯的最终结论是什么呢？希特勒不想参战，愿意通过谈判达成和平。没有人认为哈利法克斯是个幼稚的人，但与希特勒会面后，他也像张伯伦一样被蒙蔽了。

与希特勒接触最多的英国外交官是英国驻德国大使内维尔·亨德森。他多次参加希特勒的集会并见到他，希特勒还给亨德森取了个绰号——“康乃馨男”，因为亨德森矮小精悍，西服的翻领上总是戴着一朵康乃馨。[6] 1938 年 9 月初，亨德森在参加了臭名昭著的纽伦堡集会之后，在发往伦敦的电报中写道，希特勒看起来如此反常，“他可能已经精神错乱”。亨德森没有落入希特勒的圈套，但是他认为希特勒会对捷克斯洛伐克居心不良吗？不，他相信希特勒“和任何人一样痛恨战争”。[7] 亨德森也完全看错了希特勒。①

张伯伦、哈利法克斯和亨德森的失察，并不属于前一章中第一个难题的情况。第一个难题说的是非常聪明的、专业的人士有些时候也无法理解和看穿骗局。此处我们说的是有些人会被希特勒欺骗而另一些人没有被他欺骗的情况。令人困惑的是，被欺骗了的人往往是那些你认为不会被他人欺骗的人，而那些看清了真相的人却恰恰是那些你认为会被他人欺骗的人。

例如，温斯顿·丘吉尔一直深信希特勒是彻头彻尾的奸诈小人，丘吉尔称张伯伦造访希特勒是“有史以来最愚蠢的事情”，但希特勒只是丘吉尔在纸质读物上读到过的一个人。张伯伦的内阁大臣之一达

---

① 亨德森更了解的纳粹官员是希特勒的副手戈林。亨德森和戈林一起去参加过单身聚会，两人交谈了很长时间。亨德森确信，戈林也想要和平，尽管他有吓人的纳粹外表，但他其实是一个正派的人。就在战争爆发时，亨德森还在其关于柏林的回忆录中写道，戈林“热爱动物和孩子。在他还没有自己的孩子时，卡琳宫（戈林为了纪念病逝的第一任妻子卡琳，建造的一座以卡琳的名字命名的普鲁士风格的豪华庭园）的顶层就有一间巨大的游戏室，里面装着当时的孩子们心爱的机械玩具。在过去，没有什么能比他去那里和孩子们一起玩更使他高兴的了。诚然，这些玩具可能包括向毫无防御能力的城镇或村庄投掷重型炸弹的飞机模型。但是，当我在这个问题上责备他时，他说，按照纳粹的生活观念，教孩子过分文明或容易动感情都是不对的”（如果你对此感到惊讶，那么想想纳粹主义的真正含义，就不难理解：他们想要培养孩子残酷的性格）。[8]

夫·库珀也有同样敏锐的眼光，他惊恐地听完张伯伦讲述他与希特勒会面的经过后，便向张伯伦政府辞职以示抗议。库珀认识希特勒吗？不。在英国外交部门的高层中，只有一人——在哈利法克斯之前担任外交部部长的安东尼·伊登——既见过希特勒，又看清了他的真实面目。[9] 但其他人呢？他们要么对希特勒个人知之甚少却看清了他的本质，要么和他谈了几个小时却仍被他蒙在鼓里。[10]

当然，这也可能纯属巧合。也许出于某种私人的原因，张伯伦和他的同僚们不顾他们亲眼所见及亲耳所闻的种种迹象，就是铁了心要见到希特勒，才导致了认识上的错误。除了这种解释，我只能用前文中提到的人们在努力理解陌生人时所遵循的相同假设模式来说明一切了。

3

法官所罗门是个中年人，高个子、白头发，口音让人一听就知道他是地道的纽约布鲁克林区人。他曾在纽约州担任法官十多年。他既不专横也不吓人，体贴入微，举止出奇地文雅。

一个星期四，对于他的法庭来说，这是典型的传讯繁忙的一天。被告都是在过去 24 小时内因涉嫌犯有某种罪行而被捕的人，他们刚刚还在拘留室，一夜未合眼，现在戴着手铐，一个接一个地被带进了法庭，在所罗门左边一道隔板后面的一条矮凳上坐下。每次开庭时，书记员都会交给所罗门一份被告的前科档案，然后所罗门便开始快速浏览档案，努力跟上进度。被告将直接站在所罗门面前，一边是他的律师，另一边是地区检察官，两位有时会交谈，这时所罗门会倾听。最后，他来做如下决定：是否要求被告交纳保释金；如果需要，应交纳多少保释金；这个完全陌生的人是否应该得到自由。

他后来说，最难判的案子是关于未成年犯罪的。比如，会出现16岁的少年被指控犯有重罪的情况。所罗门知道，如果他把保释金定得足够高，那个孩子最终就会被关在纽约臭名昭著的里克斯岛监狱的“笼子”里。所罗门尽可能小心翼翼地说道，在那里，基本上“每时每刻都有暴乱发生”。[①] 当他抬头看向法庭，看到孩子的妈妈坐在旁听席上时，这样的案件对所罗门来说就会变得更加困难。他说：“我每天都会遇到这样的案子。”他开始练习冥想，因为他发现冥想能让自己感觉好受些。

日复一日，所罗门面对着内维尔·张伯伦和英国外交部门在1938年的秋天所面对的同样的问题：评估一个陌生人的内心世界。同张伯伦所想的类似，刑事司法系统认为，法官要先和被告见面，才能更好地做出这些困难的判决。

例如，那天下午晚些时候，所罗门审理了一位头发又稀又短的老年人的案件。老人穿着蓝色牛仔裤和瓜亚贝拉棉麻衬衫，只会说西班牙语。他被捕的原因是他被控对他女友6岁的孙子实施了“暴力行为”。“暴力行为”发生后，这个男孩马上把“暴力事件”告诉了他的父亲。地方检察官要求老人交10万美元的保释金，但老人根本不可能有足够的资源筹集那么多钱。如果所罗门同意地方检察官的意见，

① 法律已经修改了。现在，被告必须年满18岁才会被送去里克斯岛监狱。

那么这位老人就会直接被关进监狱。

而老人否认了对自己的一切指控。多年之前，他有两次前科，但都是轻罪。他有一份机械师的工作，如果进了监狱，他就会失去这份工作。他还有一个前妻和一个15岁的儿子需要养活。所以所罗门不得不考虑那个只有靠父亲的薪水才能活下去的15岁的孩子。而且，他当然也知道，6岁的孩子不是最可靠的证人。因此，所罗门无法确定，这起“暴力事件”究竟是一个大大的误解，还是某种邪恶罪行的冰山一角。换句话说，决定让身着瓜亚贝拉衬衫的这个老年男子逍遥法外，还是把他关进监狱直到审判，是一件极其困难的事情。为了帮助自己做出正确的决定，所罗门做了我们所有人在那种情况下都可能会做的事情：他直视着那个人的眼睛，试图看清他到底是什么样的人。这有用吗？还是说，法官必须面对内维尔·张伯伦所面对的同样的难题呢？

4

有一支研究团队就这个问题给出了最好的答案，该团队由三位顶级计算机科学家、哈佛大学的一位经济学家和芝加哥大学的一位保释专家组成。简便起见，我在后文用经济学家森德希尔·穆莱纳桑的名字将其称为穆莱纳桑团队。[11] 他们将纽约市作为研究范围，收集了2008—2013年在纽约接受传讯听证的554 689名被告的记录。其中，他们发现纽约法官释放的嫌疑人只有40多万名。

然后穆莱纳桑团队建立了一个人工智能系统，输入检察官在传讯案件中提供给法官的相同信息（被告的年龄和犯罪记录），指令计算机仔细审阅这 554 689 个案件，并制作出自己要释放的 40 万个嫌疑人的名单。他们这样做是要进行人机比对：把法官的判决和计算机的判决进行比较，看谁做了最合理的决定。哪些人在保释期间犯的罪最少，哪些人最有可能在审判日出庭。二者的结果其实不是很接近：与纽约市法官准予释放的 40 万人相比，电脑名单上的人在候审期间犯罪的可能性要低 25%。在此次人机大赛中，计算机获胜了。①

我们再了解一下穆莱纳桑团队的机器的工作原理。它将 1% 的被告标记为“高风险”。这 1% 的人是电脑认为永远不应该在审判前被释放的。根据机器的计算，如果交保释放，这些高危人群中的一半以上会再次犯罪。然而，当法官审视这些被电脑判定是“坏家伙”的人时，法官根本不认为他们是危险的，便把其中的 48.5% 释放了！“被电脑计算程序标记为‘高风险’的许多被告被法官当作‘低风险’的

① 关于 40 万个被告的对比名单中的两个技术问题：其一，当穆莱纳桑说，电脑名单上的被告比法官名单上的少犯了 25% 的罪行时，他把未能按时出庭也视为一种犯罪；其二，我确定你想知道，穆莱纳桑为何能如此确定地计算出，在审前释放期间，被告会不会最终犯罪。这并不是因为他有能预知未来的水晶球，而是他根据高度复杂的统计分析做出的估算。以下是这种分析的简单示例。纽约市的法官们会轮流举行保释听证会，被告基本上是被随机分配给他们审理的。纽约的法官们（和所有司法管辖区的法官一样）在释放某人的可能性或设定保释金额的多少这两个方面存在显著差异。有些法官非常宽容，有些法官则十分严格。想象一下，一群严厉的法官庭审了 1 000 个被告，释放了其中的 25%；另一组宽容的法官庭审了在各方面都与上述 1 000 个被告相当的 1 000 个被告，却释放了其中的 75%。通过比较每组被释放的被告的犯罪率，你可以了解到，有多少无辜的人被严厉的法官监禁，又有多少危险分子被宽容的法官释放。这种估算反过来又可以应用于机器的预测。当机器对 1 000 个被告做出判决时，人们会发现它做得比严格的法官和宽容的法官分别好多少。这听起来非常复杂，但这是一种行之有效的方法。更完整的解释，参见穆莱纳桑的论文。

人对待。”穆莱纳桑团队在一篇特别令人震撼的文章中总结道，“这种做法表明，法官们不仅设定了很高的拘留门槛，而且错误地认定了被告的危险等级……他们选择拘留的嫌疑人分布在机器预测的所有风险等级中。”换句话说：在法官准予保释的被告中，什么样的人都有。

我想你也会认为上述结果令人困惑。当法官做保释判决时，他们有被告人三方面的信息：被告的记录——他的年龄、前科、工作和居住地址，以及上次被保释时发生了什么；地区检察官和辩护律师的证词或在法庭上传达的任何信息；亲眼所见的证据——他们对眼前的被告的感觉。

然而，穆莱纳桑团队的电脑看不到被告，也听不到法庭上人们说的任何话，它只有被告的年龄和前科档案，只有法官所能得到的一小部分信息，但电脑却做出了更好的保释裁决。

在我的第二本书《眨眼之间》中，我讲述了一个管弦乐团有一次如何做出了更明智的招聘决定的故事：他们让应聘人员在屏幕后面试演，不让招聘委员会获取试演者的其他信息，这样有助于他们做出更好的判断。但那是因为观看某人演奏时获得的很多信息在很大程度上是与音乐效果并不相关的。比如，如果你要判断一个人是不是一位好的小提琴手，知道这个人个头的高矮、相貌的丑俊、肤色的黑白并不会有什么好处。事实上，它可能只会引入偏见，使你更难得出正确的结论。

但当涉及保释决定时，法官所掌握的额外信息听起来应该很有用。早些时候，在所罗门审理的一个案件中，一个身穿篮球短裤和灰色 T 恤的年轻男子被控与人打架，然后用他偷来的信用卡买车。在申请保释时，地方检察官指出，他前两次被捕后，均未能按时出庭，这是一个严重的污点。但并不是所有的“未能按时出庭”都出于同样的原因。如果被告被通知错了出庭日期呢？如果他那天不去上班就会被辞退，所以他觉得不值得翘班出庭呢？如果他的孩子那天正在住院，确实需要他在身边陪护呢？这些信息都是被告的律师告诉法官的：她的当事人有很好的借口。电脑不知道这些信息，但法官知道。这些信息怎么可能没用呢？

同样地，所罗门说，在保释案件中，他最警惕的是“被指控有暴力犯罪的精神病人的案件”。这类案件是法官的噩梦。如果他们让精神病人保释，那个人可能会停止服药，然后继续犯下可怕的罪行。“结果可能会是他向警察开枪。”所罗门说。

> 他也许会驾车撞向一辆小型客车，造成一名孕妇和她的丈夫死亡；也许会伤害儿童；把人推向疾驶的地铁车头……伤害他人的性命。从每一个可能的角度来看，这都将是一种糟糕的情况……没有哪个法官想成为在这样的案件中做出准予保释决定的那个人。

被告的档案中会有关于这种情况的一些线索，如病历、住院史、被发现工作不称职的记录等。但其他的线索只有在被告出庭时才容易被法官发现。

所罗门说：“在法庭上，你还会听到有人抛出‘情绪不正常的人’这样的表述。”

这样的表述可能来自警察部门。警察会把他们带进来，交给你一封来自某家医院的医生的信。在被传讯之前，被告人刚在这家医院的精神科进行了检查……其他时候，这些信息会被记入地方检察官持有的关于被告的档案中。在法庭上，地方检察官会问被告问题……这也是我需要考虑的一个事实。

审理此类案件时，他会非常认真、仔细地观察被告。用他的话说，“去搜寻一些迹象”。

我会看被告是否目光呆滞，是否无法进行眼神交流。我指的是那些停止服药的成年人，而不是因为大脑额叶没有发育好而无法进行有效的眼神交流的小孩子……

穆莱纳桑的机器无法偷听到检察官关于“情绪不正常的人”的谈话，而且它无法看到那种能说明问题的目光呆滞的面部表情。这一事实应该是所罗门和其他法官的一大优势，应该有助于他们做出正确的判决。但出于某种原因，它没有带来帮助。

难题之二：为什么同陌生人见面会无助于我们认清他们到底是什么样的人，还不如不见面好呢?

5

1938 年 9 月底，也就是内维尔·张伯伦第一次访问德国两星期后，他第三次也是最后一次访问了德国。会议在慕尼黑的纳粹党办公室——元首行馆举行。意大利首相贝尼托·墨索里尼和法国总理爱德华·达拉第也应邀出席了此次会议。四国首脑分别带着自己的助手在希特勒的私人书房里会了面。第二天早上，张伯伦问希特勒，两人能否再单独会面。此时，张伯伦已成竹在胸，觉得自己已经摸清了对手的底细。

当希特勒说他的野心仅限于捷克斯洛伐克时，张伯伦相信“希特勒先生说的是实话”，问题只剩下把这个承诺写成白纸黑字了。

希特勒把他带到他在摄政广场的公寓。张伯伦拿出自己早已写好的一份简单协议，问希特勒是否会签署该协议。当翻译人员把这些话翻译成德语时，“希特勒突然不停叫道：‘啊！是的！是的！’最后他说：‘是的，我一定会签署的。’”张伯伦在后来写给他妹妹的信中说道：“‘我们什么时候去？’我问。‘现在。’他说。我们马上走到写字台旁，分别在我带来的两份协议上签了名。”

那天下午，张伯伦飞回英国，人们像迎接凯旋的英雄似的欢迎了他。一群记者拥向他，他从胸前口袋里掏出自己的那份协议，一边向人群挥舞一边说：“今天早上我又和德国总理希特勒先生谈了话，这是我们签的协议，上面有他的名字，也有我的名字。”

然后他回到了位于唐宁街10号的首相官邸。

“我的好朋友们，这是有史以来我们第二次光荣地把和平从德国带回唐宁街。我相信这是我们整整一代人的和平。我们衷心感谢你们！”

人群欢呼起来。

“现在我请你们回家去，在你们的床上安心睡觉吧！”

1939 年 3 月，希特勒入侵捷克斯洛伐克。他在与张伯伦签署协议后不到 6 个月，就撕毁了该协议。1939 年 9 月 1 日，希特勒入侵波兰，第二次世界大战爆发了。

换句话说，我们发现：生活中有无法认清己方内奸的中情局官员，有无法认清犯罪嫌疑人的法官，还有无法看清敌手真实意图的首相。有人会纠结于对陌生人的第一印象；也有人与陌生人相处几个月后，还是觉得对方难以捉摸。有的人与他人首次见面会对对方心生疑惑，有的人屡次同他人相见还是会对对方疑虑丛生。人们吃力地评估陌生人是否正直，艰难地分析陌生人的品性，疲于应付陌生人的意图。

真是一头雾水。

6

还有最后一件事。

请看下面的单词，在两处横线上填上字母。不用思考，快速完成。

G L _ _

这是一种被称作“补全单词”的练习。心理学家常用这种练习来测试譬如记忆力这样的能力。

我把 G L _ _ 填成 GLUM（忧郁的）这个词。你要记下它。下一个词是：

_ _TER

我填完后得到 HATER(怀恨者) 这个词，记下它。其余的词如下：

S_ _RE	STR_ _ _	B _ _ T
P_ _N	GO_ _	PO _ _ _
TOU_ _	CHE_ _	BA _ _
ATT_ _ _	_ _OR	_ RA _
BO_ _	SL_ _ _	_ _ _ EAT
FL_ _T	SC_ _ _	
SL _ T	_ _NNER	

我由 GLUM（忧郁的）和 HATER（怀恨者）这两个词开始，做完后得到的一些词是：SCARE（恐惧）、ATTACK（攻击）、BORE（厌烦）、FLOUT（愚弄）、SLIT（撕裂）、CHEAT（欺骗）、TRAP（陷阱）和 DEFEAT(失败)。这组词会给人一种病态、忧伤的感觉。但我却认为，这丝毫不能说明我的心理有些阴暗。相反，我不忧伤，我是个乐天派。我想，我之所以得到这样一组词，是因为第一个词 GLUM 突然出现在了我脑海里，我便就此继续下去了而已。

几年前，以艾米丽·普罗宁为首的一队心理学家找一组人做了同样的单词练习。普罗宁让那一组人填空，然后问了他们同样的问题：你认为你的选择说明了什么问题？例如，如果你把TOU_ _填成TOUCH（触摸），这是否意味着你和把TOU_ _填成TOUGH（困难）的人很不一样呢？被问的人和我持相同的观点，他们认为这只是些单词而已。

“我不同意用补全单词这种练习来衡量我的性格。”普罗宁的一个实验对象写道。小组里的其他人也都同意这种观点。

> “这些被补全的单词似乎根本没有透露我太多的信息……这是随机完成的。”
>
> “我补全的一些词的意思看起来与我看待事物的方式背道而驰，比如，我并不总是希望自己要变STRONG（强大），成为BEST（最好的）或一个WINNER（赢家）。”
>
> “我真的不认为我填的词能过多地证明关于我本人的事情……它们是偶然事件的结果。”
>
> “这说明不了什么……它们只是一些词。”
>
> “我真的认为它们之间没有任何关系……这些单词都是随机的。”
>
> “PAIN（疼痛）、ATTACK（攻击）和THREAT（威胁）这三个词看起来很相似，但我不知道它们反映了我的什么特点。”

但接下来的故事就有趣了。普罗宁把别人写完的单词给这组人看。写单词的人和这组评估的人互相是完全陌生的。然后普罗宁问了这组人同样的问题——你认为这些陌生人选择填完的单词说明了什么？普罗宁研究团队得到的答案让他们彻底改变了看法。

“他看起来不爱读书，因为（在我看来）人们会很自然地把B_ _K填成BOOK（书）。BEAK（鸟嘴）看起来挺随意，这或许表明了一种故意的注意力不集中。”

“我有一种感觉，写出这些词的人非常虚荣，但他基本是个好人。”

不要忘了，说这些话的人，正是刚才那些说这种单词练习根本没什么意义的人。

“这个人似乎很喜欢以目标为导向，常考虑竞争场景。”

“我有一种感觉，这个人可能常对自己的生活方式感到厌倦。此外，我认为他或她可能对与异性进行亲密接触感兴趣。这个人可能也喜欢玩游戏。”

那个说“这些被补全的单词似乎根本没有透露我太多的信息”的人却转变了对这类单词练习的看法，如此评价一个完全陌生的人：

“我觉得这个女孩来例假了……我还认为，根据她写的单词WHORE（妓女）、SLOT [与SLUT（荡妇）有些像]、CHEAT（欺骗），她觉得自己或某个人与他人有不正当的性关系。”

看别人写的单词的这组人不断给出类似的答案。他们对于自己已然陷入自相矛盾之中的事实似乎全然不知。

“我猜他写的单词和他个人是有关系的……他写了很多和金钱有关的词，还有BANK（银行）这个词，它们有很多相关性。”

“他似乎专注于竞争和取胜。这个人可能是位运动员，也可能是个很能争抢的人。”

“这个人似乎对他努力去做的事情有积极的态度。他的大多数词语，如WINNER（胜利者）、SCORE（得分）、GOAL（目标），都暗示了某种竞争性。这些词语与行话结合在一起，表明他在一定程度上具有运动员的竞争精神。”

如果研究小组看到了我写的那些词，他们可能会担心我的心灵有什么问题吧。

普罗宁称这种现象为“非对称洞察力错觉”。她写道：

坚信自己对别人的了解超过别人对自己的了解——认为我们自己具有别人所不具有的对别人的洞察力（却不认为别人具有我们自己所不具有的对我们自己的洞察力）——导致我们在本该倾听的时候却在诉说，本该耐心地听别人说他们如何坚信自己是被误解或被不公正地判决时却心不在焉。[12]

这是前两个难题的关键所在。中情局古巴分部的官员确信他们可以评估间谍的忠诚度。法官们对于看清被告是什么样的人总是感到胜券在握，于是花一两分钟就做了“权威”的判断。内维尔·张伯伦从未质疑他为避免战争而制订的大胆计划。如果希特勒的意图不为人知，那么他作为英国首相，就有责任去德国了解清楚。

我们认为自己通过蛛丝马迹就能看透别人的内心，于是我们不放过任何机会去评判陌生人。当然，我们不会对自己这样做，因为我们深信自己是微妙的、复杂的、神秘的，但陌生人却很容易被了解。

如果我能通过这本书让你相信一件事，那我希望是：陌生人不容易被了解。

• 2

默认真实

我们会“默认真实”：我们常用的假设是，与我们打交道的人是诚实的。只有当事件明确地变得和我们最初的假设相反时，我们才会走出“默认真实”模式。

换句话说，我们不会像头脑清醒的科学家那样，在得出结论之前，慢慢地搜集证据来证明某件事的真伪。我们的步骤恰恰相反，我们从相信开始，只有当怀疑和疑虑上升到无法被解释的程度时，我们才停止相信。

第3章
触发器

古巴女王

1

来看看另一个古巴间谍的故事。

20世纪90年代初，成千上万的古巴人开始背叛、逃离菲德尔·卡斯特罗。他们用轮胎的内胎、金属鼓、木门和其他一些零散的部件拼凑成一艘艘粗制滥造的船只，孤注一掷，穿越90英里[①]宽的佛罗里达海峡，逃到美国。据估计，在途中死亡的多达24 000人。西方国家有些人称此为“一场人权灾难”。作为人道主义回应，一群定居美国的古巴移民于迈阿密成立了“兄弟救援队”，他们使用由塞斯纳飞机公司生产的单引擎飞机，组建了一支临时飞行队，在佛罗里达海峡上空飞行，搜寻海上的难民，并用无线电向海岸警卫队报告难民的位置。此举挽救了数千人的生命，他们也因此成了英雄。

随着时间的流逝，这些移民的野心越来越大。他们开始飞入古巴

① 1英里约为1.6千米。——编者注

领空，向哈瓦那投放传单，教唆古巴人民起来反抗卡斯特罗政权。已经因为难民的外逃而感到耻辱的古巴政府对此感到非常气愤。1996年2月24日，局势紧张到了极点。那天下午，当三架“兄弟救援队”的飞机飞过佛罗里达海峡接近古巴的海岸线时，古巴空军的两架米格战斗机从空中击落了“兄弟救援队”的两架飞机，被击落飞机上的4人全部死亡。

外界对此次袭击的反应非常迅速。联合国安全理事会通过了一项谴责古巴政府的决议；克林顿总统非常严肃地举行了记者招待会；迈阿密的古巴移民变得异常愤怒。人们认为，这两架飞机是在国际空域被击落的，这一举动相当于战争行为。古巴飞行员之间的无线电对话被透露给了媒体：

“我们击中了他们，哈哈，我们击中了他们。”

“我们击退了他们，哈哈。”

“我们打了他们。”

“笨蛋。”

“记下我们击中他们的地方。”

“这下他们不能再惹是生非了。”

然后，在其中一架米格战斗机瞄准第二架塞斯纳飞机之后，有这样的声音：

“要么回国，要么去死，你们这些浑蛋。”[1]

就在朝野议论纷纷之时，一位名叫尤金·卡罗尔的美国退役海军上将的出现使事情突然发生了变化。卡罗尔曾是拥有 7 000 件武器支配权的驻欧美军总指挥，他是一个在华盛顿很有影响力的人物。他接受了 CNN① 的采访，说就在“兄弟救援队”的飞机被击落之前，他和一小群军事分析人士会见了古巴高级官员。[2]

C N N：将军，您能告诉我您去古巴时发生了什么事吗？您和谁进行了会谈？他们告诉了您什么？

卡罗尔： 古巴国防部的人接待了我们。有罗萨莱斯·德尔·托罗将军……我们四处看了看，考察了古巴的基地、学校、部分已建设完成的核电站等。在与罗萨莱斯·德尔·托罗将军和他的工作人员进行的长谈中，他们提出了关于美国飞机——不是政府的飞机，而是迈阿密的私人飞机——飞越古巴领空的问题。他们问我们：“如果我们击落其中的一架，会怎么样呢？你知道，我们是有能力击落的。”

卡罗尔将古巴东道主提出的这个问题解读为一种赤裸裸的警告。采访继续：

C N N：您回国后，把这些信息传达给了谁？

卡罗尔： 我们马上开会讨论了这种情况……参会人员包括美国国务院和美国国防情报局的成员。

① CNN，即美国有线电视新闻网，一家向全世界播送节目的美国广播公司。——编者注

美国国防情报局是美国政府对外情报机构“三驾马车”中的第三个机构，另外两个机构分别是美国中情局和美国国家安全局。如果卡罗尔与美国国务院和美国国防情报局的人见过面，这就意味着他已向美国政府的最高层传达了古巴的警告。那么，美国国务院和美国国防情报局是否认真对待了这些警告呢？他们是否介入并阻止了“兄弟救援队”继续鲁莽地入侵古巴领空呢？显然没有。①

卡罗尔的言论在华盛顿特区政界引起了反响——这是一个令人尴尬的发现：卡罗尔于2月23日向美国国务院和美国国防情报局发出了警告，2月24日就发生了古巴击落美机事件。[4] 也就是说，在此次古巴击落美机事件的前一天，一位知名的华盛顿内部人士已经会见了美国官员，明确警告过他们，古巴已经对“兄弟救援队”失去了耐心，而当局却没有理会他的警告，由此造成了第二天机毁人亡的危机事件。开始时，人们痛恨古巴的暴行，而现在情况变成了人们谴责美国外交部门的失职。[5]

CNN：但是救援队的飞机只是些没有武装的民用飞机。关于这一点，他们又是怎么说的呢？

---

① 美国国务院曾通过官方渠道通知“兄弟救援队”，任何以古巴为目的地的飞行计划都是不被允许的。但这些警告显然并没有奏效。[3]

CNN：将军，此次事件发生之前，国务院曾就此事向“兄弟救援队”发出其他警告，是吗？

卡罗尔：都是一些并不能真正起作用的警告……他们知道“兄弟救援队”一直在提交假的飞行计划，而“兄弟救援队”实际上是去古巴。这也是古巴人感到气愤的原因所在——美国政府没有强制执行自己的飞行规定。

卡罗尔重复了他在哈瓦那被告知的事情。

卡罗尔：这是个非常敏感的问题。但问题在于：他们飞行的位置是哪里？他们在干什么？我给你打个比方。假设有飞机从墨西哥飞来，飞过圣地亚哥，来到我们的领空，扔下传单，煽动人们反对加州州长威尔逊。在我们警告他们不要飞越领空之后，我们还能容忍多久？

菲德尔·卡斯特罗没有被CNN邀请为自己辩护，他也不需要——这位海军上将（卡罗尔）已经为他辩护得很好了。

2

针对我们为什么会被陌生人欺骗这个问题，心理学家蒂姆·莱文和社会科学领域的任何一名研究者一样，进行了很多思考。本书接下来的三章将介绍心理学家莱文的观点。其中，第3章介绍了1996年美国和古巴之间危机的后果；第4章通过伯纳德·麦道夫——史上最大庞氏骗局制造者的故事来分析莱文的理论；第5章详细探讨了宾夕法尼亚州立大学足球教练杰里·桑达斯基被判“性虐待”的奇怪案件。

你有没有觉得卡罗尔将军和古巴击落美机事件有些古怪？这里面的巧合太多了。

（1）古巴计划袭击在国际空域飞行的美国飞机，蓄意谋杀美国公民。

（2）就在袭击发生的前一天，一位著名的军方内部人士在简报会上向美国官员发出了严厉警告：古巴可能会进行此次袭击。

（3）令人感到意外的是，在袭击发生后的第二天，这位军方内部人士就可以通过世界上最有名的新闻网站对古巴的情况发表看法。

这三个事件的时间安排得太完美了，不是吗？如果你来自一家想要平息一件非常有争议的事情所带来的负面影响的公关公司，那么你这样安排事件是理所当然的——让一个表面上看起来中立的专家马上出现在公众视野中说："我警告过他们！"

以上是一位名叫雷格·布朗的军事反情报分析师在事件发生后几天里所想到的。布朗曾在美国国防情报局拉丁美洲分部工作，他的工作是了解古巴情报机构试图影响美国军事行动的方式。换句话说，就是警惕那些我们其他人容易忽视的种种细微差别、微妙之处及一些难以解释的巧合。布朗无法摆脱这样一种感觉：古巴以某种方式策划了整个危机。

不出布朗所料，结果证明，古巴在"兄弟救援队"内部有消息来源——飞行员胡安·巴勃罗·罗克。袭击前一天，他在迈阿密救援队消失，又在哈瓦那卡斯特罗的身边露面。很明显，罗克告诉了他的上司卡斯特罗"兄弟救援队"在24日的计划。这让布朗很难相信卡罗尔是随机地将简报会的日期选在了23日这一天。为了获得最大的公关利益，古巴方面希望美国人提前一天得到警告，不是吗？这样的话，美国国务院和美国国防情报局就不能说那个警告是含糊不清的，也不能说警告是很久以前的事，从而摆脱干系。飞行员从迈阿密起飞的那天，卡罗尔早已警告美国政府官员。

那么，是谁组织召开了卡罗尔的简报会呢？谁选的2月23日？布朗想知道这些。做了一番仔细搜查后，他想出的名字吓了他一跳：他在美国国防情报局的一位同事，一位名叫安娜·贝伦·蒙特斯的古巴问题专家。蒙特斯可是一位罩着明星般光环的人物：曾多次晋升和获得荣誉、奖金和特殊职业机会；在人们对她的评价中处处可见溢美之词；她是从美国司法部转到美国国防情报局工作的，在她的推荐信中，以前的上司说她是他遇到的最好的情报局人选；她曾经获得美国中情局局长乔治·特纳特颁发的奖章；她在美国情报机构的代号为“古巴女王”[6]。

时间一周一周地过去，布朗感到越来越痛苦。以这种半偏执的猜测为基础，指责一位同事背叛了国家，尤其当这位同事还是蒙特斯这样身居高位的人物时，布朗是在冒天下之大不韪。最后，布朗还是下定了决心，把自己的怀疑告诉了美国国防情报局的一位名叫斯科特·卡迈克尔的反情报官员。

“他过来找我了，午间休息时我们在附近散了一会儿步。”卡迈克尔在回忆他与雷格·布朗的第一次会面时说，“他甚至没提蒙特斯的事。我的意思是，大部分时间里我都在听他不知所措地一边搓手一边说：‘哦，上帝。我不想做错事。’”

卡迈克尔鼓励他畅所欲言，慢慢地，布朗说出了自己的心里话。每个在美国情报机构古巴分部工作的人都还记得弗洛伦蒂诺·阿斯皮拉加透露的重磅消息，都很清楚古巴间谍确实技艺高超。对此，布朗也有自己的证据。20世纪80年代末，他曾写了一份报告，详细描述了古巴高级官员参与国际毒品走私的情况。卡迈克尔说：“他指认了直接参与此事的具体的古巴高级官员，并提供了包括航班、飞行日期、时间、地点、谁对谁做了什么等这样的具体细节。可以说，他清清楚楚地说明了事情的全部。”然而，就在这份报告被公布的前几天，古巴特工围捕了布朗在调查中提到的每一个人，处决了其中的一些人，并公开否认自己参与此次走私事件。“布朗当时说：‘怎么回事？有人泄密了。’”

这让布朗变得越发多疑。1994年，两名负责古巴情报工作的官员的叛逃，进一步说明了类似问题：古巴有潜伏在美国情报部门高层的卧底。布朗对卡迈克尔说，既然这样，他该怎么想呢？难道他没有理由去怀疑吗？

然后他告诉了卡迈克尔发生在古巴击落美机事件危机期间的另一件事。当时，蒙特斯在美国国防情报局位于华盛顿特区阿纳卡斯蒂亚地区的波林空军基地的办公室工作。飞机被击落后，她被叫到五角大楼——如果你是美国政府中古巴问题的主要专家之一的话，同样地，你也需要到场。古巴击落美机事件发生的那天是星期六。第二天晚上，布朗碰巧打电话找蒙特斯。

卡迈克尔说：“他说有个女人接了电话，告诉他安娜已经走了。”当天早些时候，蒙特斯接到一个电话，之后她变得焦躁不安，然后她跟战况室的每个人说她累了，如果没什么事的话，她就先回家了。

蒙特斯的离开让雷格·布朗非常怀疑。他甚至无法相信蒙特斯居然回家了，因为这与我们的惯常做法太不相符了。每个人都知道，当危机发生时，你会被叫到战况室开会，因为你需要用你的专业知识参与决策过程。如果你在五角大楼工作，那么在你被解雇之前，你都得随叫随到，这是尽人皆知的纪律。假设朝鲜突然向旧金山发射了一枚导弹，五角大楼的人因此把你叫来，你不能因为又累又饿就可以自行决定离开。然而她却离开了。雷格感到困惑："这到底是为什么？"

在雷格·布朗看来，如果蒙特斯真的在为古巴工作，古巴方面会迫不及待地想得到她掌握的情报，想知道五角大楼战况室里发生的一切。她那天晚上有没有和她的古巴上级会面呢？一切都有点儿牵强附会，这就是布朗感到如此矛盾的原因。但是他知道：美国国防情报局里有古巴间谍。而这个女人身为古巴问题专家，却在接了一个私人电话后，在重要会议上脱身而去——那次会议可是商讨如何应对当代人认为的最重大的危机的会议。最重要的是，是不是她特意安排了卡罗尔将军在2月23日的那场简报会，极为巧妙地把古巴威胁击落美机的警告传达给了美国政府呢？

布朗告诉卡迈克尔，古巴人多年来一直想要击落一架"兄弟救援队"的飞机。但他们没有这么做，因为他们知道那将是多么大的挑衅。它可能会成为美国推翻菲德尔·卡斯特罗或对古巴发动入侵的借口。对古巴人来说，这是不值得的，除非他们能想办法让舆论对自己有利。

他发现，安娜不只是卡罗尔简报会的与会者之一，还是会议的组织者。然后他说："天啊，我在看古巴反情报影响行动人员如何编造故事，而安娜就是那个安排政府官员同卡罗尔将军会面的人。这到底是怎么回事？"

时间一个月一个月地过去，布朗一直坚持着自己的怀疑。最后，卡迈克尔取出了蒙特斯的档案后发现，她已经非常顺利地通过了最近的测谎。她没有秘密酗酒的问题，也没有无法解释的银行存款，总之没有任何可疑的迹象。卡迈克尔说："看了她的安全档案和人事档案后，我想，雷格错得太离谱了。这个女人太优秀了，优秀得让人感觉她将会成为美国国防情报局的下一任局长。"但他知道，为了证明对蒙特斯的基于猜测的调查是合理的，他必须做到一丝不苟。他说，雷格·布朗正在"崩溃"。他必须以这样或那样的方式来回应布朗的怀疑，用他的话说，就是"利用所有可用的材料来消除一切疑点"，因为如果蒙特斯被怀疑的消息被传出去，"我知道我将面临一场狗屎风暴"。

卡迈克尔把蒙特斯叫到他们在波林的一间会议室里会面。她身材苗条，美丽动人，留着短发，看起来非常聪明，目光犀利，带有一种几近严厉的神情。卡迈克尔心想，这个女人不寻常。"她就坐在我旁边，离我差不多这么远，"——他双手分开三英尺的距离——"和我坐在桌子的同一边，跷起二郎腿。我不觉得她是故意这么做的，她可能只是想坐得舒服些。但我恰巧是一个'腿控'，她不可能知道我喜欢注意女性的腿。我往下瞥了一眼。"

他问了她关于卡罗尔将军简报会的事。她回答说这根本不是她的主意，是她认识的美国国防情报局的一个人的儿子陪同卡罗尔去的古巴。后来她接到了一通电话。

> 她说："我认识他爸爸，他爸爸打电话告诉我：'嘿，如果你想要最新的关于古巴的独家新闻的话，你应该去见见卡罗尔上将。'所以我就给海军上将卡罗尔打了电话。我们查看了各自的日程表，发现2月23日是大家的时间都方便的日期，便决定在那天会面了。如此而已。"

结果，卡迈克尔认识蒙特斯所说的美国国防情报局的那个人。他告诉她，他要给那个人打电话来证实她的话。她说："请便。"

他问她在战况室接的电话是怎么回事。她说她不记得接到过电话。在卡迈克尔看来，她还是很诚实的，毕竟当时是9个月前高度紧张而又忙碌的一天。"你提前离开战况室是怎么回事？"

> 她说："是的，我确实离开了。"她没有否认，马上就承认了这一点。这可能有点儿可疑。"是的，那天我确实离开得很早。"她说，"你知道，那天是星期天，自助餐厅都关门了。我是一个对食物非常挑剔的人，我有过敏症，所以我不吃自动售货机里卖的东西。我早上6点左右到的战况室，大概待到……晚上8点才离开。我快饿死了。在战况室，我也没什么事可做，他们并不真正需要我，所以我决定离开，回家吃点儿东

西。”[1]这番话听起来真实可靠，也确实是实话。

面谈结束后，卡迈克尔开始反复思考她的回答。简报会的日期确实看起来像是巧合。她朋友的儿子也确实和卡罗尔一起去了古巴。

> 这是我了解到的，是的，她确实有过敏症，不吃自动售货机里卖的食物；她对吃的东西非常挑剔。我想，她在五角大楼的那天是星期日，那天我也在，自助餐厅确实没开门。她忙了一整天都没吃东西，所以很早就回家了。我想：“嗯，有点儿道理。”
>
> 我从面谈中得到了什么有用的信息吗？什么都没有。

卡迈克尔告诉雷格·布朗不要担心，他自己也把注意力转向了其他事情。安娜·蒙特斯则回到她的办公室照常工作。经历了不愉快的怀疑和调查，大家却能不念旧恶，一如既往。直到5年后，2001年的一天，人们发现，蒙特斯每天晚上回家后，都会把当天在工作中得到的所有事实和见解打成文字，发送给她在哈瓦那的上级。

从加入美国国防情报局的那天起，蒙特斯就是一名古巴间谍。

---

① 这确实是真的。蒙特斯会严格控制自己的饮食，曾一度只吃未经调味的煮土豆。中情局的心理学家后来得出结论，她患有边缘性强迫症。而且她每次会用不同的肥皂洗澡，洗澡时间还很长。她开车时总戴着手套。她平时有这么多奇怪的行为，人们对此已见怪不怪，觉得不足为奇了。

3

在经典的间谍小说中，秘密特工往往会被描绘得狡猾奸诈。大家被敌人的聪明才智蒙蔽了，这是许多中情局内部人士对弗洛伦蒂诺·阿斯皮拉加爆料的解释：卡斯特罗是一个天才，他的特工都是出色的演员。然而，事实上，最危险的间谍很少像魔鬼一般难以对付，比如，奥尔德里奇·埃姆斯可能是美国历史上最具破坏性的叛国者，他就业绩平平，酗酒成性，甚至从未试图隐瞒他因帮苏联从事间谍活动而获得的全部钱财。

安娜·蒙特斯也好不到哪儿去。就在她被捕之前，美国国防情报局发现了她用来向哈瓦那发送电报的密码……竟然是在她的钱包里发现的，同时被发现的还有她藏在公寓壁橱内鞋盒里的一台无线电短波收音机。

见证了阿斯皮拉加揭露古巴间谍灾难的中情局古巴问题专家布莱恩·拉特尔很了解蒙特斯。

拉特尔回忆道："当我还是国家情报官员时，在我召集的会议上，她常常坐在我的对面。"她并不圆滑老练或八面玲珑。他知道她在圈内享有盛誉的事实，但在他看来，她总是有点儿古怪。

> 我会试着让她发言，她却总是给我一些奇怪的反应……在我召集的会议上，有时我会试图让她就一些问题说说自己的看法，比如，我会问她："你认为菲德尔这样做的动机是什么？"现在回想起来，这时她会像被车灯照着的小鹿一样逡巡不前，吞吞吐

吐，语无伦次。同时她的身体也会做出某种反应，以至于我认为："哦，她真是一个糟糕的分析家，她很紧张，她不知道该说什么。"

他说，有一年，蒙特斯被准予参与中情局一个杰出的分析师项目，它是全美国政府的情报人员都可以参与的调研休假项目。猜猜她要求去哪儿？当然是古巴。

"她是在这个项目的资助下去古巴的。你能想象吗？"拉特尔说。如果你是一名试图隐藏自己意图的古巴间谍，你会要求去哈瓦那参加公费研休吗？这是20多年前发生的事了，但拉特尔说起来时，还会为蒙特斯当时表现出来的无所顾忌而感到震惊。

她以中情局高级情报分析员的身份去了古巴。当然，古巴方面很高兴她回国，尤其高兴的是费用还是由我们出的。我肯定他们进行了各种秘密谍报技术训练。我想——我无法证明，但我很确定——菲德尔接见了她。菲德尔喜欢接见他的情报特工骨干，鼓励他们，祝贺他们，和他们一起庆祝对抗中情局所取得的胜利。

蒙特斯回到五角大楼的时候，写了一篇研究报告。在报告中，她甚至没有刻意隐藏自己的偏见。

中情局的上司在阅读她的报告时，应该能因发现她的诸多可疑迹象而警觉，因为她在报告中讲的关于古巴军队的情况根本说不通，除非她是从古巴的角度来看问题的。

但有人发现那些可疑迹象吗？拉特尔说，他从来没有怀疑过蒙特斯是间谍。他说："有一些级别和我相同或相近的中情局官员认为，她是局里最好的古巴问题分析专家。"听了这些，他也就不再怀疑她了。"我从不信任她，但我没能找出合理的不信任她的原因，这是我最大的遗憾之一。我确信她是个糟糕的古巴问题分析专家——她的确糟糕，因为她不是为我们工作的，她为菲德尔工作。但我从来没有把这些方面联系起来。"

其他人也没有这样联系过。蒙特斯有个弟弟叫提托，他是联邦调查局的特工。关于姐姐的事情，他全然不知。蒙特斯的姐姐也是一名联邦调查局特工，她在揭露迈阿密的一个古巴间谍组织中发挥了关键作用，但她却也被妹妹蒙在鼓里。蒙特斯的男朋友也在五角大楼工作，信不信由你，他的专长是拉美情报，他的工作是同像他女朋友那样的间谍做斗争，而他竟也对蒙特斯的间谍身份一无所知。蒙特斯最终被捕时，她所在部门的负责人把同事们叫到一起，在公布了这则消息后，大家都不敢相信，竟都哭了起来。最后，美国国防情报局不得不请来一队心理学家对大家进行现场心理干预。她的上司听闻此讯也悲痛欲绝。他们谁也不曾把蒙特斯的行为同间谍活动联系起来。她办公室的小隔间的隔板上贴着莎士比亚的《亨利五世》中的一句话，就贴在与她的眼睛同高的位置——全世界的人都看得到。

凭着他们做梦都想不到的侦听，
国王能够知道他们脑中的一切。

或者，说得更直白一点儿："古巴女王"用她周围的人做梦也想不到的方式，记录下了美国人想干的所有事情。

之所以会出现我们无法识别间谍的问题，不是因为他们有什么过人之处，而是因为我们出了问题。

4

在心理学家蒂姆·莱文的职业生涯中，他做过数百个类似的简单实验。他邀请学生到他的实验室，进行一个百科知识智力小测验，问他们"亚洲最高的山是什么山"等类似的问题。他们如果答对了问题，就能获得现金奖励。[7]

为了帮助被试得到理想的测验成绩，莱文给他们都安排了一个"搭档"，这个"搭档"是他们从未见过的人。接受测验的学生并不知道，他们的这位"搭档"是为莱文工作的。测试时，房间里有位叫雷切尔的老师负责监考。考试进行到一半时，雷切尔会突然被叫离考场。然后，精心编排的演出开始了。那位"搭档"说："我不知道你怎么想，但是我想要那笔钱。"然后，他指着放在桌面上一个显眼位置的信封说："我想答案就在那里。"莱文解释说："是否作弊取决于他们自己。"在大约 30% 的情况下，他们会选择作弊。"然后，"莱文继续说道，"我们会在面谈的时候问他们'你作弊了吗？'"

世界上研究人类欺骗行为的学者不计其数。关于我们为什么撒谎及如何识破这些谎言的理论，比关于肯尼迪遇刺的还要多。在这个热门领域，莱文的成就非凡。他仔细地构建了自成一体的关于欺骗的理论。① 该理论的核心正是他对上述小测验进行研究获得的结论。

在亚拉巴马大学伯明翰分校莱文的办公室里，我们观看了十几段他们在测验后访谈被试的录像。[8] 其中有一段非常典型，主角是一个有点儿心不在焉的年轻人。我们就叫他菲利普吧。

采访者：好，咱们开始……你之前玩过智力小测验游戏吗？

菲利普：玩得不多，但我玩过。

采访者：在当前的测验中，你觉得那些问题难吗？

菲利普：是的，有些问题难。我当时想："啊，怎么还有这么难的问题。"

采访者：如果把难度分成 10 个等级，1 级最容易，10 级最难，那你认为此次测验的等级是几级？

菲利普：我觉得是 8 级。

采访者：8 级。是的，有些问题确实刁钻。

然后采访者告诉菲利普，他和"搭档"的成绩很好。采访者问菲利普为什么能得到这么好的成绩。

菲利普：这是合作的结果。

采访者：合作？

---

① 莱文的理论在他的书《被欺骗："默认真实"理论和说谎与欺骗的社会科学》（*Duped: Truth-Default Theory and the Social Science of Lying and Deception*. Tuscaloosa, AL: University of Alabama Press, 2019）中有清晰的阐述。如果你想了解关于欺骗的理论，读这本书是最好的选择。

菲利普：是的。

采访者：好的。那么请问，我把雷切尔叫出去了一会儿。她不在考场时，你作弊了吗？

菲利普：我想想。没有。

菲利普咕哝着回答道，然后转移了目光。

采访者：你说的是实话吗？

菲利普：是的。

采访者：好。如果我采访你的搭档，也问问她这个问题，你觉得她会说什么？

这时录像中出现了一种令人不安的沉默，就好像这个学生在努力把情况讲清楚一样。莱文说："他显然在进行一番思想斗争。"

菲利普：她会说没有作弊。

采访者：没作弊？

菲利普：是的。

采访者：好。我们需要你回答的就是这些。

菲利普说的是实话吗？莱文让数百人看了菲利普的录像，几乎每个观众都能正确地判断出菲利普作弊了。菲利普参加测试时的"搭档"证实了其作弊行为。她告诉莱文，雷切尔离开房间的时候，菲利普看了信封里的答案。在上述采访中，菲利普撒了谎，这是显而易见的。莱文对此也早有觉察，说：“他的语气不坚定。”

我也有同样的感觉。事实上，当菲利普被问“你作弊了吗”，他回答“我想想。没有”时，我忍不住喊：“哦，他真差劲。”菲利普当时将目光转向了别处，这说明他很紧张，他无法镇定自若。其实，当采访者接着问“你说的是实话吗”时，菲利普停顿了一会儿，似乎他得先想一想才能回答这个问题。

菲利普是容易被辨别的。但我们看的录像越多，我们就越难辨别当事人是不是说了假话。其中有一段对另一个人采访的录像。我们叫他卢卡斯吧。他相貌英俊，能言善辩，相当自信。

采访者：我得问一下，当雷切尔离开房间的时候，你有没有作弊？

卢卡斯：没有。

采访者：没有？你说的是实话吗？

卢卡斯：是的，我在说实话。

采访者：当我采访你的搭档，问她同样的问题时，你觉得她会怎么回答？

卢卡斯：跟我一样。

莱文说：“大家都相信他。”我也相信他。但卢卡斯在撒谎。

我和莱文花了大半个上午看这些录像。最后，我还是准备认输，因为我发现自己真的不知道如何才能正确地认清他人。

莱文研究的目标是试图解决人类心理学中最大的难题之一：为什

么我们在识别谎言方面如此糟糕？你可能会认为我们在这方面能做得很好。而且，如果人类能知道自己什么时候被欺骗了，那将是非常有用的。长达数百万年的进化本该偏袒一下人类，使其具备识别细微欺骗迹象的能力，但它却没有。

在莱文的一次实验中，他把他的录像分成了两部分：录的分别是22个撒谎者和22个说真话的人。[9] 然后一些被试被要求看完这44个人的录像，辨认出说谎者。实验结果显示，人们能辨认出说谎者的平均正确率是56%。其他心理学家也做过类似的实验，他们的平均正确率是多少呢？54%。几乎每个人在辨认说谎者方面都是糟糕的：警察、法官、心理学家，甚至在国外负责大型间谍网络的中情局官员。为什么会这样？①

蒂姆·莱文的答案是被简称为TDT的"默认真实"理论[10]。

莱文的论证始于他的一个研究生朴善熙提出的见解。研究初期，莱文和同行一样，困惑于为什么我们那么不擅长去做按理说应该擅长的事情。

莱文说："朴善熙的第一个重大发现是，54%的准确率是正确辨别真话和谎言的平均值。换个角度来看，你就会有完全不同的发现……可以观察有多少人能正确辨别真话，又有多少人能正确辨别谎言。"

他的意思是这样的。如果我告诉你辨别莱文录像中的人是否说谎的正确率在50%左右，人们自然会认为，你只是随机猜测——你并不

① 在我的书《眨眼之间》中，我提到了保罗·埃克曼所说的一小部分人能够成功识破说谎者的事情。关于埃克曼与莱文辩论的更多信息，请参照注释中的扩展评注。

知道该如何辨别谎言。但朴善熙观察后发现，这不是真的：我们在正确识别说真话的学生方面，比随机猜测做得好；在正确识别说谎的学生方面，做得比随机猜测差。我们在看完了所有的录像后，就觉得“对，对，对”，这意味着我们正确地认识了大多数对说真话的人的采访，但却错误地认识了大多数对说谎者的采访。我们会“默认真实”：我们常用的假设是，与我们打交道的人是诚实的。

莱文说，他自己的实验几乎是这一现象的完美体现。他付钱请人们玩一个智力小测验游戏。其间，监考老师突然被叫出了考场，而她还“碰巧”把考题的答案落在了桌子上，让别人能看得清清楚楚。莱文说，这时，从逻辑上讲，参加测试的学生应该会感到惊讶和怀疑才对。这些人可都是大学生，他们可不傻。他们应该能想到，自己刚刚报名参加的是一个心理实验。在实验中，每个人还各有一个从未谋面的“搭档”怂恿他们作弊。你可能会认为，他们甚至会怀疑事情并不像他们看起来的那样简单。但是他们没有怀疑！

莱文说：“有时，他们会意识到，监考老师离开考场可能是一个圈套。他们几乎从未想到的是，他们的‘搭档’是为莱文工作的……所以他们认为可能有尚不可知的议程。他们认为这可能是一个设置，因为实验里都是一些设置好的步骤，对吗？但是这位正在和他们聊天的‘好人’呢？哦，他们就没多想了。”他们从未质疑自己的“搭档”。

要摆脱“默认真实”模式，就需要有莱文所说的“触发器”。“触发器”和怀疑或者第一丝怀疑的感觉是不一样的。只有当事件明确地变得和我们最初的假设相反时，我们才会走出“默认真实”模式。换句话说，我们不会像头脑清醒的科学家那样，在得出结论之前，慢慢地搜集证据来证明某件事的真伪。我们的步骤恰恰相反，我们从相信开始，只有当怀疑和疑虑上升到无法被解释的程度时，我们才停止相信。

这一论点乍听起来像是社会科学家偏爱的那种无端细分的说法，但其实并不是。它是一个能解释用其他理论很难解释的行为的精辟见解。

例如，想想心理学领域最著名的发现之一：斯坦利·米尔格拉姆的服从权威实验。[11] 1961 年，米尔格拉姆从纽黑文招募志愿者，参加他所说的记忆实验。实验前，志愿者们先同一个名叫约翰·威廉姆斯的年轻人会面。威廉姆斯神情严肃，高大威猛，他跟他们解释说，他们将在实验中扮演“老师”的角色。威廉姆斯还带他们见了另一位志愿者——面色和悦的中年男子华莱士先生。他们被告知，华莱士先生将在实验中扮演“学生”，他会坐在隔壁的房间里，他的身体将和一台复杂的设备用电线连接，这台设备能够发出最高电压达 450 伏特的电击（如果想知道 450 伏特电压的电击是什么概念，我可以告诉你，它比能造成组织损伤的电击强度稍弱一点儿）。

志愿者“老师”被要求给“学生”安排一系列的记忆任务，每一次“学生”记忆失败，“老师”都会用更强的电击来惩罚他，以观察惩罚威胁是否会影响一个人执行记忆任务的能力。当电击增强时，华莱士会痛苦地大叫，最后他开始敲打墙壁。但是，如果这位“老师”心软动摇了，在一旁的威严的指导员威廉姆斯就会催促他们继续：

“请继续。”

“这个实验需要你继续。”

“你继续下去是绝对必要的。”

“你没有别的选择，你必须继续。”

这个实验如此出名的原因是几乎所有的志愿者“老师”都遵从了指令，65% 的人最终给这个倒霉的“学生”施加了最强电击。第二次世界大战之后——德国卫兵在纳粹集中营被命令做的事情被揭露之后，米尔格拉姆的发现引起了轰动。

但对莱文来说，这次实验还有一个值得注意的地方。[12] 志愿者到场后先会见了年轻健壮、高大威猛的约翰·威廉姆斯。实际上，威廉姆斯是当地的一名高中生物教师，用米尔格拉姆的话来说，他被选中是因为他“看上去很有技术感，冷冰冰的，不喜形于色，就像你在电视上看到的那种与太空计划有关的人”。威廉姆斯在实验中所说的一切都来自米尔格拉姆自己写的剧本，威廉姆斯事前记住了自己需要说的话。

而华莱士先生其实是一个叫吉姆·麦克多诺的人，他在铁路部门工作，因为有“温和又顺从”的形象，所以受到米尔格拉姆的喜爱。他痛苦的哭泣声是通过扩音器播放的录音。这个实验可谓“业余戏剧作品”，在这里，“业余”这个词很重要：米尔格拉姆做这个实验不是为了去百老汇舞台演出。根据米尔格拉姆自己的描述，华莱士先生是个糟糕的演员。说得委婉一点儿，这个实验的一切环节都太牵强附会了。这台电击机实际上并没有电击功能。因为华莱士被绑在门后的房间里，在“老师”们想弄清为什么华莱士的叫声是从角落里传来的，而不是从门后传来的时候，不止一个参与者看到了角落里的扩音器。如果实验的目的是测量学习效果，那为什么威廉姆斯要一直和“老师”待在一起，而不是去门后和“学生”待在一起呢？这不是很明显吗？他真正想做的是观察施加痛苦的人，而不是遭受痛苦的人。像恶作剧一样，米尔格拉姆的实验是相当透明的，但和莱文的智力小测验中的参与者一样，人们竟也对此信以为真。这是因为他们默认了真实。

其中一名受试对象在后来的调查问卷中写道："在实验后至少两周的时间里，我一直在注意查看《纽黑文记事报》上的死亡通知，去看看有没有我曾参与并致使所谓的'学生'死亡的消息——报上没出现他的名字，我心里的一块石头落了地。"另一名被试写道："相信我，当华莱士先生对更强的电压没有反应时，我真的认为这个人可能已经死了。"这些成年人——可不是缺乏经验的大学生——显然相信，一所久负盛名的高等学府会在其地下室里实施一种可能致命的酷刑。还有一名被试写道："这个实验对我造成了极大的影响，因为害怕可能杀死了那个坐在椅子上的人，整个晚上我都是在冷汗和噩梦中度过的。"

但这里有一个关键的细节。米尔格拉姆的实验对象并非无可救药地容易上当受骗。他们产生过怀疑，而且是很多怀疑！吉娜·佩里的书《电击仪的背后》有趣地记录了"顺从实验"的全部经过，书中写道，吉娜·佩里曾采访了米尔格拉姆的原始实验对象中的一个，那是一位已退休的名叫乔·迪莫的工具师。迪莫告诉佩里："我当时在想，'这太奇怪了'。"迪莫在一开始相信华莱士是假装的。

> 我说我不知道到底发生了什么，但我有我的怀疑。我想："如果我的怀疑是正确的，那么他（'学生'）就是与他们串通好的。肯定是这样的。我根本就没有发出电击，但他却不时地叫喊。"

但在实验的最后，华莱士先生从锁着的房间里出来，稍稍"表演"

了一会儿。迪莫记得，他看上去面容“憔悴”，神色可怜。“他手里拿着手帕，擦着脸走了进来。他走到我面前，伸出手和我握手，他说：‘我得感谢你停止了电击。’……当他进来时，我想：‘哦，也许这是真的。’”迪莫很确定自己被骗了，但是，一个撒谎者只需要继续略施演技——装出沮丧的样子，用手帕擦擦额头——就能让迪莫改变主意。

来看看米尔格拉姆实验的完整数据[13]：

我完全相信“学生”在遭受痛苦的电击。	56.1%
虽然我有些怀疑，但我相信“学生”很可能受到了电击。	24%
我只是不确定“学生”是否受到了电击。	6.1%
虽然我有些怀疑，但我认为“学生”很可能没有受到电击。	11.4%
我确信“学生”没有受到电击。	2.4%

超过40%的志愿者注意到了实验中的一些猫腻，这表明实验并不像他们被告知的那样。但这些疑虑不足以使他们放弃“默认真实”——这就是莱文的观点。你相信某人不是因为你对他们没有怀疑，相信不代表没有怀疑；你相信一个人，是因为你对他没有足够多的怀疑。

我要重申一下“一些”疑问和“足够多的”疑问之间的区别，因为我认为这很关键。想想看，你曾经多少次事后聪明，因为别人没能识别谎言而用这样的话批评他们：“你应该知道的”，“曾有各种各样的、应该引起你警觉的可疑迹象”，“你有过怀疑”。莱文会说，这种看待问题的方式是错误的，你该问的正确问题应该是：是否曾有足够多的可疑迹象将你推出相信的门槛？因为凡人都会“默认真实”，如果没有足够多的可疑迹象，那么你只是常人而已。

5

安娜·贝伦·蒙特斯在巴尔的摩富裕的郊区长大。她的父亲是一名精神病医生。她曾就读于弗吉尼亚大学，然后在约翰斯·霍普金斯大学获得了外交事务专业的硕士学位，她是当时美国政府正在努力推翻的尼加拉瓜的马克思主义桑地诺政府的热心支持者。她的激进主义行为引起了一位负责招募工作的古巴情报人员的注意。1985年，蒙特斯秘密访问了哈瓦那。中情局在对她的职业生涯的一份事后调查报告中总结道："在她无意的帮助下，她的上级评估了她的弱点，利用了她的心理需求、意识形态和个人病理，招募了她，并持续激励她满怀热情地为哈瓦那工作。"她的古巴新同胞鼓励她申请美国情报部门的工作。同年，她加入了美国国防情报局，之后，她的职位一路飞速攀升。

蒙特斯每天早上做的第一件事就是赶到办公室，她在自己的工位上吃午饭，不与人来往。她没有结婚，一个人住在华盛顿克利夫兰公园附近的一套两居室的公寓里。在调查过程中，情报局反情报官员斯科特·卡迈克尔搜集了蒙特斯的同事们用来形容她的每一个词，那真是一份令人印象深刻的词语清单：害羞、安静、超然、冷静、独立、自立、冷漠、聪明、认真、投入、专注、努力、敏锐、利索、控制欲强、恶毒、不善交际、志向远大、魅力四射、自信、务实、独断、慎重、镇定、成熟、头脑冷静、能干、尽职尽责。

在美国，所有情报官员都要接受定期审查，这样他们才能继续持有安全证明。安娜·蒙特斯以为卡迈克尔找她也是例行公事而已，她想草草了事，所以言行有些唐突无礼。

“她第一次进来的时候，试图通过告诉我——这是实话——她刚刚被任命为代理处长而想免于审查。”卡迈克尔回忆道，“她说她有很多任务和会议，有很多事情要做，所以没有时间接受审查。”卡迈克尔是一个有点儿像个大男孩的相貌友好、性情温和的人，他有一头金色的头发，大腹便便。用他自己的话说，他看起来像已故的喜剧演员克里斯·法利。蒙特斯一定以为她可以唬住他。“我以惯常的方式处理了这件事。”他回忆道。

> 你第一次会承认她说的话是对的。你会说：“哦，我明白了。好，我听说了。恭喜你，太好了。我知道你的时间有限。”然后你就可以忽略它，因为如果审查需要12天，那它就是需要12天。你不能不审查就让她走。但后来她又开始旁敲侧击……她确实在强调自己没时间，还没等我正式开始，她就说“说真的，我得在2点前离开”，或者类似的话，“因为我有这么多事情要做”。
>
> 我当时想：“怎么回事？”我当时是这么想的……我没有发脾气，但是失去了耐心。“听着，安娜。我有理由怀疑你可能参与了影响反间谍的行动，我们得坐下来谈谈。”砰！如雷轰顶。

直到那时，蒙特斯一直是一名古巴间谍，时间长度几乎占据她在美国政府工作的全部时间。其间她与她的古巴上级接头了至少300次，交出的机密如此之多，以至于她被列为美国历史上最具破坏性的间谍之一。她曾几次秘密访问古巴。她被捕后，人们发现，菲德尔·卡斯特罗曾亲自给她颁发了一枚奖章。她经历了这一切，却没引起敌人的一丝怀疑，突然，就在她以为是例行调查的开始之际，一个长相滑稽的“克里斯·法利”却把矛头指向了她，这简直是晴天霹雳：她震惊地坐在那里。

“她就像一头被车灯照着的小鹿，像盯着照它的车灯那样看着我，等着我再说一句话，就那么等着。”

卡迈克尔多年后在回顾那次会面时，意识到这是他错过的第一条线索：她的反应并不明智。

> 我恰恰没有注意到这样的事实：她从来没有说过“你在说什么”，她没有类似的反问。她一个字也没说，只是坐在那里听着。假如我当时聪明一点儿，我就会注意到这一点。她没有否认，没有困惑，没有愤怒。如果一个人是清白无辜的，但却被告知他被怀疑杀了人或犯了什么罪……我想，他会说：“你这话是什么意思？”他会说：“等等，你刚刚在诽谤我……我想知道你说的到底是怎么回事？”最终，他会反问你，会当面质疑你。安娜却只是坐在那里，什么都没做。

卡迈克尔也是从一开始就怀疑安娜的。但是，只有在你找到有说服力的怀疑的理由之后，怀疑才会变成不信任。卡迈克尔很容易就找到了让自己不再怀疑蒙特斯的理由：她是美国情报机构的“古巴女王”，上帝啊，“古巴女王”怎么可能会是间谍？他确实对她说了那句话——

“我有理由怀疑你可能参与了影响反间谍的行动”，但他是想让她认真对待那次审查才说那句话的。“我急切地想进行下去，进入下一个步骤。就像我说的，说完那句话后我还暗暗自喜：‘这招真管用，我让她闭嘴了。我再也不想听她的那些废话了。现在，让我们来做这个，完成这个。’因为当时我只想推进审查工作，所以我才错过了上述那条线索。”

他们谈到了为什么要组织卡罗尔将军的简报会，她解释得很好；他们谈到了她那天突然离开五角大楼的原因，她也给出了自己的解释。谈话时，她故作轻浮，想表现出像闹着玩儿似的。卡迈克尔开始放松下来，又低头看了看她的腿。

> 安娜开始这样——跷起二郎腿，脚尖在空中上下晃动。我不知道她是不是有意这样做……但我知道的是，它吸引了我的目光……我们彼此感到更舒服了些，她也变得更轻浮起来。轻浮？我不知道这样说她是不是合适，但她回答问题时的样子很迷人。

他们谈到了那通电话。她说她从来没有接过电话，或者至少她不记得自己接过电话。这应该是令人警觉的另一个可疑迹象：那天在战况室和她在一起的人都清楚地记得她接了一通电话。但话又说回来，当天是漫长而紧张的一个工作日，他们都处在两国关系恶化引起的危机之中，也许是他们把她和别人搞混了吧。

另外一件事同样让卡迈克尔心生疑惑，那是他从她的反应中看到的。采访快结束时，他问了蒙特斯一系列问题，问她那天离开五角大楼后发生了什么，这是一个标准的调查程序，他只想尽可能完整地了解她那天晚上的活动。

他问她下班后做了什么，她说开车回家了；他问她把车停在了哪儿，她说停在她家的街对面的停车场；他问她停车时有没有看到什么人，打招呼了没有，她说没有。

> 我说："好的，那你做了什么？你停好了车，然后过了马路。"就在这时，她的行为举止突然发生了变化。别忘了，我已经和她谈了将近2个小时，我们已经有些像哥们儿，虽然不是很亲密，但也很融洽，实际上已是谈笑风生——如果我愿意这么说的话，谈话已可以被描述为既热情又随意。
>
> 然后，突然之间，她的表现发生了巨大变化。你知道，一分钟前，她几乎还是在调情似的，高高兴兴的……但情景瞬间变了，就像一个孩子把手伸进饼干罐里，被妈妈抓了个正着，他背对着饼干罐，把手藏在身后，妈妈问他："你手里拿的是什么？"她注视着我，对我的问题一一做了否定的回答，但是……她脸上的表情却像在说："你知道了什么？你怎么知道的？你要抓我吗？我可不想被抓住。"

她被捕后，调查人员查明了当晚到底发生了什么。古巴方面之前给她布置了任务：如果她在街上发现自己的一位老上级，那就意味着她的间谍头目迫切需要亲自与她交谈，这时，她必须若无其事地继续前行，但需要在第二天早上到一个预先说好的地点与老上级接头。她从五角大楼回家的那天晚上，恰好在她的公寓楼旁看到了自己的老上级。因此，当卡迈克尔非常有针对性地问她——“你看到了谁?”“你回家时看到什么人了吗?”——这样的问题时，她一定以为他什么都知道了，以为他正在问她这件事。

> 这简直吓坏她了。她以为我知道了一切，其实我不知道。我不知道我问到了什么。我知道我有办法，我有办法弄明白她当时的表现发生变化的原因。因为面谈结束后，我会回过头来再仔细分析她的言行……但我做了什么呢？我做了每个人都做的事情……我把本应引起怀疑的奇怪行为合理化了。
>
> 我想，是的，也许她正在和一个已婚男人幽会，但不想告诉我；或者她是个女同性恋，一直在担心别人知道她在偷偷地与一位女伴交往。我开始考虑其他所有的可能，然后有点儿接受了一切——以便我不会因为继续怀疑而几近疯狂。我接受了这种可能性。

安娜·蒙特斯并不是一名间谍大师。她没必要当间谍。在一个我们的测谎仪设置为“关闭”模式的世界里，间谍总能够往来轻松自如。斯科特·卡迈克尔是一个疏忽大意的人吗？根本不是。他做了我们每个人都会做的事：他从安娜·蒙特斯说的是真话这样的假设出发，然后，在理解安娜所说的一切时——几乎无意地——努力使自己的理解与这个假设相符。我们都需要一台“触发器”来摆脱对真实的默认，但是引起“触发器”反应的最低值很高，卡迈克尔的怀疑远未达到这一最低值。

莱文认为，一个简单的事实是，测谎仪不会——或者说不能——以我们期望的方式工作。在电影中，头脑机敏的侦探会当场戳穿对方的假话。但在现实生活中，积累足够的证据来消除我们的疑虑需要时间。你问你的丈夫是否有外遇，他说没有，然后你就会相信他，你默认的是：他说的是实话。不管你发现他有什么不对劲儿的地方，你都会把它合理化。但3个月后，你碰巧注意到他的信用卡账单上有一笔不寻常的酒店房费，加上他有几周去向不明的事实和几通神秘的电话，这一切把你的怀疑推到触发反应的最低值，谎言这才被识破。

这就是对第一个难题——为什么古巴人能够瞒过中情局的人这么久——的解释。这个故事并不是对美国情报机构能力的控诉，它只反映了一个事实，即中情局官员和我们其他人一样，都是普通人；和其他人一样，对真相抱有同样的偏见。

卡迈克尔过后找到雷格·布朗，试图向他解释。

> 我说："雷格，我知道你是怎么看这件事的。我理解你认为这是一次间谍参与的蓄意影响行动的推理，它看起来也确实像，但即使是这样，我也不能空口无凭地指责她，说她是一名参加了这次蓄意行动的间谍。这根本没道理啊……那天的最后，我不得不了结了这个案子。"

6

斯科特·卡迈克尔与安娜·蒙特斯会谈之后又过了4年，他在美国国防情报局的一位同事在一次跨部门会议上遇到了美国国家安全局的一名分析师。美国国家安全局是美国情报网络的第三个分支，与美国中央情报局和美国国防情报局并列，负责密码破译。这名分析师说，他们在破解古巴与其特工联络所使用的密码方面取得了一些成功。

这些密码是一些长串的数字，它们通过短波电台被定期发送。美国国家安全局设法解码了其中的几个片段。两年半以前，他们已经把破解的密码片段交给了联邦调查局，但是没有得到任何回复。出于无奈，美国国家安全局的这位分析师决定与美国国防情报局的同行分享一些细节。她说，华盛顿有一个地位很高的古巴间谍，他们称其为“特工 S”。特工 S 对被称作“萨菲”系统的东西很感兴趣。在 1996 年 7 月 4 日到 18 日的两周内，特工 S 曾访问美国在关塔那摩湾的海军基地。

美国国防情报局的这位同事突然感到很害怕，因为“萨菲”[①]可是美国国防情报局内部电脑信息档案系统的名字，这有力地表明，特工 S 就在美国国防情报局里，或至少在隶属于美国国防情报局的机构里。这位同事开会回来后将情况报告给他的主管，他们又告诉了卡迈克尔。卡迈克尔很生气，因为他是美国国防情报局的反情报调查员！可联邦调查局在查一个可能涉及美国国防情报局雇员的间谍案已经有两年半的时间了，却没有知会他一声？

他很清楚自己需要做什么——在美国国防情报局的计算机系统内

① “萨菲”，英文 SAFE，是 Security Analyst File Environment 的首字母缩略词，即“安全分析文件环境”。我喜欢人们首次提及某个事物时用其首字母缩略词，过后再创造出全称。

搜索相关信息。任何前往关塔那摩湾的美国国防部雇员都需要事先得到批准，他们需要通过五角大楼的电脑系统发送两条申请信息：先请求批准访问，然后请求与他们希望访谈的任何人员交谈。

“好，找找那两条信息。”卡迈克尔说。

他猜想，7月前往关塔那摩湾的人最早会在4月提交申请，因此他这样键入了自己要搜的内容：1996年4月1日至7月18日，美国国防情报局员工关塔那摩湾访问授权，安全许可申请。他请他的同事“短吻鳄”约翰逊同时进行了同样的搜索。毕竟，两人智慧胜一人。

当时，计算机在完成信息搜索后，会创建一个命中文档，把搜到的信息一条条罗列出来，并显示：“共搜到X条匹配记录。”我听见“短吻鳄”在那边搜索……我能听到他在敲击键盘，知道他还没完成搜索，但我这边已经有了可以浏览的命中文档。于是我想，我要快速把它看完，看看有没有哪个名字会突然出现在眼前。就在这时，我很确定地发现，第20条信息是我要找的结果：姓名是安娜·B.蒙特斯。天啊，游戏结束了，我的意思是，一瞬间，一切就结束了……我真的惊呆了，是大惊失色，张口结舌，差点儿从椅子上摔了下来（实际是后退了一段距离）。我坐在带脚轮的办公椅上，让自己离这则坏消息远了一点儿……真的，我退到了工作隔间的最后面，而“短吻鳄”还在另一边不停地敲着键盘。

我说：“哦，该死。”

第4章
社交成本

圣愚

1

2003年11月，长岛对冲基金文艺复兴科技公司（后文简称“复兴科技”）的投资组合经理纳特·西蒙斯忧心忡忡地给几位同事写了一封电子邮件。他发现，经过一系列复杂的资金安排之后，公司持有纽约投资者伯纳德·麦道夫管理的一只基金的股份，而正是这位麦道夫让西蒙斯深感不安。

20世纪90年代至21世纪初，在纽约金融界工作过的人可能都听过伯纳德·麦道夫的名字。他在曼哈顿中城一座优雅的被称作“口红大厦”的办公大楼里工作。他是许多重大金融联合会的董事会董事，穿梭于汉普顿和棕榈滩有钱人的世界里。他举止傲慢，有一头飘逸的白发；他隐遁、神秘，不为人知。后一事实使西蒙斯感到不安——他听到了谣言。他在群发的邮件中写道，他信任的一个人“私下告诉我们，麦道夫在一年内必出大事”。

这个人还说：“因为麦道夫的姐夫是麦道夫公司的审计师，麦道夫的儿子在其公司高层，你们若抛出其股份的话，可能会遭受恶意指控、冻结账户等风险。”

第二天，公司的高管之一亨利·劳弗给纳特·西蒙斯回了信。他同意了麦道夫会出事的看法，并补充称，复兴科技掌握了能说明麦道夫有问题的“特有证据”。然后，复兴科技的风险经理——负责确保基金投资安全的人——保罗·布罗德也对麦道夫声称正在使用的交易策略进行了周密、详细的分析，他最后总结道：“麦道夫的一切做法似乎都讲不通。”于是，他们三人决定进行内部调查。随着调查的深入，他们的疑惑越来越深。“我得出的结论是，我们搞不懂他在做什么。”布罗德后来说，“我们不知道他是怎么赚到钱的，我们得到的任何证据都不能解释他所说的成交量。”复兴科技的人都开始对麦道夫产生了怀疑。

那么，复兴科技的人是不是马上卖掉了自己所持的麦道夫的股份了呢？不完全是。他们两面下注，只减持了一半。5年后，麦道夫被查明为诈骗犯，是史上最大庞氏骗局的设计者。当联邦调查人员找纳特·西蒙斯谈话，请他解释受骗的原因时，西蒙斯说：“作为经理，我从来没有想过这是个骗局。”他承认，他没搞明白麦道夫究竟在做什么，他承认麦道夫让人感觉有点儿怪怪的，但他不愿意相信他是一个彻头彻尾的骗子。西蒙斯有过怀疑，但怀疑得不够强烈——他默认了真实。

美国证券交易委员会①（后文简称“证交会”）在一次例行审计中发现了西蒙斯和劳弗之间的邮件：这已不是证交会第一次对麦道夫的业务产生怀疑了。[1] 麦道夫声称他的投资策略与股票市场挂钩，这意

① 美国证券交易委员会（英文缩写为SEC，即the U. S. Securities and Exchange Commission），负责监管对冲基金行业的机构。——译者注

味着他的投资收益应该随市场的涨跌而上下波动，这一点与其他基于市场的任何投资策略是一样的。但完全不符合逻辑的是，麦道夫的收益总是非常稳定。证交会一位名叫彼得·拉莫尔的调查人员去见了麦道夫，希望得到他的解释。麦道夫的回答是，他有一种万无一失的“直觉”，基本上能预见形势，懂得如何高抛低吸。拉莫尔后来回忆道：

> 我反复问他。我认为他的直觉是可疑的、古怪的。我一直想找他问个究竟。我觉得事情不像他说的那么简单……我认为他有一些别人所没有的对市场全局的洞见。所以我后来又催问他，我问了伯尼（麦道夫）一遍又一遍。有时，除了反复问他，我不知道我还能做什么。

拉莫尔把他的疑惑告诉了他的上司罗伯特·索拉佐，后者也怀疑麦道夫，但其疑虑还不够多。正如证交会在对麦道夫案的调查总结中写的：“索拉佐没能认识到，麦道夫所谓的凭‘直觉’交易是‘必然的……荒谬’。”证交会“默认了真实”，麦道夫的欺诈行为得以继续。事实上，在整个华尔街，无数与麦道夫打过交道的人都认为麦道夫肯定有什么不对劲的地方：有几家投资银行对他敬而远之，甚至租给他办公室的房地产经纪人也认为他有点儿不正常。但是却没有人做点儿什么，或者很快得出结论，说他是有史以来最大的骗子。在麦道夫案中，每个人都“默认了真实”——但有一个人除外。

2009 年 2 月初，也就是麦道夫向当局自首一个多月以后，一个名叫哈里·马科波洛斯的人在美国国会举行的全美电视听证会上做了证。他是一名独立的诈骗案调查员，有纽约北部口音，说话紧张而迟疑，他那天穿着不合身的绿色套装。没有人听说过他。

“从2000年5月起，我和我的团队就尽了最大的努力，多次向证交会发出过可信的警告，让证交会调查并阻止麦道夫的庞氏骗局。”马科波洛斯在全神贯注的听众面前做证时说，他和几个同事搜集过一些图表和图形，进行过计算机模拟计算，在麦道夫的主要资金来源地——欧洲进行过排查。“我们知道，那时我们已经向证交会提供了足够多的预警信号和数据证明，这原本能够使证交会阻止麦道夫的诈骗活动，将诈骗金额控制在70亿美元以下。”可是，证交会什么都没做。2001年10月，马科波洛斯再次举报麦道夫，并且在2005年、2007年和2008年多次举报麦道夫，但每次举报都没有任何进展。马科波洛斯慢慢地读着自己的记录，将多年来的沮丧娓娓道来。

> 我把史上最大的庞氏骗局案的证据整理好，交给了他们。不知为什么，他们却懒于进行正当的彻底调查，说因为他们有太多更重要的事要处理。如果一个涉案金额达500亿美元的庞氏骗局对他们来说都不够重要的话，我想知道是谁规定了什么样的事才是重要的。[2]

在众多怀疑伯尼·麦道夫的人中，只有哈里·马科波洛斯没有“默认真实”，只有他看到的是真实的陌生人。听证会进行到一半时，一名国会议员问马科波洛斯是否愿意来华盛顿掌管证交会。经历了史上最大的金融丑闻之一之后，人们的感受是，我们都可以向哈里·马科波洛斯学习。“默认真实”是个问题，它会让间谍和骗子如鱼得水。

确实是这样吗？下面，我们来看看蒂姆·莱文关于欺骗和“默认真实”理论的第二个关键部分。

2

哈里·马科波洛斯[3]长得又瘦又结实，精力很充沛，虽然已近中年，但他看上去比其实际年龄小得多。他很讨人喜欢，其言语也很有说服力，尽管他有时会讲一些令人尴尬的笑话，使谈话戛然而止，但他还算是一个健谈的人。他自称患有强迫症：每次打开电脑后，都要用消毒剂把键盘擦拭一遍。他是华尔街公认的数据专家和股市分析高手。“对我来说，数据就是真理。”他说。当他分析一个投资机会或一家公司时，他更喜欢不与任何一位负责人面对面接触——他不想犯张伯伦那样的错误。

> 我想观察他们公开露面时的远程讲话，审查他们的财务报表，然后用简单的数学方法来分析这些信息……我想找出真相。我不想让自己因为某个人热情地招呼了我，就对他产生好的看法，因为那只会对我的个案分析结果产生负面影响。

马科波洛斯在宾夕法尼亚州伊利市长大，其父母是希腊移民，家里开着“亚瑟·崔彻炸鱼薯条”连锁店。“我的叔叔们会追上吃霸王餐的人，抓住他们，让他们付钱。”他回忆道。

我见过我爸爸和顾客打架，追着顾客不放。我见过有人偷镀银器皿。他们不仅偷镀银器皿，甚至连普通餐具都偷……我记得有个人块头很大，他在吃别人放在柜台上的盘子里的东西，我叔叔说：“你不能这样做。”那个人说：“我当然可以这么做，他们又没吃，那我就可以吃。”于是我叔叔走到柜台外面，抓住那个人的胡子，把他拽了起来，一直往上拽……我想，叔叔死定了，这家伙身高近 2 米，他还不把叔叔打死啊。幸运的是，餐厅里的其他顾客都站了起来。不然的话，我觉得叔叔早就被打死了。

一般移民企业家的发迹史，总少不了勇气和创造力的救赎力量。但按马科波洛斯的说法，他早年在家族企业的经历，却使他认识到，这个世界是多么黑暗和危险。

我在“亚瑟·崔彻炸鱼薯条”店里见过很多小偷。因此，在我的成长期，十几岁和二十岁出头的时候，我就开始注意欺诈行为了，我见识了人们在这方面的能力。当你经营一家企业时，通常收入的 5%～6% 会因为失窃而损失掉，这是美国认证欺诈审查员协会的统计数据。我年轻时并不知道这些统计数字，那时还没有这个协会。但我见识了这些事，我见过我们店里的鸡肉和大虾就像长了腿一样，出了后门就不见了。店里的员工会把成箱的鸡肉和虾扔到自己的车的后备厢里。

在商学院上大学时，一位教授给了哈里·马科波洛斯“A”的成

绩，但他认真研究了教授用来计算分数的公式后，发现教授的计算有错误，他实际应得的成绩是“A-”。于是他去找教授好好地抱怨了一番。马科波洛斯于商学院毕业后首先就职于一家销售场外交易股票的经纪公司，该市场的规则之一是，经纪人必须在90秒内汇报完交易情况。马科波洛斯发现他的新顾客听汇报的时间超过了90秒，就向监管机构举报了自己的老板。没人喜欢搬弄是非的人，这是我们从小就知道的。有时候，过于追求公平和道德会给人带来难以被接受的社会代价。但如果马科波洛斯小时候被告知这些，那他是肯定不会听的。

马科波洛斯第一次听说麦道夫是在20世纪80年代末，当时他所在的对冲基金公司注意到了麦道夫奇高的收益，他们希望马科波洛斯复制麦道夫的投资策略。马科波洛斯尝试了，但他弄不明白麦道夫的策略究竟是什么。麦道夫声称，他是通过进行大量的被称为金融衍生产品的交易来赚钱的，但人们在这种金融衍生产品的市场上根本寻不到麦道夫的踪迹。

马科波洛斯回忆道：“我每年都会进行大量的衍生品交易，因此与从事衍生品交易的大型投资银行有很多联系。”

> 于是我打电话给交易柜台上我认识的人：“你们和麦道夫进行过交易吗？”他们都说没有。如果你做衍生品买卖，想要达到麦道夫的规模，你就必须通过最大的5家银行进行交易。如果连最大的5家银行都不知道你在做衍生品交易，看不到你的交易记录，那么你的行为必然是一个庞氏骗局。这很容易理解，这是一个并不难被看穿的案子。真的，我需要做的只是打个电话。

在这一点上，马科波洛斯的理解已和几年后复兴科技的认识完全一致。他也做了计算，产生了疑问，认为麦道夫的生财之道根本站不住脚。

然而，马科波洛斯与复兴科技的不同之处在于，复兴科技相信的是这个金融体系。麦道夫的公司是整个金融市场中被监管得最严格的公司之一。如果他真的是在胡编乱造，政府有那么多的监管机构，难道就没有一个机构会抓住他吗？复兴科技的主管纳特·西蒙斯后来说："你只是觉得，会有人处理他的。"

复兴科技成立于20世纪80年代，其创始人是一群数学家和密码破译专家。它可能比历史上任何一家对冲基金公司赚的钱都多。公司内部不乏名人大腕，如西蒙斯曾向其寻求建议的公司高管之一劳弗，就是一位拥有普林斯顿大学博士学位的数学家，他著有《正常的二维奇点》一书和文章《论最小椭圆奇点》。复兴科技的人都很聪明，然而，在紧要关头，他们和莱文实验中那些亲眼看着"监考老师"离开，看到明摆在桌子上的信封里的测试答案，但却不敢相信这一切都是事先安排好的"学生"太像了。

但马科波洛斯不像他们。虽然他也同样相信事实，但其内心却丝毫没有复兴科技对金融体系那样的信任感。对他来说，不诚实和愚蠢无处不在。"人们对大公司太信任了。"他说，"他们信任本不该去信任的会计公司，他们不应该信任它们，因为它们很无能。好的时候，它们无能；差的时候，它们奸诈。换个角度看，它们实际上是在帮助和教唆诈骗。"

他继续说："我认为保险业腐败透了，从来没有人监管保险公司，它们却处理着数万亿美元的资产和负债。”他认为，20%～25% 的上市公司会在财务报表上做假。“你想听关于另一个骗局的故事吗？”他突然说道。原来，他刚刚出版了一本回忆录，现在养成了要不时检查出版商的版税报告的习惯。他说，他所调查的那些骗子的财务报表都“比我的出版商的更可信”。

他说自己无论何时去看医生，总会想着这一事实：每一笔医疗保健费中，都有 40% 不是被骗就是被浪费了。

> 不管谁为我治病，我一定要告诉他们，我是一名白领犯罪调查员。我要告诉他们上述数据，让他们知道医学领域有很多欺骗行为。我这样做是为了不让他们糊弄我和我的家人。

如前所述，当一个人的怀疑足够多或足够强烈时，这种怀疑才会变成不信任。就像从怀疑变成不信任需要越过一道门槛一样：马科波洛斯的头脑中没有高门槛，他脑中甚至根本就没有门槛。

3

在俄罗斯民间传说中，有一个被称作“圣愚”的原型。“圣愚”是看起来与社会格格不入的人——古怪，让人见了就想绕着走，甚至有些疯疯癫癫。然而，他们却懂得真理。实际上，这里用“然而”这个词不对。应该说，“圣愚”能讲出真理是“因为”他们是置身于社会之外的人。那些不属于任何现有社会阶层的人可以口无遮拦地说出常人不便说出的真相，或质疑常人想当然的事情。在俄罗斯，有这样一则寓言故事：有位“圣愚”看着一尊非常有名的圣母马利亚的圣像，宣称它是魔鬼的作品。这在现场的人们看来，是一种无耻的、异端的主张。但随后有人朝雕像扔了一块石头，雕像表面裂开，露出了魔鬼撒旦的脸。

每种文化都有它自己版本的“圣愚”。在汉斯·克里斯蒂安·安徒生的著名童话《皇帝的新装》中，国王穿着一套神奇的服装走在大街上，周围所有人都没说什么，这时一个小男孩突然喊道：“快看看国王啊！他根本就是什么都没穿！”这个小男孩就是一位“圣愚”。卖衣服的裁缝告诉国王，任何不称职的人都看不见这些衣服，因此大人们什么也没说，生怕被贴上不称职的标签，而小男孩却不用在乎什么。在现代生活中，最接近“圣愚”的人是告密者，他们愿意为揭露欺诈和欺骗而牺牲对组织的忠诚和在很多情况下同伴给予的支持。

可能是被欺骗的感觉的强烈程度，把“圣愚”和常人区分了开来。莱文提醒我们，在现实生活中，谎言很少见，只有一小部分人会说谎。这就是尽管我们在发现谎言方面表现如此糟糕但并无大碍的原因。事实上，在现实生活中，“默认真实”是合乎逻辑的。比如，你在咖啡店结账时，吧台后面的服务员说你的消费总额是6.74美元，这时你可以暂且不管后面有多少人在排队等待结账，用30秒的时间，把账单上的条目再逐一检查一遍。你也可以简单地认为服务员说的是对的，因为总体来说，大多数人确实都会说实话。

斯科特·卡迈克尔就是这么做的。他面临两种选择：雷格说安娜·蒙特斯的行为可疑，安娜却能对自己的行为一一做出解释，说明自己是无辜的。一方面，作为情报局最受人尊敬的人之一，安娜是间谍的可能性极小；另一方面，更有可能的情况是，布朗只是有点儿多疑。卡迈克尔选择了多数人的做法。“默认真实”时，我们就会这样做。纳特·西蒙斯也选择了多数人的做法，随大流。大家都在想，麦道夫可能是史上最大金融诈骗案的主谋，但这种可能性有多大呢？

而“圣愚”是不这么想的人。统计数字表明，说谎者和行骗者是罕见的，但在“圣愚”看来，他们却无处不在。

我们的社会时不时地需要“圣愚”，他们扮演着重要角色，这给了我们把他们浪漫化的理由：哈里·马科波洛斯成了麦道夫传奇故事中的英雄；告密者的故事会被拍成电影。但是，莱文论点的第二个关键部分是：我们不能都是“圣愚”，否则那将是一场灾难。

莱文认为，在进化的过程中，人类之所以从未进化出一项能精准识别正在发生的欺骗行为的技能，是因为花大量时间去仔细检查别人的言行并不会有多少好处，假设陌生人是诚实的反而会对人类有利。就像莱文说的那样，人们需要对“默认真实”和“被欺骗”的利弊进行权衡。

> 对我们来说，这样的情况有很多。我们宁愿做偶尔比较容易被欺骗的人，换来的是人与人之间有效的沟通和协作。相比之下，这么做的好处是巨大的，而代价是微不足道的。当然，我们偶尔会被欺骗，但这只是处世的成本。[4]

这听起来很无情，因为安娜·蒙特斯和伯尼·麦道夫这样的人造成的危害那么显而易见。正是因为我们会隐隐地信任他人，间谍才得以藏身，罪犯才逍遥法外，生命才遭受伤害。但莱文的观点是，拒绝这种策略的代价会高很多：如果华尔街的每个人都像哈里·马科波洛斯那样谨小慎微，华尔街就不会有欺诈行为——但会到处都是怀疑和不信任，这样也就不会有华尔街了①。

4

2002年夏，哈里·马科波洛斯去了欧洲，和一位同事一起为他们刚创立的一只基金寻找投资者。他走遍巴黎、日内瓦和西欧其他所有的资本中心，见了许多资产经理，了解到的情况令他震惊：每个人都向麦道夫投资了。如果你待在纽约，与华尔街人士进行交谈，

① 但是，稍等，难道我们不希望反情报人员是“圣愚”吗？难道反情报人员不应该对所有人都持怀疑态度才合乎情理吗？根本不是这样的。斯科特·卡迈克尔有位声名狼藉的中情局前任——詹姆斯·安格尔顿，他在冷战的最后几十年里负责中情局的反情报工作。他确信中情局内部有苏联间谍，于是进行了一次涉及120名中情局官员的调查，但最终也没能找到那个间谍。无奈之下，安格尔顿只好命令辞退苏联分部的许多情报官员。成百上千位具有丰富知识和经验的苏联（美国的主要对手）问题专家就这样被遣送到了其他地方，结果团队士气骤然下降，情报人员便停止招募新特工。

最终，安格尔顿的一个高级职员看了十多年的偏执所造成的恶劣后果后，得出了同样偏执的结论：如果你是想削弱中情局战斗力的苏联人，你实现目标的最有效的做法就是让你的卧底开展一项时间跨度长、破坏威力大、深入彻底的间谍搜查行动。这意味着苏联间谍一定是安格尔顿。

詹姆斯·安格尔顿搜捕行动的最终受害者是谁呢？是他自己。1974年，时隔31年后，他被中情局开除。如果斯科特·卡迈克尔像詹姆斯·安格尔顿那样，去怀疑每个人都是间谍的话，美国国防情报局就会像中情局的苏联分部一样，在偏执和不信任的阴云下垮塌。[5]

你就很容易认为麦道夫事件是一种本地现象，他是为美国东海岸有钱人服务的众多基金经理之一。但是马科波洛斯意识到，麦道夫的行为是国际性的，他的诈骗帝国比马科波洛斯之前想象的大得多。

这时，马科波洛斯开始认为，自己已有了生命危险：数不胜数的权贵对维系麦道夫公司的生存有着根深蒂固的兴趣。难道这就是他一再向监管机构恳求调查麦道夫，却从无结果的原因吗？证交会的知名人士都知道了马科波洛斯的名字，在马科波洛斯看来，麦道夫的庞氏骗局被公开曝光之前，自己的人身安全都会受到威胁。

他认为，接下来合乎逻辑的做法是去接触纽约州总检察长艾略特·斯皮策。因为斯皮策曾表示，自己是为数不多的对调查华尔街感兴趣的当选官员之一。即使如此，马科波洛斯仍需小心行事——斯皮策来自纽约的一个富裕家庭，有没有可能他也向麦道夫投资了呢？马科波洛斯听到这样的一则消息：斯皮策将在波士顿的约翰·肯尼迪图书馆发表演讲。于是他把自己所掌握的关于麦道夫诈骗的资料整理好，删除了所有与自己有关的内容，将它们打印在干净的白纸上，装进一个棕色大信封中。然后，为了安全起见，他又把信封装进一个更大的棕色信封里。他做这些事的时候戴了手套，所以文件上没有留下指纹。他不想被人认出来，所以穿上了非常厚重的衣服，外面再套上自己最大的外套。来到约翰·肯尼迪图书馆后，他闷声不响地坐在了一边。然后，演讲结束时，他本想亲自将这些文件交给斯皮策，但没能靠近斯皮策，于是他把信封交给了斯皮策一行中的一位女士，并指示她把它转交给斯皮策。

马科波洛斯回忆道：

> 我坐在那里，手里拿着文件。我本来想亲自把它交给斯皮策，但演讲过后，因为好多人围着他，我无法走到他面前，于是我就把它交给了一个女人，让她转交给艾略特·斯皮策。然后斯皮策从后门出去了。我想他可能会去洗手间，然后去隔壁吃饭，对吧？我没被邀请参加宴会。他从后门出来，上了一辆豪华轿车，去机场赶最后一班飞纽约的飞机了……艾略特没有收到我的文件。

值得一提的是，当时，波士顿安全分析师协会是一个拥有 4 000 名专业人士的行业组织，马科波洛斯正是这个协会的主席。他本不必穿着厚重的大衣，手持装在两个棕色大信封里的一叠文件，隐姓埋名地出现在斯皮策的演讲现场。他本可以直接打电话给斯皮策的办公室要求见面。

我就这件事询问了他。

马科波洛斯：这是我的另一个遗憾，这件事的责任在我。那个人就是斯皮策，我应该直接打电话给他的。也许我能打电话联系上他，也许不会，但我想我会这么做的。

我：你是有名望的人，你是……

马科波洛斯：安全分析师协会主席……如果前任主席或现任主席……打电话给斯皮策说："我手里有史上最大庞氏骗局的资料，诈骗就发生在你想调查的华尔街。"我想我本可以同他在电话里谈的。

我： 你当时为什么不这么认为呢？

马科波洛斯： “本来想”，“本可以”，“本应该”。我感到很遗憾，你懂的。一是因为我没有完美的调查结果，二是因为我也有我的错误。我当时本应该这么认为的。

马科波洛斯现在意识到了自己的错误，这是十几年后后知后觉的好处。在尘世的纷争喧嚣中，这位本能够揭穿麦道夫骗局的聪明人，却未能让官方负责人认真对待这件事，这是不“默认真实”的后果。面对陌生人时，如果你没有心存信任的初始状态，你就无法进行有效的社会交往。

正如莱文所写：

> 一方面，偶尔被骗并不会阻止人类基因的遗传，也不会严重威胁人类的生存；另一方面，人与人之间有效的沟通对我们的生存有着重大意义。利弊其实不用权衡，孰重孰轻，一看便知。[6]

委婉一点儿说，在约翰·肯尼迪图书馆时，马科波洛斯与他人的沟通是没有效率的。顺便提一下，他把信封交给了一位女士，那位女士是谁呢？她并不是斯皮策的助手，而是图书馆的工作人员。她和马科波洛斯一样，也没有更多接触斯皮策的机会。即使她有机会，她也几乎肯定会把保护斯皮策视为自己的责任：手持棕色大信封，身穿多层超大号外套的神秘男子？还是别让斯皮策这样的公众人物受其骚扰了吧。

5

在恳求证交会调查麦道夫无果后，马科波洛斯开始随身携带史密斯威森手枪。马科波洛斯住在马萨诸塞州的一个小镇，他去见了当地的警察局局长，把自己检举麦道夫的事告诉了警察局局长。他说他面临生命危险，但请求警察局局长不要把这件事写进警区日志。局长问他是否想穿防弹衣，马科波洛斯拒绝了。他在美国陆军预备队待了17年，懂得一些致命的袭击战术。他推断，暗杀他的人将是职业杀手，他们会朝他的后脑勺开两枪，防弹衣是没用的。马科波洛斯家里安装了高科技报警系统，门锁都重新换了一遍。他每天晚上回家都走不同的路线，在路上开车时也要不停地看后视镜。

麦道夫投案自首时，马科波洛斯有一小会儿觉得自己终于安全了。但随即他又意识到，旧的威胁刚走，新的威胁就来了：证交会是否会设法得到他的那些文件呢？毕竟，他多年来精心记录的证据，说得轻一些，能说明证交会的失职；说得重一些，能证明他们是这起巨额诈骗案的“帮凶”。他最后的结论是：如果这些人来找他，他唯一的希望就是尽可能地在将要发生的枪战中拖延时间，直到他得到警方的帮助。他把自己的12号猎枪装好子弹，又增加了6发子弹作为备品。另外，再在枪柜上挂上一条装有20发子弹的子弹带。然后他翻箱倒柜，找出了自己军旅生涯时期使用的防毒面具：要是他们使用催泪瓦斯怎么办？他将枪支的子弹上膛，坐在家中惶惶不可终日，而其他人却在享受着生活的美好，平静安然地处理着各自的事情。

第 5 章
超越自我

案例分析：浴中男孩

1

控　方：你在 2001 年担任研究生助理时，有没有发生过什么不寻常的事情？

麦奎里：有。

控　方：你能告诉陪审团那件事吗？

以上是 2017 年 3 月 21 日发生在宾夕法尼亚州哈里斯堡多芬郡法院法庭上的对话。目击者叫迈克·麦奎里，他曾是宾夕法尼亚州立大学橄榄球队的四分卫，后来成为学校橄榄球队的助理教练。他身材魁梧，颇有自信，留着红辣椒粉颜色的短发。负责讯问他的是宾夕法尼亚州副检察长劳拉·迪特卡。

麦奎里：有一天晚上，我去了足球大楼——拉什足球楼，走到楼里的一间更衣室……我打开更衣室的门，听见淋浴头开着，有洗澡的声音，还听到“啪啪啪啪”的声音。我走进另一扇已经打开的门，右边是一排储物柜，中间有我的柜子，我转向我的柜子。很明显有人在更衣室里洗澡，但那“啪啪啪啪”的声音使我警觉：不仅仅是有人在洗澡。

这时，迪特卡打断了他，问他具体时间。麦奎里说，周五晚上8:30，校园的那个角落很安静，拉什大楼几乎空无一人，门都被锁上了。

控　方：好的。刚才我打断你了。我想问你另一个问题，你描述的是拍打的声音，你不是在说像鼓掌似的拍手的声音吧？

麦奎里：不，不是。

控　方：你说的是另一种不同的声音吗？

麦奎里：是的。

麦奎里说，他从右肩上方向后望去，透过墙上的镜子看到了正在淋浴的人——一个赤身裸体的男子，站在一个被他称为“小个子”的人身后。

控　方：你能说出——你说一个“小个子”，说的是一个十六七岁的男孩呢？还是年龄更小的？

麦奎里：更小的。

控　方：好的。你觉得你看到的那个男孩的年龄是多大？

麦奎里：10～12 岁。

控　方： 好的。他们是穿着衣服还是没穿衣服？

麦奎里： 没穿衣服，光着身子。

控　方： 你看到什么动作了吗？

麦奎里： 缓慢、不明显的动作，几乎察觉不到。

控　方： 好的。但是你看到的缓慢、不明显的动作，是什么样的动作呢？什么在动？

麦奎里： 是在男孩身后站着的杰里在动，他正对着那个男孩动。

控　方： 身子贴着身子吗？

麦奎里： 是的，绝对是。

控　方： 前胸贴后背吗？

麦奎里： 是的。

麦奎里说的"杰里"是杰里·桑达斯基。桑达斯基当时刚刚退休，是宾夕法尼亚州立大学橄榄球队的防守协调人。在痴迷橄榄球运动的宾夕法尼亚州立大学，桑达斯基是一个受人爱戴的人物。麦奎里认识他很多年了。

麦奎里跑到楼上自己的办公室，打电话给他的父母。"他很高，很魁梧，他不是个胆小的孩子，但是他当时很惊恐。"麦奎里的父亲在儿子完成证词陈述后告诉法庭，"他显然很震惊，声音很不对劲儿。他妈妈没见着他，但也听出来了。她对我说：'出事了，约翰。'"

麦奎里目击淋浴中的桑达斯基是在 2001 年的 2 月，之后他去见了桑达斯基的上级——宾夕法尼亚州立大学橄榄球队的主教练，传奇人物乔·帕特诺。

控　方：你有没有跟他（帕特诺）说明，杰里·桑达斯基洗澡的时候是裸体的？

麦奎里：我当然说了。

控　方：你有没有向他说明桑达斯基和那个男孩有身体接触？

麦奎里：我想我说了，女士。

控　方：你有没有跟他说明你听到了“啪啪啪啪”的声音？

麦奎里：有。

控　方：好的。是什么——我不是问你他说了什么，而是，他的反应是什么？他的态度如何？

麦奎里：他很难过。他靠在椅子上，一只手捂着脸，眼神看起来有些忧伤。

帕特诺把事情汇报给了自己的上级——宾夕法尼亚州立大学的体育部主任蒂姆·柯利。柯利又将此事告诉了学校的另一位高层管理人员加里·舒尔茨，然后柯利和舒尔茨将此事告诉了校长格雷厄姆·斯巴涅尔。之后，相关部门便展开了针对桑达斯基的调查，桑达斯基被适时逮捕。对其审判时，非同寻常的案情浮出水面：8 个年轻男子同时做证说，多年来，桑达斯基在酒店房间、更衣室的淋浴间，甚至趁其妻子在楼上时在他家中的地下室，数百次虐待他们。最终，桑达斯基被判犯有 45 项猥亵儿童罪。宾夕法尼亚州立大学也因此向受害者支付了超过 1 亿美元的赔偿金。[1] 他成了——正如关于这个案子的一

① 当时，这是美国大学性侵案赔偿金的最高纪录。然而，这一纪录很快就被打破了。在密歇根州立大学拉里·纳萨尔的案件中，学校支付的赔偿金可能高达 5 亿美元。

本书的标题所写的——“全美国最可恨的人”。[1]

然而，关于桑达斯基案最耸人听闻的事实是那句“桑达斯基被适时逮捕”中的时间状语——适时。麦奎里最初看到淋浴中的桑达斯基是在 2001 年，近十年后，对桑达斯基的调查才开始，直到 2011 年 11 月，桑达斯基才被逮捕。为什么需要这么长时间？桑达斯基被关进监狱后，宾夕法尼亚州立大学的领导层成为人们关注的焦点。该校足球教练乔·帕特诺引咎辞职，不久后去世。在那之前几年，人们为其竖立的雕像也被拆除了。接见过麦奎里的两名学校高层人员，蒂姆·柯利和加里·舒尔茨，被控犯有共谋罪、妨碍司法公正罪和未能报告虐童案而被关进了监狱。① 这起丑闻的最后结局也同样令人震惊——检察官将注意力转向了校长格雷厄姆·斯巴涅尔，他可是因在执掌学校的 16 年中提升了学校的学术声誉而广受爱戴的人物。但是，2011 年 11 月，他被解雇了，并且在 6 年后也被判犯有危害儿童罪。②

关于此案的争论进行得最激烈的时候，桑达斯基接受了美国全国广播公司（NBC）体育节目主持人鲍勃·科斯塔斯的采访。[2]

科斯塔斯：你说你不是恋童癖者。

桑达斯基：没错。

科斯塔斯：但据你自己承认，你和许多小男孩一起光着身子洗过澡，

---

① 指控还包括做伪证（很快被撤销）和危害儿童罪。最终，这两个男子被认定犯了危害儿童罪，这样，其他所有指控都得以撤销。

② 就在本书要出版的时候，即斯巴涅尔去监狱报到的前一天，对他的判决被一位联邦法官驳回了。至于检方是否会对判决提出上诉还不得而知，因为本书马上就要付印了。

这非常不合适……有很多报道说，你和住在你家地下室的小男孩上床。对这些事情，你如何解释？如果你不是恋童癖者，那你是什么？

桑达斯基： 嗯，我这人非常喜欢……我是一个满怀激情地去努力改变一些年轻人的生活的人，我会非常努力地去尝试与他们交往……

科斯塔斯： 但你所描述的自己的行为不正是许多恋童癖者的典型做法吗？

桑达斯基： 嗯，你可以这么想。我不知道。

桑达斯基紧张地笑了笑，为自己辩解了好长时间，然后：

科斯塔斯： 年轻男孩——未成年男孩，对你有性吸引力吗？

桑达斯基： 未成年男孩对我有性吸引力吗？

谈话中断。

科斯塔斯： 是的。

谈话又中断。

桑达斯基： 性吸引力，你知道，我——我喜欢年轻人，我——我喜欢和他们在一起，我——我——但没有，年轻男孩对我没有性吸引力。

格雷厄姆·斯巴涅尔使这个人在宾夕法尼亚州立大学逍遥法外那么多年。

安娜·蒙特斯、伯尼·麦道夫和哈里·马科波洛斯的故事，以及蒂姆·莱文的所有证据都已表明，人们很难不去“默认真实”。鉴于此，我的问题是：如果你是宾夕法尼亚州立大学的校长，面对同样的事实和疑问时，你会不这么做吗？

2

杰里·桑达斯基在宾夕法尼亚州华盛顿郡长大，他父亲是当地社区娱乐中心的负责人，管理着一些儿童体育项目。桑达斯基一家住在娱乐中心的楼上，房子里满是棒球棒、篮球、橄榄球等，家里到处都是孩子。成年后，桑达斯基重新建造了自己的童年世界。桑达斯基的儿子 E. J. 曾形容他的父亲是“一个失意的游乐场主管”。桑达斯基会在自家后院组织大家一起玩踢球游戏，E. J. 说：“爸爸会让每个孩子都参与游戏。我们这里有全美规模最大的踢球比赛——有 40 个孩子参加的踢球比赛。”桑达斯基和他的妻子多蒂收养了 6 个孩子，他们俩同时还是无数孩子的寄养父母。“他们收养了如此多的孩子，以至于他们最好的朋友也常常不知道他们都在忙什么。”[3] 乔·波兹南斯基在桑达斯基的上司乔·帕特诺的传记中写道：“时常有那么多孩子簇拥着桑达斯基，孩子们简直成了他个人形象的一部分。”[4]

桑达斯基喜欢装疯卖傻、出洋相。令人难以置信的是，他将他写的自传也题名为《神经兮兮》，书中的大部分内容都是对他荒唐行为的描写：如何在化学老师的电话听筒上涂木炭；如何通过公共泳池的救生员和孩子们嬉戏打闹而发生冲突；书中还有四页半内容记录了他在大学时策划的水球大战。桑达斯基写道："似乎无论我走到哪里，麻烦总是接踵而至。""我大部分时间都生活在假装的世界里。"他继续说，"我喜欢假装自己还是个孩子，成年后，我还是喜欢装成孩子，和这些孩子在一起。假装一直是我生活中的一部分。"[5]

1977年，桑达斯基创办了一项名为"第二英里"的慈善活动——一个针对问题男孩的娱乐项目。多年来，数千个来自贫困家庭、居无定所的儿童参与了该项目。桑达斯基带着这些孩子打橄榄球赛，在球场上同他们一起攻防摔抢。他送给他们礼物，给他们写信，带他们去旅行，还把他们带回家。其中许多男孩是由单身母亲抚养的，他们没有父亲，桑达斯基就努力担当父亲的角色。

桑达斯基从宾夕法尼亚州立大学橄榄球教练队退休时，《体育画报》的一名作家这样说道："如果桑达斯基没有这样人性化的一面，宾夕法尼亚州立大学附近的人就会有把他奉为圣人的想法。"[6]同一时期，还有来自《费城问询报》的一篇文章这样说道：

> 在不止一家汽车旅馆的走廊里，每当你遇到他时，哪怕是说一句听起来很模糊的恭维的话，他都会脸红，撇着嘴笑，其脸上悦人的笑容尽显谦逊之意。他做慈善不是为了获得认可。他作为橄榄球教练，在数百万人面前指挥的精彩防守是大家有目共睹的。但是，当他打开自家的门，把另一个流浪儿邀请到家中时，没有一名观众看到。他行为的高尚之处在于他选择了默默无闻的工作。[7]

桑达斯基首次被发现有行为方面的问题是在 1998 年。有个参加“第二英里”项目的男孩在桑达斯基家待了一天后回到家里，他妈妈发现他的头发湿了，男孩说他和桑达斯基一起锻炼，然后两人在更衣室洗了个澡。男孩说，桑达斯基搂着他说：“我要把你的肠子挤出来。”然后桑达斯基把男孩抱起来，让男孩的脚贴着他的大腿，他要“把男孩头发中的肥皂沫洗掉”。①

这位母亲把事情的经过告诉了儿子的心理医生阿莉西亚·钱伯斯，她不确定该如何理解这件事。“是我反应过度了吗？”她问钱伯斯。与此同时，她的儿子却没觉得怎么样，因为他和桑达斯基在一起时，他可以坐在球场旁边观看宾夕法尼亚州立大学的橄榄球比赛，他称自己是“世界上最幸运的男孩”[9]。

这件事就这么过去了。

第二件被告发的事发生在 10 年后。事件中的男孩名叫亚伦·费舍尔，他从四年级起就一直参加“第二英里”项目。费舍尔来自一个问题家庭。他很了解桑达斯基，在桑达斯基家里住过好几个晚上。他妈妈视桑达斯基为“天使”。但在 2008 年 11 月，当费舍尔 15 岁的时候，费舍尔向他的妈妈提及桑达斯基有些行为让他感到很不舒服：桑达斯基会紧紧地抱着他，噼啪作响地拍他的背；会以一种非常奇怪的方式和自己扭打。[10]

---

① 这对桑达斯基来说并不罕见。他经常和参加“第二英里”的男孩们一起锻炼、洗澡，还喜欢在更衣室里玩游戏。“会发生的是……这种胡闹使他像在开始一场肥皂大战。”有位之前参加过“第二英里”的男孩在对桑达斯基的审判中做证说道，“每个淋浴间旁边都有皂液瓶，他会往手上挤满皂液，这些皂液基本上全被他扔掉了。”[8]

之后，费舍尔被交给一位名叫迈克·吉勒姆的儿童心理学家进行治疗。迈克始终坚持这样的观点：性虐待受害者有时会把自己的经历深深埋在心底，想让他们说出来，就必须非常小心和耐心。他确信桑达斯基性侵了费舍尔，但费舍尔不记得了。吉勒姆不间断地对费舍尔进行了长达几个月的心理治疗，有时每天进行，并对他百般鼓励和劝说。正如参与此案的一名警方调查人员后来所说的："第一个孩子引起我们的注意后，我们花了几个月的时间才让他开口说话。一开始他会说：'是的，他会揉我的肩膀。'然后就是不断地重复，最后终于到了他告诉我们发生了什么的时候。"到 2009 年 3 月，当被问及有没有与桑达斯基进行口交时，费舍尔会点点头；同年 6 月，他最终回答："是的。"[11]

由此可见，在这长达 10 年的时间里，有两起针对桑达斯基的控告。然而，这两起案件都没能使桑达斯基被捕入狱，原因是什么呢？还是因为"默认真实"。

在 1998 年的浴中男孩事件中，人们对桑达斯基的怀疑和不信任上升到了无法被解释的程度吗？根本没有。涉事男孩的心理医生在他写的关于这个案例的报告中说，桑达斯基的行为可被定义为"类恋童癖模式"，即"在一种'爱'和'特殊'关系的背景下，建立信任并逐步引入身体接触的模式"。注意"类"这个字。随后，哈里斯堡公共福利部指派了一位办案人员对此进行调查，他对这一事件的性质甚至更不确定，他认为这件事处于涉及"边缘问题"的"灰色"地带。之后，一位名叫约翰·西索克的咨询师再次对事件进行了评估，他总结道："似乎没有发生可被称为性虐待的事件，也没有任何有序的、通常与有性虐儿童问题的成年人相符的逻辑和行为模式。”西索克没看出任何问题，他说，应该找人就未来如何“远离这种灰色地带”跟桑达斯基谈谈。

上述办案人员和当地一名警探一起约谈了桑达斯基。桑达斯基告诉他们，他拥抱过这个男孩，但“这与性没有任何关系”。他承认了他和其他男孩一起洗澡的事。他说：“我向上帝发誓，什么事也没发生。”请记住，那个男孩自己也说什么都没发生。那么你能怎么办呢？只好“默认真实”。

亚伦·费舍尔的故事同样模棱两可。① 在与治疗师和大陪审团谈话的过程中，费舍尔一直在变换自己的说辞。有一次，他说口交在2007年11月就停止了；另一次，他说它始于2007年夏，一直持续到2008年9月；还有一次，他说这种情况始于2008年，一直持续到2009年。他说他给桑达斯基做过很多次口交；一周后，他说他只做过一次；5个月后，他又全盘否认了自己之前的说法，说从未做过这种事情。2009年，费舍尔曾两次在大陪审团面前证明桑达斯基的罪行，然而大陪审团发现他似乎并不可信，因而拒绝起诉桑达斯基。

于是警察开始有计划、有步骤地询问其他参加“第二英里”项目的男孩来寻找受害者，却一无所获。这种情况持续了两年，负责此案的检察官都准备放弃了：一切只能说明桑达斯基是一个喜欢和小男孩瞎胡闹的成年人。也有人对桑达斯基持怀疑态度，但是请记住，怀疑可不是信任的敌人，它们只是常常相互陪伴，不离左右而已。

---

① 关于“创伤性记忆是被压抑的，只有在有效治疗的指导下才能恢复”这一观点，至少可以说是有争议的。关于这方面的进一步讨论，请参照书后注释。[12]

然后，2010 年 11 月，检察官办公室突然收到一封匿名电子邮件。“我正就杰里·桑达斯基的调查联系您。”邮件写道，“如果您还没有联系并采访宾夕法尼亚州立大学的足球助理教练迈克·麦奎里，那么请您联系他，他可能目击了杰里·桑达斯基和一个孩子的事情。”[13]

这一次，证人不再是遭受了困扰却只有不确定记忆的少年儿童。有了迈克·麦奎里，控方终于有了对付桑达斯基和学校领导层的手段。一个男人目击了强暴案，告诉了他的上级，11 年过去了，结果什么都没发生。如果你当时打听过桑达斯基案，这可能就是你听说过的版本，至此大家都觉得案情水落石出了。

检察官劳拉·迪特卡在斯巴涅尔案的结案陈词中说：“有一种说法是，绝对的权力会导致绝对的腐败。我想说的是，格雷厄姆·斯巴涅尔被他自己的权力腐化了，被关于他自己的媒体关注和舆论蒙蔽了。他是一个失败的领导者。”在宾夕法尼亚州立大学，最后的结论是，桑达斯基的罪行最终要归咎于最高管理层。迪特卡说，斯巴涅尔选择了隐瞒事实。她能想象到斯巴涅尔曾对科里和舒尔茨说：“我们要保守这个秘密，我们不要告发桑达斯基，不要告诉官方的任何人。”

事情要是真那么简单就好了。

3

迈克·麦奎里身高 1.96 米，刚在宾夕法尼亚州立大学担任四分卫时，其体重约为 101 千克。淋浴事件发生时，他 27 岁，正处于人生的黄金时期。桑达斯基比他大 30 岁，有不少健康方面的问题。

因此就有第一个问题：如果迈克·麦奎里绝对肯定他目击的是强奸案，那么他为什么不跑上前去阻止呢?

在本书的第三部分，我将讲述一起发生在斯坦福大学的恶名昭彰的性侵案。午夜时分，两个研究生在校园骑行时，看到一男一女躺在地上，男的在上面，动作剧烈，女的在下方一动不动。两个学生走近这对男女时，男的突然站起来跑了，那两个学生于是就去追赶。在这种情况下，有足够多引人怀疑的事实，使两个研究生不再“默认真实”地认为地上发生的是你情我愿的男女之事。

麦奎里面临的情况——至少在理论上——更加可疑：那不是两个成年人，而是一个成年男子和一个男孩在光着身子。但是麦奎里却没有介入，他后退了几步，跑上楼，给父亲打了电话，父亲叫他回了家。然后，他父亲请他们家的一位朋友，一位名叫乔纳森·德拉诺夫的医生来听迈克讲述他经历的事情。

以下是德拉诺夫在法庭宣誓后，对麦奎里对他所说内容的陈述：

> 他说他听到了声音，性的声音，我问他这是什么意思，他只是说：“嗯，你知道，就是声音，性的声音。”我不知道他到底在说什么，他并没有描述得更形象或更详细。但当我追问他时，很明显，关于那件事，他当时没有说更多的内容。我问他看到了什么，他说他什么也没看到，但他又一次感到恐惧和紧张。

德拉诺夫是一名医师，他有义务报告他所知道的任何虐待儿童的情况。因此又有第二个问题：为什么德拉诺夫听完麦奎里的叙述后没向相关部门报告呢？他曾在审讯中被问及此事。

辩方：那天晚上你一直在追问他，你想知道他具体看到了什么。但我的理解是，他没有告诉你他看到了什么，对吗？

德拉诺夫：对。

辩方：好吧。他告诉……但你同他谈话结束，要离开的时候，他给你留下的印象是他听到了“性的声音”，是吗？

德拉诺夫：是他所理解的“性的声音”。

他所理解的“性的声音”。

辩方：并且你的……你为他想出或建议的对策是他应该去告诉自己的上司乔·帕特诺，是吗？

德拉诺夫：是的。

辩方：你没有告诉他去向儿童和青少年服务中心报告，是吗？

德拉诺夫：是的。

辩方：你没有告诉他应该报警，是吗？

德拉诺夫：是的。

辩方：你没有告诉他应该向学校保卫处报警，是吗？

德拉诺夫：是……

辩方：你认为仅凭道听途说就去报告是不合适的，是吗？

德拉诺夫：是的。

辩方：而且，你确实没有告诉迈克·麦奎里去报警或向儿童和青少年服务中心报告的原因是你认为迈克·麦奎里告诉你的内容并不适合报告，是吗？

德拉诺夫：是的。

德拉诺夫在事发当晚亲自听迈克·麦奎里讲述了事件的经过，但他并不相信它是一起案件。

事情变得更加复杂了。麦奎里最初说他看到桑达斯基和小男孩淋浴是在 2002 年 3 月 1 日星期五。那时正值春假，他记得学校里没有人，他还说自己第二天——3 月 2 日星期六——去找了帕特诺。但调查人员查找学校以往的电子邮件时，他们发现麦奎里弄混了。他实际上是在 2001 年 2 月 10 日星期六——比他说的日期早了一年——去找的帕特诺，这意味着淋浴事件发生在前一天晚上：2 月 9 日，星期五。

这就讲不通了。麦奎里记得，他看到淋浴事件的那个晚上，校园里是空无一人的。但实际上，2 月的那个周五晚上，宾夕法尼亚州立大学校园的情况绝非如此。那晚学校冰球队与西弗吉尼亚大学队在隔壁的格林伯格馆有比赛，比赛于晚上 9:15 开始，事发时路上应该有很多人正在排队入场。在距此地步行 5 分钟路程的布莱斯·乔丹中心，加拿大流行摇滚乐队裸体淑女合唱团正在演出：在那个特别的夜晚，宾夕法尼亚州立大学校园的那个角落本是混乱嘈杂、人声鼎沸的。

记者约翰·齐格勒围绕此案的争议写过很多文章。他认为，在那段时期，校园会空空荡荡的唯一一个周五应是 2000 年 12 月 29 日——圣诞节假期期间。如果齐格勒是对的——他的论述很有说服力，那么就有了第三个问题：如果麦奎里目击了这次强奸，他为什么要等上 5 个星期——从 12 月底到 2 月初——才把这件事告诉学校的管理层呢？①

在桑达斯基案中，控方在假装这些含混不清和不确定性并不存在。他们告诉公众，这是一件很容易做出裁决的案子。2011 年 11 月，一份长达 23 页的起诉书写道："研究生助理"——指麦奎里——"看到了一个赤身裸体的男孩……双手推墙，被裸体的桑达斯基肛交"；第二天，麦奎里"去了帕特诺家里，向帕特诺报告了自己所看到的事情"。[15] 但这两种说法都与事实不符，对吧？

麦奎里读到起诉书中的这些话后，给该案的首席检察官乔纳尔·埃希巴赫发了封电子邮件。[16] 他非常担心。"我觉得我的话被曲解了，控诉状中对我的陈述的描写并不完全准确。"他写道，"如果我确实没搞清楚事件的性质，那么我想确保您了解到的是真实情况。"他还写道："我不能百分之百确定那是鸡奸，我没有看到插入的动作。不管具体是什么，那应该是一种性行为或在我看来有些过分的做法。"他跟埃希巴赫说，想要更正记录。"就我的陈述而言，我该如何做？"

试想一下，麦奎里在读到自己的话被埃希巴赫曲解时，有什么样

① 在这一点上，齐格勒搜集的证据令人信服。例如，在对斯巴涅尔的审判中，德拉诺夫做证时说，那个 2 月的晚些时候，"因为事件已发生了 3 个月，我们还没有听到任何下文"。德拉诺夫曾在与加里·舒尔茨就另一件完全不同的事情进行面谈时，顺便提及了桑达斯基的问题。我们能知道确切的日期吗？可能不会。

很多人相信桑达斯基遭受了不当的指控，其中，齐格勒是最大声疾呼的一个。请参照马克·彭德格拉斯特《全美最讨厌的人》。齐格勒的有些论点比其他人的更有说服力，有关桑达斯基案怀疑论者的详细讨论，参见书后注释。[14]

的感受呢？在此之前，他先是目击了自己认为有些麻烦的事件，在之后的 5 个星期里，他一直在同自己的良心做斗争，那一定很痛苦：“我看到了什么？我该说点儿什么吗？如果是我搞错了呢？”读了起诉书后，他发现了什么？检察官们为了达到自己的目的，颠倒了是非曲直。起诉书把他描写成什么人了呢？一个懦夫——目击了强奸事件，跑去给他的父母打电话，却从来没有告诉警察的胆小鬼。

“我的生活被彻底改变了。”他在给埃希巴赫的信中写道。对麦奎里来说，夜间和小男孩一起洗澡的桑达斯基是个陌生人，埃希巴赫却拒绝考虑理解一个陌生人有多难。“我的家庭生活也被彻底改变了。”麦奎里继续说道，“国家媒体和舆论对我口诛笔伐，彻底毁了我。为什么会这样？”

4

将桑达斯基丑闻与几年后爆出的第二起更引人注目的儿童性侵案进行比较，对我们理解这些案件不无裨益。这次的涉案人员是密歇根州立大学的一位名叫拉里·纳萨尔的医生，他是美国国家女子体操队的队医。他戴着眼镜，有点儿笨拙，喜欢喋喋不休地说话，看起来一副根本不会伤害人的样子。他非常宠爱他的病人，他是那种你即使在凌晨 2 点打电话找他帮忙，他也会跑来相助的人，因此体操队队员的父母都很喜欢他。竞技体操往往会使队员们年轻的身体遭受巨大压力，使臀部、小腿、脚踝及身体其他部位遭受各种各样的损伤，这些都属于纳萨尔的治疗范围。

纳萨尔的专长是治疗所谓的“盆底功能障碍”。治疗时，他会将手指插入患者的阴道，按摩因体操训练消耗体能而缩短的肌肉和肌腱。他会在不经过同意，不戴手套，甚至在没有必要做这种治疗的情况下，满腔热情、反反复复地对体操运动员进行着这种治疗；他会去按摩她们的乳房；会毫无缘由地把手指插入她们的肛门。他用医疗程序作为掩饰来获取性满足。2017 年夏，他因联邦指控被定罪，将在监狱中终其余生。

正如性侵丑闻传言所说，纳萨尔案非常明确易判，这不是那种双方各执一词的案件。警方从纳萨尔的电脑硬盘中，发现了大量儿童色情图片——共 37 000 张，其中有一些可以说是极其淫秽，有些是他的年轻病人在治疗前坐在他的浴缸里洗冰浴时的照片。在纳萨尔案中，并非只有一位陈述着令人质疑的案情的原告。此案有数百名指控者，他们都讲述了极为相似的故事。对纳萨尔的定罪至关重要的是蕾切尔·丹霍兰德的指控[17]。

> 15 岁的时候，我得了慢性背痛。拉里打着医疗的幌子，在将近一年的时间里，屡次对我实施性侵。他这样做时，我母亲也在房间里守着，但他小心翼翼地完全挡住了她的视线，所以她也不知道他在做什么。

丹霍兰德有证据和证明文件。

> 2016 年我站出来的时候，我带了一份完整的证明文件……

> 我从一名护士那里拿来了医疗记录，里面有对我遭受性侵经历的详细披露……我有一本日记，记录了我从受到侵犯时起遭受的精神痛苦……我带来了一位证人，他可以证明我之前向他人透露过我遭受性侵的事……我还带来了另外两位与我无关的女士所提供的证据，这两位女士也声称受到了拉里的性侵犯。

纳萨尔案一目了然，容易裁决。然而，将他绳之以法需要多长时间呢？好多年。纳萨尔的另一名受害者拉里萨·博伊斯说，1997 年，她 16 岁时，纳萨尔性侵了她。那么人们把纳萨尔怎么样了吗？没有。博伊斯把事情告诉了密歇根州立大学的体操教练凯西·克拉吉，克拉吉找到纳萨尔，后者否认了一切。克拉吉更相信纳萨尔，而不是博伊斯。这些指控引起了怀疑，但怀疑还不够多，所以虐待照旧在发生。在对纳萨尔的审判中，博伊斯的反应让人不禁心生悲悯，她直接对纳萨尔说："我一想到下次与你见面就非常恐惧，因为我害怕凯西会告诉你我说的关于你的话。"

> 不幸的是，我的担心是有道理的。我感到羞愧、尴尬，我因为告诉了凯西这件事而不知所措。我清楚地记得你走进那个房间，随手关上门，拉过凳子坐在我面前，说："我跟凯西谈过了。"听到这句话，我的心顿时凉了。我信心全无，只想找个最深、最黑的洞爬进去。[18]

在纳萨尔的职业生涯中，他就是一个活生生的性侵犯者，他的问题被反映给大人——父母、教练、官员多达14次，但人们都没把他怎么样。2016年9月，《印第安纳波利斯星报》援引丹霍兰德的指控，发表了一篇记录纳萨尔不齿行为的报道，才使得他声名狼藉。即使在这之后，纳萨尔身边的很多人仍然支持他。据称，纳萨尔的上司——密歇根州立大学骨科医学系主任就告诉学生："这表明你们没有学过最基础的医学课程——《医学基础》……不要相信你们的病人，病人会通过撒谎来陷害医生。"[19] 凯西·克拉吉则让她的体操队队员在一张卡片上为纳萨尔一一签名并写上："想你。"

直到后来人们发现纳萨尔电脑硬盘中那些令人咋舌的图片，人们才最终改变了对他的看法。

这样的丑闻爆发时，我们首先倾向于去指责那些试图掩盖罪行的人——他们试图保护他，或故意对他的罪行视而不见，或将他们的机构或金融利益置于真相之上。我们认为，沉默的背后定有某种阴谋。我们想去发现这个阴谋，但纳萨尔案让我们意识到，这种理解是多么不充分：在纳萨尔案中，许多主要辩护人是病人的父母，他们可没有什么阴谋，也不会为了保护更重大的机构或金融利益而选择沉默，这些受害者可是他们的孩子。

有位体操运动员的母亲——顺便说明一下，她自己也是一名医生——在纳萨尔在房间为她女儿治疗时就在几英尺外坐着。有一次，她接受了《信实》——一个关于纳萨尔丑闻的精彩播客——的采访[20]。

> 我记得我用眼角的余光看到，他可能是勃起了。我只记得我当时想："这有些诡异，真的很奇怪。差劲儿的家伙。"想想看，就像

男医生在治疗室给女病人做检查时勃起一样，是非常奇怪的……

但那时，你也在房间里。他正在进行这个治疗步骤，你只会想，他是一个好医生，正在为你的孩子尽心治疗。他那么圆滑，很会花言巧语。

还有一次，一位父亲陪女儿去纳萨尔处接受治疗。就在该父亲在一旁坐着的时候，纳萨尔把手指伸进了女孩的身体里。当天晚些时候，这位体操运动员把此事告诉了她的母亲，以下是这位母亲对当时情况的回忆：

我清楚地记得，就像5秒前刚发生的一样，我坐在驾驶员位置，她坐在副驾驶位置。她说："拉里今天对我做了让我感到不舒服的事。"

我说："什么意思？"

"呃，他……摸我。"

我说："摸你哪里？"

她说："下面那里。"顿时，我明白了她在说什么，但我却试图给自己找一个合理的解释，告诉她不可能发生那种事。

这位母亲给丈夫打电话，问他在预约治疗期间是否离开过房间，他说没有。

然后……上帝，原谅我，我就没再想这件事。我将其记录下来，存档，放在育儿档案柜中，直到2016年。

后来，所有的故事听起来都一样了。另一位家长说：

> 她很安静、很沮丧地坐在车里，说："爸爸，他没有帮我减轻背痛，咱们别再去了。"但他是拉里，是体操队的医生，如果他治不好她，就没有人能治好她，比拉里水平更高的只有上帝。"要有耐心，宝贝，这需要时间，好事多磨。"我们一直就是这样教育孩子的。所以，我会说："听话，我们下周去一次，下下周再去一次，你就能感觉好些了。"
>
> 她说："好的，爸爸。你知道的，我相信你的判断。"

事实上，正是因为纳萨尔做了让人羞于启齿的坏事，家长才如此为难。如果纳萨尔对他们的女儿粗鲁无礼，他们就会立刻阻止他；如果他们的女儿在回家的路上对他们说，她们闻到了纳萨尔呼出的酒味，大多数父母都会立刻警觉。因为不难想象，有时医生也会举止粗鲁或醉酒。我们有时被迫只能相信两种情况中的一种：一种是可能的，另一种是无法想象的。这时，"默认真实"就成了我们的问题。安娜·蒙特斯是历史上地位最高的古巴间谍吗？还是雷格·布朗太偏执了？对真实的默认使我们倾向于相信最有可能的解释。斯科特·卡迈克尔首先选择了相信安娜·蒙特斯，直到绝对无法继续相信她时才改变主意。女孩们的父母做了同样的事情，不是因为他们疏忽大意，而是因为在"默认真实"方面，人类大多都这么奇怪地相似。

事实上，纳萨尔虐待过的许多女性都为其做了辩护。她们没意识到，自己从前默认了真实。在其体操生涯中，特林·贡萨尔共接受过纳萨尔的856次治疗。有一次，贡萨尔的一个队友来找她，说纳萨尔把自己的手指放进了她体内，贡萨尔还试图安慰她说："他也总是对我这样做！"[21]

当《印第安纳波利斯星报》公布纳萨尔的劣迹时，贡萨尔还在维护他，确信他会被判无罪。这真是极大的混乱。她何时才终于改变了主意呢？直到当反对纳萨尔的证据变得无法被推翻的时候！在对纳萨尔的审判中，当贡萨尔加入被害人的行列，做证指控纳萨尔时，她终于放弃了原来的立场，怀疑纳萨尔了。

> 拉里，这周我不得不做出一个极其艰难的选择。我必须选择是继续支持你渡过难关，还是支持那些女孩。拉里，我选择她们，我选择爱她们，保护他们。我选择不再关心和支持你，我选择当面告诉你，你伤害了我们，你伤害了我……我希望你今天能从我的眼神中看出，我曾一直相信你，直到我不能再相信你。我希望你像我们一样流泪，我希望你为你所做的事感到难过。我最希望的是，这些女孩每天都能少感受到一些痛苦，我希望你也希望我们能这样，但这是对你的告别。拉里，这次是我该与你划清界限的时候了，现在是我站出来为这些小女孩说话的时候了。拉里，我不再继续站在你背后支持你了。
>
> 再见，拉里。愿上帝保佑你黑暗又破碎的灵魂。[22]

“我曾一直相信你，直到我不能再相信你。”这难道不是对“默认真实”近乎完美的表述吗？

罪犯纳萨尔的电脑硬盘上被发现存有37 000张儿童色情图片；在他的职业生涯中，他无数次被无数人指控。即使如此，“默认真实”仍在起作用。纳萨尔案毫无悬念，但人们仍有疑问。现在请想象一下，有着同样的场景，只是案情不那么明了的桑达斯基案，又会是什么情况呢？

5

对桑达斯基的指控被公开后，“第二英里”前选手艾伦·迈尔斯成为桑达斯基最忠实的辩护人之一。宾夕法尼亚州的警察为了证实人们对桑达斯基的指控而采访参加过“第二英里”的孩子们时，他们联系了迈尔斯，他的态度很坚定。“迈尔斯说，他不相信已经提出的（对桑达斯基的）指控，他认为原告……只是想拿一笔钱。”[23]警察在报告中写道，“迈尔斯继续与桑达斯基保持每周一两次的电话联系。”迈尔斯告诉警方，他曾多次在训练结束后和桑达斯基一起在更衣室洗澡，但没发生任何异常的事情。

两个月后，迈尔斯做出更大的举动。他走进桑达斯基的律师的办公室，透露了一则惊人的消息：读完麦奎里的故事细节后，他意识到，那天晚上淋浴中的那个男孩就是自己。桑达斯基的律师的调查员柯蒂斯·埃弗哈特写了一份关于他与迈尔斯的面谈内容的摘要，这值得我们大段地阅读。

我问了一个具体的问题："杰里有没有以你认为不恰当的方式触碰过你，或者让你担心他侵犯了你的隐私部位？"迈尔斯的回答非常明确："从来没有发生过这样的事情。"

迈尔斯说："我和杰里在一起的时候，我从来没有感到不舒服或被侵犯，我把杰里当作我从未见过的父亲。"……迈尔斯说，在西布兰奇高中"毕业之夜"橄榄球赛现场，"我请杰里和我妈妈一起走上球场，广播中宣布了'父亲杰里·桑达斯基'和我母亲的名字"。

"我邀请了杰里和多蒂参加了我的婚礼。如果杰里有问题，为什么我还请他在'毕业之夜'当我的父亲？为什么我还请杰里和多蒂参加我的婚礼？学校让我请杰里在我的毕业典礼上发言，他照做了……如果杰里性侵过我，为什么我还要跑去看比赛，跑去他家呢？如果真的发生了那样的事，我肯定想离他越远越好。"[24]

迈尔斯清楚地描述了那晚的经过。

他和杰里锻炼完后，就去淋浴区洗了澡，然后离开了。"我通常每周会锻炼一两天，但那个特别的夜晚在我的记忆中非常清晰。淋浴时，杰里和我互相用毛巾抽打对方，我们都想抽疼对方。有时我会抽到墙壁，有时我会在地板上打滑，我相信你在木制储物柜区能听到这些声音。就像我说的这样，我们玩得正开心时，我听到了木制储物柜门被关上的声音。我以前听到过这种声音，但我并没有看见是谁关上了储物柜。大陪审团的报告说，麦奎里教练说他观察到我和杰里有性行为，这不是事实。麦奎里没说实话，那天晚上我们洗澡时什么事也没有发生。”

然而，几周后，迈尔斯与桑达斯基案中为多位受害者做代理的一名律师签了约。随后，迈尔斯向警方做了一次陈述，这时，他一改从前的态度，说他是桑达斯基案的受害者之一。

如果你对此感到困惑，那是可以理解的。淋浴中的男孩是整个案件中最重要的证人，检察官一直在寻找他，因为他将是让桑达斯基案画上句号的关键人物。最后他浮出水面，否认发生过任何事情，然后他又彻底改口，说确实发生了一些事情。这样，迈尔斯还能是桑达斯基案的关键证人吗？有这样的疑问是合理的。他是整个不解之谜中最重要的一个环节吧？不！起诉方选择让他在家歇着，因为他们对他的陈述没有信心。[①]

迈尔斯唯一一次出庭是在桑达斯基上诉的时候，桑达斯基请他做证，希望他能回到他原来的立场，说淋浴时什么事也没发生。迈尔斯没有这么做，相反，当桑达斯基的律师向迈尔斯宣读他不到一年前所做的关于桑达斯基无罪的陈述时，他面无表情地坐在那里，对一切——包括一张他高兴地站在桑达斯基身旁的照片——都耸耸肩。照片里的人是谁？他被问道。

---

① 检方关于艾伦·迈尔斯的报告很奇怪。一位名叫迈克尔·科里塞利的调查人员与迈尔斯的律师进行了交谈，后者告诉他迈尔斯现在声称曾多次被桑达斯基强奸。律师出示了一份 3 页的报告，据称是迈尔斯写的，该报告详细描述了桑达斯基对他的性虐待行为。检方阅读了这份报告，怀疑它根本不是迈尔斯写的，而是他的律师写的。最后，原告放弃了起诉，也放弃了整个案件中最重要的人证之一。[25]

迈尔斯：那是我和你的客户。

辩方：你知道这是什么时候拍的照片吗?

迈尔斯：我不记得了。

那是迈尔斯和桑达斯基在迈尔斯婚礼上的照片。他说了 34 次他不记得了。[26]

还有一位证人是布雷特·斯威舍尔·霍茨，他是一个和桑达斯基关系密切的“第二英里”项目中的男孩。该案审判时，他可能是最有说服力的证人。他说自己十几岁的时候，在浴室、桑拿浴室和酒店房间内，多次被桑达斯基性侵和虐待，与其有过数十次淫荡的性经历。

控方：霍茨先生，你能否告诉陪审团的女士们和先生们，被告在东区更衣室或拉什大楼淋浴间，大约有多少次……把他的阴茎放进你嘴里。

霍茨：至少有 40 次。

控方：你想让他这样做——

霍茨：不。

控方：有时想?

霍茨：不。

接着，桑达斯基的妻子多蒂被叫到证人席上。她被问到她和丈夫最后一次见布雷特·霍茨是什么时候。

多蒂·桑达斯基：我想是在三年前，或者两年前，我不确定。

霍茨讲述的性侵事件据说发生在20世纪90年代，那时他被桑达斯基反复、残酷地侵害。按多蒂·桑达斯基所说的时间，20年后，他决定顺道拜访桑达斯基。

辩方：你能给我们讲讲那次拜访吗？

多蒂·桑达斯基：可以。杰里接到一个电话，是布雷特打来的。他说："我想过来。我想带我的女朋友和孩子来让你们见见。"那个孩子大概有两岁。然后他们来了，当时我的朋友伊莱恩·斯坦巴彻也在。我们出去买了肯德基回来，吃了晚饭，那是一次非常愉快的拜访。

霍茨是比纳萨尔案中的特林·贡萨尔更让人难以理解的例子。贡萨尔从未否认纳萨尔为她治疗期间发生的事情，她选择把他的行为解释为善意的——出于完全可以理解的原因，直到她在对纳萨尔的审判中听到她体操队队友的证词时才不再这样认为。相比之下，桑达斯基并没有进行什么不明确的医疗步骤，他被认为有多次性侵行为，他那些所谓的受害者并没有误解他对他们的所作所为，但他们却表现得好像什么事也没发生过一样。他们不向朋友吐露心声；没有在日记里写下痛苦的经历；在多年后，还会去看望他，向性侵他们的男人炫耀自己的孩子；邀请强奸犯参加自己的婚礼。一个和桑达斯基一起"洗澡"的受害者，称自己是"世界上最幸运的男孩"；另一个男孩在治疗师长达几个月的鼓动下，终于讲出了仍然无法让大陪审团信服的个人经历。

由于常被耻辱、否认和模糊的记忆层层包裹，性侵案件往往扑朔迷离。在引人注目的性侵案件中，比得上杰里·桑达斯基案这样错综复杂的可谓少之又少。现在请你想一下，对于那些必须理解这些令人眼花缭乱的矛盾的人来说，这种复杂性意味着什么。人们总是对桑达斯基心存怀疑，但是，当受害者和施暴者能一起愉快地吃肯德基时，你怎么可能对施暴者产生足够多的怀疑呢？

6

因此，事情的经过是：麦奎里周六去见他的上级乔·帕特诺，帕特诺警觉起来。第二天，也就是星期天，帕特诺去找蒂姆·柯利和加里·舒尔茨说了这件事。然后他们立即给学校的法律顾问打了电话，并在周一向校长格雷厄姆·斯巴涅尔汇报了情况。然后柯利和舒尔茨请来迈克·麦奎里一起面谈此事。

你能想象柯利和舒尔茨听了麦奎里的话后会怎么想：“如果这真的是强奸，你为什么不去阻止？”“如果你所看到的事情如此令人不安，为什么没有任何人——包括你家的那位医生朋友——选择去报警？”“如果你——迈克·麦奎里——对你所看到的事情感到如此沮丧，你为什么要等这么久才告诉我们？”

然后柯利和舒尔茨又叫来了学校的外部事务法律顾问，但是麦奎里没对他们讲太多，于是他们本能地——就像我们所有人一样——做出了最无害的解释：或许杰里还是那个喜欢跟孩子们瞎胡闹的傻杰里，这次他也是在胡闹而已。宾夕法尼亚州立大学的律师温德尔·考特尼讲述了他与加里·舒尔茨的对话。

考特尼：在我们会谈中的某个时刻，我曾问他，在杰里和小男孩的推搡嬉闹之中，是否有和性相关的东西。他向我表示，据他所知，没有……我所想象到的画面是，至少在他向我描述此事和我与他交谈的时候是，淋浴区有点儿像好多人可以一起淋浴的地方，洗澡水从淋浴头喷洒下来，地上有很多水，一个小男孩在跑来跑去，不时地打滑。

控　方：你确定他没说有拍击声或任何与性有关的东西吗？

考特尼：我很确定，他从来没对我说过报告中所说的淋浴中的拍击声或其他任何与性有关的行为。

考特尼说他想了一会儿，考虑了最坏的情况。毕竟，这是在下班时间发生的一个男人和一个男孩在一起淋浴的事件。但后来，他想起了自己对杰里·桑达斯基的印象："他总在公共场合和参加'第二英里'项目的孩子胡闹。"于是他默认了这种印象。[①]

---

① 考特尼也怀疑过桑达斯基的清白。但最终，能掩饰桑达斯基行为的托词实在是太有说服力了：一个总是在公共场合和参加"第二英里"的孩子胡闹的人。柯利之后也给"第二英里"的执行导演约翰·雷科维茨打过电话，雷科维茨答应和桑达斯基谈一谈，告诉他不要再带男生去学校了。"我只能代表我自己说话，但我认为杰里的行为存在一个边界问题，那是一个需要他解决的判断问题。"柯利解释道。他觉得，桑达斯基需要小心，否则人们会认为他有恋童癖。"我告诉他，"雷科维茨说，"如果他锻炼后和别人一起洗澡，那他穿上泳裤会更合适。我这样说是因为……那时候已有很多关于童子军、教堂等要调查桑达斯基的传言。"

舒尔茨和同事蒂姆·柯利后来去见了校长斯巴涅尔。

控　方：你确实告诉了格雷厄姆·斯巴涅尔这是“胡闹”？

舒尔茨：是的。

控　方：你什么时候告诉他的？

舒尔茨：哦，我们接到的第一份报告里用的词就是“胡闹”。有人看到杰里·桑达斯基和一个孩子在一起洗淋浴时胡闹……我想我也是这么跟斯巴涅尔校长说的，你知道的……说他在胡闹。

听完柯利和舒尔茨的话，斯巴涅尔问了他们两个问题。“你们确定别人就是这么跟你们说的吗？别人说他们是在‘胡闹’吗？”他们说是的。然后斯巴涅尔又问：“你们确定别人对你们说的就是这些吗？”他们又说是的。宾夕法尼亚州立大学有数千名教职工，桑达斯基只是其中的一员，斯巴涅尔几乎不认识他。现在斯巴涅尔听到汇报说，桑达斯基——现已退休——被发现（和一个男孩一起）在（学校浴室）洗澡？

“我记得，有那么一会儿，我有点儿不知道该怎么处理。我在想，对付‘胡闹’应该采取什么适当的措施。”斯巴涅尔后来说，“我以前从来没有听到过这样的报告。”

当然，桑达斯基案被告发的时候，如果哈里·马科波洛斯是宾夕法尼亚州立大学的校长，他就绝不会这样“默认真实”地去相信最无害的解释。他会有疑问：和一个小男孩一起洗澡的男人？马科波洛斯可是那种比任何人都早10年就能看穿麦道夫骗局的人。他会通过思考以下问题而得出足以让桑达斯基被定罪的结论：那个孩子多大？他们晚上在那里干什么？几年前不是还有一个关于桑达斯基的奇怪案例吗？

但格雷厄姆·斯巴涅尔不是哈里·马科波洛斯，他选择了相信最有可能的解释——桑达斯基就是他自称的那样。斯巴涅尔是否后悔没再多问些问题，后悔没再悄悄地四处打听一下呢？他当然后悔。但“默认真实”不是什么罪过，而是人类的一种基本的心理倾向。斯巴涅尔的表现与“登山客”、斯科特·卡迈克尔、纳特·西蒙斯、特林·贡萨尔，以及实际上每一位被拉里·纳萨尔治疗过的体操运动员的父母并没有什么不同。纳萨尔虐待孩子的时候，那些父母不是在房间里吗？难道孩子们没告诉父母纳萨尔有问题吗？为什么他们还一次又一次地把孩子交给纳萨尔进行治疗？然而，在纳萨尔案中，没有人认为，体操运动员的父母应该因为未能保护他们的后代免受罪犯侵害而入狱。因为我们接受了这样一个事实：父母需要对孩子周围的人有基本的信任。

如果每个教练都被怀疑，被认为是恋童癖者，就没有父母会让孩子外出训练，就没有人傻得愿意成为教练。我们都选择“默认真实”，即使这个决定会带来可怕的风险，因为我们别无选择，不然社会就无法运转。对他人的信任有时会以他人的背叛而告终，但这样的事例实属罕见，那些因“默认真实”而成为受害者的人应该得到我们的同情，而不是谴责。

7

宾夕法尼亚州立大学是美国最有声望的大学之一，其最高管理层中的两名要员，蒂姆·柯利和加里·舒尔茨因在处理桑达斯基与小男孩淋浴事件中办事不力，先被指控，后被逮捕。斯巴涅尔为此感到十分难过，因此他安排手下的高层管理人员开会。他说他一直把宾夕法尼亚州立大学看成一个大家庭，大家都是他的朋友，当他们告诉他洗澡事件很可能只是胡闹的时候，他相信了他们，认为他们是诚实的。

“你们将会发现，每个人都将疏远加里和蒂姆。”他说。但他不会这么做。

> 在座的各位和蒂姆、加里都共事多年了，大家有些人和他们两个都是35年或40年的老同事了，因为蒂姆和加里分别在我们学校工作了这么多年……这些年来，你们生命中的每一天都在和他们一起工作，我在过去的16年里同样如此……如果你们中的任何一个人都是在按照我们确定好的学校的规章制度办事——诚实、公开、正直地工作，总是做对这所大学最有利的事情，当你们被错误地指控了什么时，我也会像对待他们两个一样对待你们中的任何人。我想让大家知道……当你知道你在做正确的事情时，你们不应该害怕去做那件正确的事情，或者不应该害怕被指责做错了事……因为学校会支持你们。①

这就是人们喜欢格雷厄姆·斯巴涅尔的原因，这就是他在宾夕法尼亚州立大学的职业生涯如此辉煌的原因，这就是你我都想在他手下

---

① 这不是对斯巴涅尔原话的逐字记录，而是根据他的回忆进行的改述。[27]

工作的原因。我们想推选当大学校长的人是格雷厄姆·斯巴涅尔，而不是那位武装到牙齿，终日在家提心吊胆，提防着一群政府官员夺门而入的哈里·马科波洛斯。

这是人们在考虑桑德拉·布兰德之死时要记住的诸多理念之一。我们认为，我们希望保护我们的人对任何可疑的事物都有戒备之心，如果他们“默认真实”，我们就会责怪他们。如果我们试图把像格雷厄姆·斯巴涅尔这样惯于“默认真实”的人送进监狱，我们实际上是在不顾后果地向所有当权者传递一个信号：我们希望他们理解陌生人的方式是不要去“默认真实”。

但我们正在超越自我。

• 3

“透明”假设

“透明”是指我们的行为和举止——他人可见的我们表现自己的方式——为他人观察我们的内心感受提供了一个真实可靠的窗口。

我们都有一种倾向——根据人们的行为去判读他们是否诚实。在我们眼中，说话得体、自信，握手有力，友好、有魅力的人被认为是可信的；说话时紧张、不自在、躲躲闪闪、结结巴巴、含含糊糊、言语费解且空洞无物的人则难以被他人信任。

委婉一点儿说，这简直是无稽之谈。

第 6 章
情绪标签

《老友记》的误导

1

《老友记》第 5 季开播时，就已成为史上最成功的电视剧之一，它也是早期最受欢迎的“情景喜剧”之一。故事以生活在纽约曼哈顿的 6 个老朋友——莫妮卡、瑞秋、菲比、乔伊、钱德勒和罗斯——为中心，描述了他们之间的说笑、打闹、相爱和分手，其中的大部分内容则是他们之间没完没了、引人发笑的对话。

第 5 季从罗斯同一个非 6 人老友的局外人结婚开始，演到季中，这段感情便结束了。到季末，他又回到瑞秋的怀抱。菲比生了三胞胎，并和一名警察秘密交往。最重要的是，莫妮卡和钱德勒坠入了爱河——这一剧情发展立即引发了一个问题：因为莫妮卡是罗斯的妹妹，钱德勒又是罗斯最好的朋友，两人相爱后，都没有勇气把他们之间的事告诉罗斯。

在第 15 集——标题为《敲打乔伊的女孩》——的开头，钱德勒和莫妮卡的地下情暴露了。罗斯透过窗户看到，在对面的公寓里，他的妹妹莫妮卡正在和钱德勒浪漫地拥抱。他如雷轰顶，跑到莫妮卡的公寓，想闯进去，但她的门上挂着链子，因此他只能把头伸进 6 英寸[①] 宽

---

① 1 英寸等于 2.54 厘米。——编者注

的门缝里。

“钱德勒！钱德勒！我透过窗户看到了你在做的事，我看见了你对我妹妹做的事，你马上给我滚出去！”

钱德勒惊慌失措，试图跳窗逃走，莫妮卡拉住了他。“我能对付罗斯。”她告诉他，随即给哥哥开了门，“嘿，罗斯。怎么了，哥？”

罗斯跑进屋里，冲向钱德勒，围着厨房的桌子一边追一边喊：“你在干什么？”

钱德勒躲在莫妮卡身后。乔伊和瑞秋冲了进来。

瑞　秋：嘿，这是怎么回事？

钱德勒：嗯，我以为——我以为——罗斯知道我和莫妮卡的事。

乔　伊：哥们儿，他就在那里。

罗　斯：我以为你是我最好的朋友！这是我的妹妹！我最好的朋友，和我的妹妹在一起！这让我无法接受。[1]

你能看懂这些吗？在标准的一季《老友记》中，情节——以及各种叙述和情感——如此曲折，以至于观众似乎需要一幅流程图才能确保自己不感到费解。然而，现实远非如此。如果你看过一集《老友记》，你就会知道你几乎不可能看不懂它，其剧情非常清楚。有多么清楚呢？我认为即使你关掉电视的声音，你也可以看得很明白。

本书开头讲到的第二个难题是关于保释的问题：为什么法官对被告的了解比计算机多得多，却在评估被告时比计算机程序做得差呢？本书第三部分就会从讨论像《老友记》这样的电视剧有多么“透明”

这一奇怪事实开始，试图解开这个难题。

2

为了验证《老友记》的“透明”度，我联系了一位在马萨诸塞州大学达特茅斯分校任教的心理学家詹妮弗·福盖特，她是 FACS（面部动作编码系统）[①] 方面的专家。在 FACS 中，面部 43 种不同的肌肉运动分别被称为一个“动作单元”，每个“动作单位”被分配用一个数字来表示。像福盖特这样接受过 FACS 知识培训的人，可以观察别人的面部表情并对其赋分，就像音乐家听一段音乐就能将其翻译成一系列音符写在纸上一样。

好，举个例子，请看下图：

① FACS 全称是 Facial Action Coding System，由传奇人物——心理学家保罗·埃克曼开发。我在我的第二本书《眨眼之间》中写到过保罗·埃克曼，后来，我对埃克曼著作的看法有所改变，更多相关解释，参见注释。[2]

这就是所谓的泛美微笑[3]——空姐试图表现礼貌时对你展示的一种微笑。当你展示这种微笑时，你拉起嘴角用的是所谓的颧大肌，而你面部的其余部分“无动于衷”，这就是这个微笑看起来很假的原因：这是一个没有任何面部表情的微笑。在FACS中，使用颧大肌的泛美微笑得分为AU12分。

现在请看下面这张图：

这是所谓的杜兴式微笑[4]，真正的微笑看起来就是这样的。用术语表示的话，它是AU12加AU6——一种包括眼轮匝肌外部运动的面部运动。展示这种微笑的人会提升脸颊，其眼睛周围会形成明显的鱼尾纹。

FACS 是一个非常复杂的工具。它会对成千上万种肌肉运动进行精确的分类，有些肌肉运动转瞬即逝，出现在脸上的时间可能还不到几分之一秒。FACS 手册厚达 500 多页。如果要福盖特对《敲打乔伊的女孩》这整整一集剧情做一次 FACS 分析，可能要花费她好几天的时间。所以我请她把注意力集中在开头那一幕：罗斯看到钱德勒和莫妮卡拥抱，怒气冲冲地冲了过去。

以下是她的发现。

当罗斯透过打开的门缝看到他妹妹与他最好的朋友浪漫拥抱时，他脸上的动作单元有四个，用术语记作：10+16+25+26。它们表示的动作和参与的骨骼或肌肉有：提升上唇（上唇提肌、上唇方肌），降低下唇（降下唇肌），使上下唇分开（降下唇肌，松弛的颏肌或口轮匝肌）和下颚下降（放松的颞骨和内翼骨）。[5]

在 FACS 系统中，人们可以对肌肉运动进行从 A 到 E 等级的强度划分，A 是最温和的，E 是最强烈的。罗斯刚才在剧里那一刻的反应，四个肌肉动作都是 E 级。如果你回放《老友记》的那一集，播放到罗斯透过门缝往里看的时候立马暂停，你就会发现，你看到的罗斯的表情和 FACS 编码人员所描述的完全一致：他脸上明显有一种愤怒和厌恶的表情。

之后，罗斯冲进莫妮卡的公寓，现场的紧张气氛加剧，罗斯的情绪也愈加激动，这时他脸上的肌肉动作用术语可记作：4C+5D+7C+10E+16E+25E+26E。再次有四个 E 级强度的表情动作！

福盖特解释说：

> [AU]4 是一个眉毛下压的动作。这是你紧锁眉头时的面部动

作。动作单元 7 是眼睛斜视，它被称为“眼睑下压”，做此面部动作的人同时有点儿皱眉和闭眼，所以这是典型的表示愤怒的动作。这个例子中的动作单元 10 总是代表厌恶，此动作出现时，人的上唇会稍微抬起，鼻子不动，但它看起来是向上翘的。动作单元 16 被称为“下唇压下”，它出现时，有些动作和动作单元 10 中的类似，但同时人会把下嘴唇向下推，这样他能看到自己的下牙。

莫妮卡站在门口，假装一切正常。她朝哥哥微笑，但这是泛美式的微笑，而不是杜兴式的微笑：这时她脸上有些运动单元 12 的动作，同时还表现出微乎其微的运动单元 6 的特征。

罗斯围着餐桌追钱德勒，钱德勒躲在莫妮卡后面，当罗斯走近时，钱德勒说：“你瞧，我们不是闹着玩的。我爱她，好吗？我爱上她了。”

然后莫妮卡伸手握住罗斯的手，说：“很抱歉让你以这种方式知道这件事，对不起。但这是真的，我也爱他。”

罗斯盯着他们俩，心中矛盾重重。三人沉默了很长一段时间，然后罗斯突然笑了起来，拥抱了他们俩，又重复了一遍自己的话，只是这次他是高兴地说的：“我最好的朋友和我妹妹在一起！我太高兴了！”

当莫妮卡把这则消息告诉她哥哥时，福盖特把她的表情记录为 1C+2D+12D。1 和 2 的组合表示悲伤：她提拉了眉毛的内外侧。12D 呢，当然是指没有多少真感情、皮笑肉不笑的泛美式微笑。

“她表现出——听起来同样奇怪——些许悲伤的迹象。”福盖特说，“但随后是幸福的样子。我认为这是有道理的，因为她在道歉，但她同时也在向罗斯表明她心里其实挺高兴的。”

罗斯注视了莫妮卡良久，脸上流露出典型的悲伤之情。然后，他的面部表情微妙地转为“1E+12D”所表示的内容。他表现出的情感和他妹妹刚才的同样复杂：有喜有悲。妹妹不再单身，不能一直和他在一起了。但同时，他想让她知道，只要她快乐，他就高兴。

福盖特的 FACS 分析告诉我们，《老友记》的演员们要确保剧中各人物角色内心深处的每一种情感都能在他们的脸上得到完美的体现，这就是你可以关掉声音仍能看懂它的原因。至于剧中演员们说的话，那都是让我们高兴、欢笑的。当然，那些话同时也解释了叙事中的一些细微之处，但是真正体现剧情的主要还是演员们的面部表情：演员们在《老友记》中的表演是“透明”的。

“透明”是指我们的行为和举止——他人可见的我们表现自己的方式——为他人观察我们的内心感受提供了一个真实可靠的窗口，这是我们用来理解陌生人的第二个关键工具。当我们不认识某个人，或无法与他们沟通，或没有时间去了解他们时，我们相信我们可以通过他们的行为举止来了解他们。

3

“透明”的概念由来已久。1872 年，即著名的进化论论文首次发表 13 年之后，查尔斯·达尔文出版了《人和动物的情感表达》一书。他认为，每个人都会的微笑、皱眉和因为厌恶而皱鼻子这些动作，是人类进化以适应环境的一部分。人与人之间准确、快速地传达情感，对人类的生存至关重要，以至于脸已经进化成了内心想法的广告牌。[6]

达尔文的这个观点在很大程度上是凭直觉得出的。因为世界各地的孩子幸福时都会微笑，悲伤时都会皱眉，开心时都会咯咯笑，不是吗？并不只是在克利夫兰、多伦多或悉尼的客厅里看《老友记》的人才能理解罗斯和瑞秋的感受，每一个人都能理解它。

本书第 2 章所述的保释听证同样是一种依赖“透明”的做法。法官不通过电子邮件或电话与庭审案件中的当事人联系，因为他们认为，亲眼看一看他们要评判的人是至关重要的。几年前，一起诉讼的原告是密歇根州的一个穆斯林妇女，她出庭时佩戴着传统的尼卡卜面纱，遮着脸，只露出眼睛。法官要求她把面纱取下来，她拒绝了，法官因此驳回了她的申诉。法官认为，他看不到原告的脸，所以无法公正地判断双方之间的讼争。他告诉她：

> 我在听证词的时候需要做的一件事就是看到你的脸，我需要看到发生了什么。如果你不把面纱摘下来，我就看不见你的脸，就看不出你是否在说真话，也看不出我在法庭上需要看到的你的某些行为和性情。①

法官做得对吗？我想很多人都认为法官做得对。如果我们认为看别人的脸得不到任何有价值的信息，我们就不会花那么长时间去看

① 原告是吉娜・穆罕默德，她回答道：“首先，我是一个虔诚的穆斯林，这是我的生活方式，我信仰《古兰经》，真主在我生命中是第一位的。如果在我面前的是女法官，我摘下面纱是没有问题的。所以我想知道，你们有没有女法官？如果我面对的是女法官，那没问题，我可以摘下面纱。否则，我无法遵循这个指令。”[7]

了。在小说中，我们常读到“他吃惊地瞪大双眼”或“她脸色一沉，露出失望的表情”这样的表达，以至于我们会想当然地认为，人在吃惊时肯定会瞪大双眼，在失望时一定会沉下脸来。我们看到罗斯脸上的动作单元组合 4C+5D+7C+10E+16E+25E+26E 就知道——即使关闭电视剧的声音——它表达的意思，因为数千年的进化已经将人类面部的这些动作组合转变成“他心中充满了震惊和愤怒”。我们相信一个人的言谈举止是他心灵的窗口，但这又让我们想起第二个难题：在保释听证会上，法官们了解了被告人“心灵的窗口”，而电脑没有；但在预测谁会再次犯罪方面，法官们做得比森德希尔·穆莱纳桑的电脑差得多。

如果现实生活真如《老友记》所演，法官就会比电脑做得更好。法官们没能做得更好，或许只能说明，现实生活并不是像《老友记》中演的那样的。

4

在所罗门海中部，巴布亚新几内亚以东 100 英里的地方，有一群被称为特罗布里恩群岛的岛屿。该群岛面积很小，孤零零地处在热带气候之中，岛上住有 4 万人，他们以捕鱼和耕种为生。几千年前，他们的祖先就以完全相同的方式生活。即使面对 21 世纪的人类社会的不可避免的侵扰，他们的古老习俗仍被证明可以经久不变。就像汽车制造商会把新车模型带到北极，在尽可能极端的条件下进行测试一样，社会科学家有时也喜欢在特罗布里恩这样的地方对一些假设进行

“压力测试”：如果有什么东西在伦敦或纽约行得通，在特罗布里恩群岛也行得通，你就可以相当肯定地说，你找到了某种具有普适性的东西。这就是2013年两名西班牙社会科学家来到特罗布里恩群岛的原因。[8]

塞尔吉奥·贾里洛就是其中之一。他是一位人类学家，在特罗布里恩工作过，所以他了解那里的语言和文化。另一位是心理学家卡洛斯·克里维利。在克里维利早期的职业生涯中，他一直在测试“透明”的局限性。有一次，他研究了几十盘柔道选手刚赢得比赛时的录像带，想弄清楚他们究竟是在什么时候笑的。[9]是在胜利的那一刻呢，还是先赢再笑？还有一次，他观看了一些人手淫的录像，来了解他们达到高潮时的面部表情。[10]达到高潮想必是真正幸福的时刻了，这时的幸福感是显而易见的吗？克里维利发现，在上述两种情况下，他都无法很容易地通过人的面部表情判断他们何时的幸福感最强——如果人类的表情真的是心中想法的广告牌，这就说不通了。这些研究使克里维利成了怀疑论者，他和贾里洛决定测试一下达尔文的观点。

贾里洛和克里维利先拍摄了6张人的头像，照片中的5个人分别做出高兴、悲伤、愤怒、害怕和厌恶的表情，最后1张照片中则是一个做出中性表情的人。在他们前往特罗布里恩之前，两人把他们的照片拿到马德里的一所小学，在一群孩子中测试：他们把这6张照片放在某个孩子的面前，问：“哪一张是悲伤的脸？”再去问第二个孩子：“这里面哪一张是生气的脸？”就这样，他们一遍又一遍地让孩子们看这6张照片并回答问题，孩子们做起这个测试来几乎没有困难。测试结果记录如下：

表6-1 马德里小学生辨识面部表情的测试结果 （单位：%）

情绪标签	“高兴的”笑	“悲伤的”噘嘴	“愤怒的”怒视	“害怕的”倒吸凉气	“厌恶的”耸鼻	中性的
西班牙人（人数：113）						
高兴	1.00	0.00	0.00	0.00	0.00	0.00
悲伤	0.00	0.98	0.00	0.00	0.00	0.02
愤怒	0.00	0.00	0.91	0.00	0.09	0.00
害怕	0.00	0.07	0.00	0.93	0.00	0.00
厌恶	0.00	0.02	0.00	0.15	0.83	0.00

然后，贾里洛和克里维利飞往特罗布里恩群岛，重复这个过程。

特罗布里恩人友好地与两位学者合作。他们的语言词汇丰富、细致入微，这使得他们成了研究情感的理想测试对象。贾里洛解释说：

> 如果某件事让人感到惊喜，他们会说，它“让我欣喜若狂”，或者“让我神魂颠倒”。然后，如果你重复问一遍：“这件事有没有让你神魂颠倒？”他们会说：“哦，不，这个更像是掏空了我的心。”

换句话说，这些人不是因为被要求理解某件事的情感真相而感到为难或困惑的人。如果达尔文是正确的，那么特罗布里恩人应该和马德里的小学生一样，能够很好地辨别人脸。如果情感是由进化决定的，那就意味着这些生活在所罗门海中部的人一定拥有与马德里人相同的人脸辨识系统，对吧？

事实并非如此。

下表比较了特罗布里恩人和马德里学校10岁学生的辨识面部表情的成功率。可以看出，特罗布里恩人在辨识面部表情时，还是很吃力的。

该表左侧的“情绪标签”下的内容，是贾里洛和克里维利向实验对象展示的照片上人们的各种各样的表情，顶部的标签是实验对象识别这些图片的结果。可以看出，在113个西班牙小学生中，100%的人将“笑”识别为“高兴”，但只有58%的特罗布里恩人将“笑”识别为“高兴”。23%的特罗布里恩人会看着一张笑脸，说它是“中性的”表情。在辨别“高兴”这一情绪方面，特罗布里恩人和西班牙孩子的结果最接近；在其他方面，特罗布里恩人对情绪与面部表情的理解似乎与我们迥然不同。

表6-2 特罗布里恩人与马德里小学生对于同一组表情图片的辨识结果

（单位：%）

情绪标签	“高兴的”笑	“悲伤的”噘嘴	“愤怒的”怒视	“害怕的”倒吸凉气	“厌恶的”耸鼻	中性的
特罗布里恩人（人数：68人）						
高兴	0.58	0.08	0.04	0.07	0.00	0.23
悲伤	0.04	0.46	0.04	0.04	0.23	0.19
愤怒	0.20	0.17	0.07	0.30	0.20	0.06
害怕	0.08	0.27	0.04	0.31	0.27	0.03
厌恶	0.18	0.11	0.08	0.29	0.25	0.10
西班牙人（人数：113人）						
高兴	1.00	0.00	0.00	0.00	0.00	0.00
悲伤	0.00	0.98	0.00	0.00	0.00	0.02
愤怒	0.00	0.00	0.91	0.00	0.09	0.00
害怕	0.00	0.07	0.00	0.93	0.00	0.00
厌恶	0.00	0.02	0.00	0.15	0.83	0.00

“我认为最让我们感到惊讶的是，在西方社会，我们看到的一张感到害怕的人的脸或充满恐惧的人的脸，却被特罗布里恩人认为是一种充满威胁的脸。”克里维利说。为了说明这一点，他模仿了被称为“倒吸凉气脸”的脸：就像爱德华·蒙克的名画《呐喊》中的那张脸——眼睛瞪得大大的。

“在我们的文化中，这个表情表达的情感是，‘我害怕，我怕你’。”克里维利接着说，“在他们的文化中，它……是一张试图恐吓别人的人的脸……其表现的意义（与我们理解的）相反。”

作为一种感觉，害怕对于一个特罗布里恩人来说，和你我所感受到的害怕并没有什么不同。感到害怕时，他们同样也会不舒服，但出于某种原因，他们不会用同样的方式表现这种情感。

愤怒也一样糟糕，你会认为——难道不会吗——世界上每个人都知道一张生气的脸该是什么样子的，因为愤怒是一种非常基本的情感。

下图表示的就是愤怒[11]，对吧？

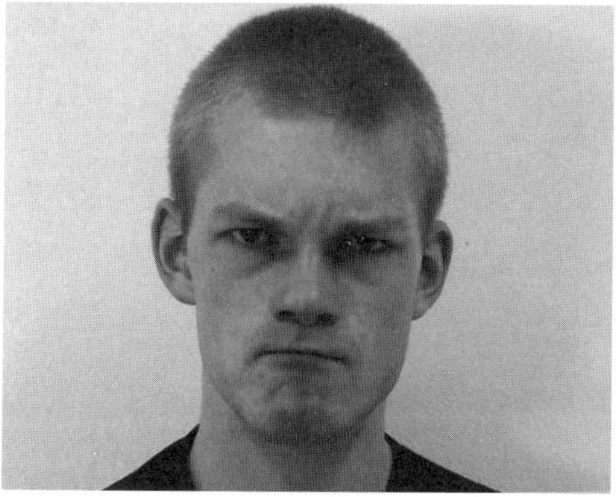

看看图中的人那强硬的眼神和紧闭的嘴唇，我们很容易理解这些愤怒的特征，但这种愤怒情绪呈现的表情却让特罗布里恩人困惑不已。请看他们辨识愤怒时的得分：20% 的人认为这是一张笑脸；17% 的人认为这是一张悲伤的脸；30% 的人认为这是一张感到害怕的脸；20% 的人认为这是一种感到厌恶的表现；只有 7% 的人认为这是一张感到愤怒的脸。相比之下，几乎每个西班牙学生都能辨别出这是一张感到愤怒的脸。克里维利说：

> 他们给出了许多不同的描述……他们只会说："他们皱着眉头。"或者他们会使用他们的谚语说……在他们的语言中，其字面意思是，他的眉毛又浓又密，很明显可以翻译成我们语言中的"他在皱眉"。他们不会去推断这样的表情意味着照片中的人生气了。

为了证明特罗布里恩人不是某种特例，贾里洛和克里维利随后又前往莫桑比克，对一群与世隔绝、自给自足的渔民——姆瓦尼人——进行了研究，这些人对人脸表情的辨认结果同样糟糕：在辨认笑脸方面，姆瓦尼人的表现尚可；但他们似乎被表达悲伤和愤怒的表情搞糊涂了。还有一支由玛丽亚·金德伦带领的研究团队，他们去了纳米比亚西北部的山区，考察当地居民能否根据他们表情类型将照片进行准确分类。结果显示，他们不能。[12]

现在甚至连历史学家也参与了类似研究。如果你能进入一台时间机器，穿越时空，给古希腊人和古罗马人看现代人类咧着嘴笑的图片，他们会以与我们相同的方式来理解这种表情吗？可能不会。正如古典主义作家玛丽·比尔德在《古罗马的笑声》一书中所写的：

> 这并不是说古罗马人从来不扬起嘴角，做出在我们看来很像微笑的表情，他们当然会这么做。但是，对古罗马人来说，在用以表达相当社会化意义的系列姿态中，这种嘴角上扬的动作并没有多少意义。相反，其他一些在我们今天看来几乎没有什么意义的姿态，在那时却承载着很多意义。[13]

如果你为特罗布里恩群岛居民放映那一集《老友记》，看到罗斯和钱德勒对峙的那一幕时，他们会认为钱德勒是气愤的，罗斯是害怕的——他们会有完全错误的理解。如果你在古罗马为西塞罗、国王及其一众好友首次公开放映《老友记》，他们会盯着演员们夸张、扭曲的面部表情，心想：这到底是怎么回事？

5

那么，在同一种文化内部的情况是怎么样的呢？如果我们把测试范围限制在发达国家——忘记古罗马人和那些近乎与世隔绝、处于偏远地区的居民，“透明”规则还适用吗？不，也不适用。

请想象这样的场景：假设你被别人领着走过一条狭长的走廊，进入一个黑暗的房间。你坐在那里，听了一段弗兰茨·卡夫卡短篇小说的录音，然后接受对刚刚听到的内容进行的记忆测试。你完成测试后想打开门回到走廊，但这条走廊实际上是用临时隔板围成的，当你在听卡夫卡小说录音的时候，一些工作人员迅速投入工作，将围成走廊的隔板移走了。原先的走廊现在变成了一个开阔的房间，房间的墙壁是亮绿色的，天花板上挂着一个灯泡，灯光照亮了一把鲜红色的椅子。椅子上坐着一个神情严肃的人，那恰恰是你最好的朋友。你开门走出来，想着你会沿着原来狭窄的走廊走回去，突然，你脑中“嗡！”的一下：你发现了一个不应该在这里的房间，还有你的朋友正在像恐怖片里的人物那样盯着你。

在日常生活中，你会有感到惊讶的时候吗？当然会。你感到惊讶时的面部表情是什么样的呢？假如刚才的人不是你，而是特罗布里恩岛的一个居民或古罗马的一个公民，他们的面部表情看起来与你的并不会相同。在我们的文化中，此时此地，惊讶的表情看起来应该是什么样子的，早已是很确定的事了。前文提到的那集《老友记》中有一个完美的例子——罗斯的室友乔伊冲进莫妮卡的公寓，发现他的两个最好的朋友正要打架，他脸上出现的“动作单元”很好地告诉了人们什么是惊讶：AU1+2（抬起整个眉毛）、AU5（瞪大眼睛）和 AU25+26（下颌垂下）。因此，看到刚才那一幕恐怖场景时，你会做出像乔伊一样的表情，对吗？其实不是的。

阿希姆·舒茨沃尔和雷纳·里森泽因这两位德国心理学家设计了上述恐怖场景并对 60 个人进行了测试。[14] 他们要求受试者对其惊讶程度在 1～10 分的范围打分。他们听完卡夫卡的故事，测试完成，要走回走廊打开门的瞬间，惊讶程度的平均得分为 8.14，这表明他们都非常震惊。当被问及自己当时的表情时，几乎所有人都确信，自己肯定是满脸惊讶的。但事实却非如此。阿希姆·舒茨沃尔和雷纳·里森泽因在房间角落里安装了摄像头，就像福盖特对《老友记》中的表情进行编码分析一样，两人也对录下的表情进行了编码分析，结果他们发现：只有 5% 的人的脸上同时出现了抬起眉毛、瞪大眼睛和下颌垂下的动作；17% 的人的脸上出现了上述动作中的两个；其余人的脸上则似有若无地出现了三个表情动作中的某一个或脸上呈现的是——比如皱眉——你可能根本不会将其同惊讶联系起来的表情动作。①

“所有的参与者都极大地高估了他们的惊讶表现度。”舒茨沃尔写道。为什么？他们“根据……关于情绪面部表情联系的大众心理观念，推断出了自己可能表现的面部表情”。[15] 大众心理是我们从情景喜剧等文化来源中汲取知识而形成的一种自然心理，但在现实生活中，人类的行为却并非总是由自然心理支配。“透明”是一种神话——一种我们看太多电视剧和读太多小说后获得的概念：因为在这些小说和电视剧中，人们看了太多主人公“惊得目瞪口呆”或“惊得睁大眼睛”这样的场景。舒茨沃尔接着说：“被试显然是这样推理的，因为他们感到惊讶了，而且惊讶总是与特定的面部表情有联系，所以他们认为自己一定做出了这个表情。在大多数情况下，这种推论是错误的。”

我认为这种错误——期望一个人的外在表现与其内心所想完全吻合——不会影响我们对自己早已熟知的朋友的理解。因为了解一个人也多少意味着要去理解他们的情感表达有多么独特。有一次，我父亲

① 17% 包括同时出现 3 个表情动作的 3 人（5%）；只有 7 人同时出现 2 个表情动作。此外，尽管绝大多数人认为他们表达了惊讶，但有一位自我意识超强的人说，他认为自己根本没有表现出惊讶。

在度假时租的小别墅中淋浴，听到了我母亲的尖叫声，他跑出来，发现一个大块头年轻人正拿着一把刀抵着我母亲的喉咙，他是如何应对的呢？不要忘了，他是一个70岁的老头，没穿衣服，身上还滴着水。他指着行凶者，厉声呵道："出去！马上！"那人果然照做，逃走了。

看到自己一生中最宝贵的部分——半个世纪以来他深爱的妻子——被人用刀指着的那一刻，父亲的内心是恐惧的，但我很怀疑他脸上显示出了恐惧之情：他的眼睛没有因为恐惧而睁得大大的，声音也没有升高一个八度。如果你认识我的父亲，你就会渐渐明白，不知什么原因，所谓"害怕"的表情根本不是他的风格。在危机中，他会变得异常冷静。但如果你不认识他，你会怎么想？你会认为他很冷酷无情吗？面对一个陌生人时，我们不得不用一个想法——一种成见——来代替直接的经验，而这种成见常常是错误的。

顺便问一下，你知道特罗布里恩人是怎么表现惊讶的吗？克里维利出现在他们面前的时候，手里拿着一台小小的苹果播放器，这些岛民就羡慕地围住他看。"他们靠近我，我给他们看……他们大惊失色，但他们并没有因为惊讶而发出'啮！'的吸气声。"他完美地模仿了人们通常在惊讶或专注时脸上会表现出的一组表情动作单元组合AU1+2+5。"他们没有做出刚才我做出的表情，但他们却在这么做。"他用舌头抵着上颚，发出一种声音，"他们在弄出嗒、嗒、嗒的声响"。

6

这很好地解释了第2章提到的第二个难题——在保释裁决方面，

电脑比法官做得更好。电脑看不到被告，法官却能，而且看似合乎逻辑的是，这些通过观察获得的额外信息应该能使法官成为更好的决策者才对。从自己面前的被告人的脸上，纽约州法官所罗门可以寻找精神疾病的证据——呆滞的目光、困扰的神情、厌恶的眼神。被告离他不超过10英尺，所罗门有机会获得这些外在的信息去了解他正在评估的人，但所有额外信息实际上并没有起什么好的作用：惊讶的人不一定看起来惊讶，有情绪问题的人并不总是看起来有情绪问题。

几年前，得克萨斯州有一个著名的案例，一个名叫帕特里克·戴尔·沃克的年轻人用枪指着自己前女友的头——结果，他扣动扳机时，子弹却卡住了。[16] 在此案中，法官最初确定保释金的数额为100万美元。沃克在监狱待了4天后，法官又将保释金额降低到了25 000美元。他这样做的理由是，让沃克"降温"的时间已经足够长了。法官解释说，沃克没有前科，"甚至连交通罚单都没收到过"。沃克很有礼貌，"他真的很低调，是一个温文尔雅的年轻人。据我所知，这孩子真的很聪明，他已大学毕业，毕业时还是班上致告别辞的最优秀的毕业生代表。据说这是他的第一个女朋友"。最重要的是，据法官说，沃克表现出了懊悔之意。

法官认为沃克是"透明"的。但是"表现出懊悔"能意味着什么呢？他是否像人们在无数电视节目中看到的那样，低着头，目光下垂，装出一副悲伤的面孔呢？为什么我们会认为，如果有人低着头，目光下垂，摆出一副悲伤的面孔，他们就能洗心革面呢？生活不是《老友记》，当面看着沃克对法官不仅没有帮助，反而使他受到不利影响，让他为自己找到理由去忽略一个简单的事实：沃克曾用枪顶着前女友的头，他没有杀死她只是因为枪没能打出子弹。4 个月后，在保释期间，沃克还是枪杀了他的女友。

穆莱纳桑团队在论文中写道：

> 不管这些使法官偏离预测的、无法观测的变量是什么——不管是能表明人的内心感受的变量，如心情；还是某个案件的显著特征，如被告人的相貌——与其说它们是私人信息的来源，不如说它们是错误预测的来源。不可观测的事物只会产生噪声，而不是迹象。[17]

换句话说：与电脑相比，法官的优势其实并不是优势。

我们就应该相信穆莱纳桑团队的研究和它那合乎逻辑的结论吗？我们应该把被告藏起来不让法官看见吗？也许当一个女人戴着面纱出庭时，法官的正确反应不应该是驳回她的案子，而是要求每个人都戴上面纱。既然如此，同样值得一问的是，在雇用保姆之前，你是否应该与她见面？老板在给求职者工作机会之前，是否应该安排面试？

我们当然不能排斥人与人之间的会面，对吗？如果每一笔有意义的业务都需要匿名办理，世界将无法运转。我问了所罗门法官这个问题，他的回答值得我们思考。

我：如果你没有看到被告呢？会有什么不同吗？

所罗门：我愿意那样吗？

我：你更喜欢那样吗？

所罗门：我的一部分理智说我更喜欢那样，因为那样的话，把某人关进监狱的艰难决定就不会那么难以做出了。但那也是不对的……有个人要被国家机关羁押，国家机关必须证明它有正当的理由来剥夺这个人的自由，对吧？但现在我会觉得，这真不好说。

“透明”假设与“默认真实”问题最终有了同样的结局：我们与陌生人打交道的策略存在严重缺陷，但这种有缺陷的策略在社会交往中又是必要的。我们需要我们的刑事司法系统、雇佣程序及挑选保姆的过程都有人性化的一面，但是对人性的需要意味着我们必须容忍大量的错误，这就是陌生人引起的矛盾效应：我们得和他们谈谈，但是我们在这方面做得很糟糕，而且，正如我们会在接下来的两章中所看到的，我们并不总是诚实地告诉对方我们在这方面有多糟糕。

所罗门：所以我猜我的一部分理智好像在说：“哦，是的。嗯，不去看会更容易些。”那时，他们看着我，我看着他们，他的家人在旁听席向我示意。要知道，他有三个家人在后面，应该是……要知道，你正在影响一个人的命运，这马虎不得。

第 7 章
错误匹配

阿曼达·诺克斯案简析

1

2007 年 11 月 1 日晚，鲁迪·古德谋杀了梅瑞狄斯·克尔彻。在经过大量的猜测、论证和争论之后，古德的罪行终被确定。克尔彻是一名大学生，事发时她已在意大利留学一年。古德是个可疑的人物，他有犯罪前科，事发前一直在佩鲁贾市的克尔彻住处附近闲荡。克尔彻被害的当晚，古德承认自己就在克尔彻家中，至于他为什么在她家，他只能给出最让人难以置信的理由。犯罪现场有古德的 DNA（脱氧核糖核酸）。克尔彻的尸体被发现后，古德立即逃离意大利，去了德国。

但是鲁迪·古德并没有成为警方的重点调查对象。克尔彻的尸体被发现后，媒体的关注如海啸般涌来，调查古德也只不过是事件经舆论发酵之后，警方一时的想法而已。相反，克尔彻的室友阿曼达·诺克斯成了破案人员关注的重点。一天早晨，诺克斯回到住处，发现浴室中有血迹，就和她的男朋友拉斐尔·索莱西托一起报了警。警察来后，发现了死在卧室的克尔彻。几个小时后，他们把诺克斯和索莱西托列入了犯罪嫌疑人名单。警方认为，这起犯罪是喝酒和吸食毒品之后进行的性游戏出了差错所致，古德、索莱西托和诺克斯都参与了该游戏，三人因此被逮捕、起诉、定罪，然后被送进了监狱。这个过程中的每一个细节都被媒体小报炒得沸沸扬扬。

克尔彻死亡案催生了大量的书籍、学术论文、杂志文章、电影和新闻节目。“谋杀案总是让人浮想联翩：此事背后一定有一些阴谋，有一些悬疑。该纪录片就像一部侦探小说。”英国记者尼克·比萨在纪录片《阿曼达·诺克斯》中说，“这里是意大利中部一个风景如画的山顶小镇，是一起令人发指的谋杀案的案发地。死者身体半裸，喉咙裂开，到处都是血。我的意思是，你还想从故事中看到什么呢？”[1]

其他特色鲜明的犯罪故事，比如辛普森案和琼·贝妮特·拉姆齐案，5～10年后，人们再去回顾时，同样引人入胜。阿曼达·诺克斯案却不这样，事后在人们看来，它也完全是令人费解的。没有任何物证表明诺克斯或她的男朋友与这起犯罪有关。诺克斯是一个来自美国西雅图的中产阶级家庭、受尽呵护的冒失女孩。没有什么能合理地解释她为什么会对蓄意谋杀的性游戏感兴趣，况且还是同古德——一个她并不怎么认识的、有问题的流浪汉——一起玩这样的游戏。警方对她的调查显示出他们令人吃惊的无能。据称，将诺克斯和她的男朋友索莱西托卷入此案的警方提供的DNA证据分析也是一塌糊涂。此案中的检察官极度不负责任，终日沉迷于复杂的性犯罪幻想。可是，案发8年后，意大利最高法院才做出最终裁决，宣告诺克斯无罪。即便在那时，许多有识之士还是不同意判决结果。诺克斯从监狱里被释放时，一大群愤怒的群众聚集在佩鲁贾市广场进行抗议。阿曼达·诺克斯一案毫无道理。

我可以逐点详述克尔彻谋杀案的调查到底出了什么问题，真要写出来，其内容很可能跟这本书的长度差不多。我也可以全面地向你介绍该案调查中司法缺陷的学术分析，如彼得·吉尔于 2016 年 7 月发表在犯罪学杂志《国际法庭科学》上的那篇细致入微的文章《对阿曼达·诺克斯和拉斐尔·索莱西托司法不公的分析和启示》，其中包括如下段落：

> 对样本 B 中扩增的 DNA 产物进行毛细管凝胶电泳[①]，电泳图谱显示，样本 B 在大多数位点上有低于报告阈值的峰值和等位基因不平衡。我数了一下，只有 6 个等位基因超过了报告阈值，电泳图谱只显示了据称与梅瑞狄斯·克尔彻匹配的部分 DNA 图谱。因此，样本 B 有待解释。[2]

关于阿曼达·诺克斯案的可能的解释林林总总，请让我告诉你其中最简短的一个：她的案子与“透明”假设有关。如果你相信，陌生人的外表和行为是传达他们内心感受的可靠线索，你就会犯错。阿曼达·诺克斯冤案就是此类错误之一。

2

我们暂且再回来看看第 3 章讲过的蒂姆·莱文的理论。我们应该

① 毛细血管凝胶电泳是一种将凝胶移到毛细管中作为支持物的电泳。——编者注

还记得，莱文为大学生们设计了一个圈套。他让他们参加了一个小测验，其间，监考老师离开了房间，把答案留在了桌子上。之后，莱文访谈了这些学生，直截了当地问他们有没有作弊，有些学生撒了谎，有些学生说了实话。然后莱文把这些采访视频给人们看，并问他们是否能认出那些撒谎的学生。[3]

多年来，社会科学家一直在做类似的实验。实验有一个“发送者”——一个主题——和一个“鉴定人”，实验旨在测量鉴定人在发现发送者的谎言方面的准确度。莱文的发现和心理学家的发现如出一辙：我们大多数人都不擅长辨别谎言。一般来说，鉴定人正确识别说谎者的概率是54%，只比随机概率略高。这是真的，不管谁来做鉴定都是如此：学生不擅长，律师不擅长，中情局官员不擅长，联邦调查局特工也不擅长。可能会有几个“超级发现者”的情况略有不同，但即使有，也很罕见。为什么会这样？

在第3章中，我们讨论过这个问题的第一个答案：人们都对真实有偏见。出于后来被证明是好的原因，我们往往会假定人们是无辜的，并假定与我们交谈的人是诚实的。但莱文对这种解释并不满意，这个问题显然比“默认真实”更深一些。尤其令他惊讶的是，他发现说谎者的谎言通常是在几周、几个月甚至几年之后才被识破的。

例如，当斯科特·卡迈克尔与安娜·蒙特斯第一次见面时，他对她说：“听着，安娜，我有理由怀疑你可能参与了影响反间谍的行动。”听闻此言，她只是坐在那里看着他，不知所措，就像被车灯照射的小鹿。回想起来，卡迈克尔认为这是一个应该让自己警觉的信号，如果她是无辜的，她应该会说些什么，还可能会大声喊叫、抗议。但蒙特斯“只是坐在那里，什么都没做”。

然而，在那一刻，卡迈克尔错过了以上线索。蒙特斯是在4年后偶然被发现有问题的。莱文发现，我们几乎总是会在特定时刻忽略关键的线索，这让他感到困惑。为什么会发生这样的事情？别人撒谎，并打乱我们原有思路的时候，发生了什么？为了找到答案，莱文又去研究了他录制的视频。

以下是莱文给我看的另一段视频，那是关于一位年轻女士的，我们叫她萨莉吧。莱文和她顺利地讨论了那些简单明了的问题。接下来是关键时刻：

采访者：雷切尔离开的时候，你们有没有作弊？

萨　莉：没有。

采访者：你说的是实话吗？

萨　莉：是的。

采访者：当我采访你的搭档时，我会问她同样的问题。（你觉得）她会怎么说？

萨莉停顿了一下，神情茫然。

萨　莉：她很可能……会给出同样的答案。

采访者：好吧。

当莱文问到“你们有没有作弊”时，萨莉的手臂和脸开始变红，我们称它为尴尬的脸红或许并不公平，但萨莉的表现确实给了“被抓现行”这个表达一个很好的解释。接下来被问到关键问题“你的搭档会怎么说”时，红脸的萨莉甚至无法说出一句令人信服的“她会同我一致”。她支支吾吾、有气无力地说：“她很可能……会给出同样的答案。”很可能？红脸的萨莉在撒谎，每个被叫来做判断的人都会意识到她在撒谎。

再看莱文给我放的另一段录像，视频中的人也是一个女子。在整个访谈过程中，她都在不停地摆弄自己的头发，我们就叫她紧张的耐莉吧。

采访者：好，（刚才）雷切尔不得不被叫走。她不在的时候，你们作弊了吗？

紧张的耐莉：实际上，我的搭档确实想看看成绩，我说不行。她说：“我想看看我们答对了多少题。”我从不作弊。我认为这不对，所以我没有作弊。我告诉她不要。我说：“我不想那样做。”但她的确说了：“我们就看一个吧。”我说：“不，我不想那样做。”我不知道这算不算作弊，但我们没有作弊。

采访者：好的，关于作弊，你说的都是实话吗？

紧张的耐莉：是的，我们没有——她想要……我的搭档诚实地说：“我们就看一个吧。”我说：“不，那不好，我不想那样做。”我只说了一句：“他们把钱留在这里，真奇怪啊。”我真的不偷不骗，我就是一个这样的好人。我只是有点儿惊讶，因为通常当人们掉钱的时候，你会拿起它——这是每个人都会做的。但我们没有作弊。我们什么也没偷。

耐莉从未停止用手玩弄自己的头发，她自始至终都在吞吞吐吐、过分防卫，重复地解释，坐立不安且有些焦虑。

采访者：好的，如果我把你的搭档叫来，（你认为）她会怎么回答这个问题？

紧张的耐莉：我想她会说，她当时曾想看。

采访者：好。

紧张的耐莉：如果她不这么说，那就太不好了。因为我曾对她说："不，我根本不想作弊。"她只是说："就看一道题，为什么不呢？"她说："答案就在那里。"我说："不，我不会那么做。我不是那样的人，那不是我干的事。"

我确信紧张的耐莉在撒谎。如果你看了她回答问题时的行为，你会得出同样的结论。大家都以为紧张的耐莉在撒谎。但她没撒谎！她的搭档向莱文汇报后，紧张的耐莉所说的一切都得到了证实。

莱文一次又一次地发现了这种模式。[4] 在一次实验中，鉴定人将80% 的受访者判错；在另一次实验中，鉴定人将 80% 以上的受访者判对。

这又如何解释呢？莱文认为，这是"透明"假设在起作用。我们都有一种倾向——根据人的行为去判读他们是否诚实。在我们眼中，说话得体、自信，握手有力，友好、有魅力的人被认为是可信的；说话时紧张、不自在、躲躲闪闪、结结巴巴、含含糊糊、言语费解且空洞无物的人则难以被他人信任。几年前，有人做了一项关于对待欺骗的态度的调查，调查对象为来自全球58个国家的数千人，其中63%的人说，他们辨别说谎者时最常用的方法是看对方有没有“目光躲闪”。我们通常认为，现实生活中的说谎者会像《老友记》中的人一样——其闪烁的目光中会流露出不安的神情。[5]

委婉一点儿说，这简直是无稽之谈。比如，说谎的人撒谎时并不会移开目光。但莱文的观点是，我们对某些与欺骗有关的非语言行为的顽固信念，解释了他在研究说谎录像后发现的模式。那些我们能对其做出正确判断的人，是那些匹配的人——他们的真诚程度恰好与他们的外在举止相符。红脸的萨莉是外观和真诚度匹配的人，她的外在行为正好跟我们惯常认为的说谎者的表现一样，并且她碰巧确实在撒谎，这就是我们都能正确判断她的行为的原因。在那一集《老友记》中，莫妮卡最后把自己的恋情告诉了哥哥罗斯，她说：“很抱歉让你以这种方式知道这件事，对不起。但这是真的，我也爱他。”她这样说时，我们都相信她——她真心地感到抱歉，真心地爱钱德勒，因为她的言辞和外在行为是匹配的。她的行为很真诚，她看起来也很真诚。

如果一个骗子表现得像个诚实的人，或者如果一个诚实的人表现得像个骗子，我们就很难做出正确的判断了。神经紧张的耐莉是个言语和举止与真实的自己“不匹配”的人，她看起来像是在撒谎，但她没有。她只是紧张！换句话说，人类并非不善于识破谎言，只是当被识别人的言语和举止与他真实的自己“不匹配”的时候，鉴定者才做得不好而已。

在调查伯尼·麦道夫的过程中，哈里·马科波洛斯曾一度接触了经验丰富的金融记者迈克尔·奥兰特。马科波洛斯告诉奥兰特，对待麦道夫要小心，麦道夫可能是一个骗子，接着奥兰特亲自约见了麦道夫。但发生了什么呢？

“让我感到印象深刻的并不是他的回答，而是他的所有举止。”多年后，奥兰特这样说。

> 和他坐在一起，你几乎不可能相信他是个彻头彻尾的骗子。我记得我暗自在想，如果马科波洛斯的团队是对的，如果麦道夫正在运作一个庞氏骗局，那么他要么是我所见过的最好的演员，要么是一个精神完全变态的人。他没有一丝内疚、羞愧或悔恨。他很低调，似乎觉得这次会面有点儿可笑。他的态度有点儿像在告诉你：“脑子正常的人，谁会怀疑我呢？我相信人们不会关心这些的。”[6]

麦道夫的言语和举止与真实的自己“不匹配”，他是个行为举止像老实人的骗子。理智告诉奥兰特，有些事情不对劲儿。但和麦道夫见面后，他还是动摇了，以致他最终放弃了继续过问此事。你能怪他吗？首先，“默认真实”会左右人们的判断，这给了骗子一个先机；其次，想一下“不匹配”会造成的影响，就不难理解为什么麦道夫能欺骗那么多人那么久了。

在与希特勒会面的英国政客中，为什么有那么多人严重误读了希特勒呢？因为希特勒也是个“不匹配”的人。还记得张伯伦说希特勒是如何用双手和他握手的吗？在张伯伦看来，希特勒可是只和他喜欢、信任的人才这样握手呢。对我们许多人来说，温暖而热情的握手确实表示对方想让我们感到温暖和热情。但希特勒不是这样的人，他的行为使他看似一个诚实的人，但他实际上却不是。①

3

阿曼达·诺克斯的问题是什么呢？她出现了“不匹配”的情

---

① 还有一个例子：焦哈尔·萨尔纳耶夫是谋划 2013 年波士顿马拉松爆炸案的两名车臣兄弟之一。受审时，关于萨尔纳耶夫的主要问题是他能否免于死刑。检察官纳丁·佩莱格里尼强烈表示，必须判萨尔纳耶夫死刑，因为他对自己的行为毫无悔意。佩莱格里尼一度向陪审团展示了萨尔纳耶夫在牢房中对着角落里的摄像头，手背向外竖起中指以示侮辱的照片。“他还有最后一则信息要传达。”她说，并称萨尔纳耶夫“冷漠无情，毫无悔意，没有改变”。在判决前夕，赛斯·史蒂文森在《石板》杂志上写道：

> 尽管过于深入地解读这些懒散和抽搐的行为是不可靠的，但萨尔纳耶夫肯定没有努力在陪审团面前表现出内疚或后悔的样子。周二，法庭–媒体室的闭路电视系统的摄像机分辨率不够高，我无法百分之百地肯定看到的内容，但我十分确定，在佩莱格里尼展示了手背向外竖起中指的照片后，萨尔纳耶夫自鸣得意地笑了。[7]

果然，萨尔纳耶夫被判有罪，被判处死刑。随后，12 人陪审团的 10 名成员表示，他们认为他没有感到后悔。

但正如心理学家丽莎·费尔德曼·巴雷特所指出的，所有关于萨尔纳耶夫是否对自己的行为感到后悔的讨论都是“透明度陷阱”的完美例证。陪审团认为，萨尔纳耶夫的任何内心感受都会自动地“贴”在他的脸上，这种考虑问题的方式与美国人关于情绪应该如何被表现的观念契合。但萨尔纳耶夫不是美国人。在《情绪是如何产生的》一书中，巴雷特写道：

> 在波士顿马拉松爆炸案中，如果萨尔纳耶夫对自己的行为感到懊悔，他看起来会是什么样子呢？他会公开哭泣吗？请求受害者的原谅？详述他行为的错误？如果他是在遵循美国人老套的关于如何表达悔恨的思想，或者如果这是好莱坞电影里的一场审判，他也许会这么做，但萨尔纳耶夫是一个来自车臣的穆斯林青年……车臣文化期望男人在面对逆境时坚忍。如果他们输了一场战斗，他们应该勇敢地接受失败，这被称为“车臣狼”心态。所以，如果萨尔纳耶夫感到懊悔，他仍然可能板着脸。[8]

况——就像紧张的耐莉一样。她的行为使自己看似罪犯，而她实则是一位无辜者。

诺克斯是一个——对那些不认识她的人来说——让人费解的人。案发时，她年仅 20 岁，她有着高高的颧骨和迷人的蓝眼睛，长得很漂亮，外号“小狐狸精诺克斯”。她是“无耻又性感的祸水红颜”，有些小报刊登过她列出的所有她睡过的男人的名单。室友被残忍杀害的第二天，她和男友曾被人看到在一家内衣店买红色内衣。

事实上，“小狐狸精诺克斯”的外号与性无关。这是她 13 岁时，因为能在足球场上灵巧地来回带球，队友给她起的外号。室友被谋杀后，她买了红色内衣是因为她的住处成了犯罪现场，她无法进去拿她的衣服。她不是一个蛇蝎美人。① 她只是一个刚刚摆脱了青春期尴尬和粉刺困扰没几年的不成熟的年轻女子。无耻又性感？阿曼达·诺克斯其实也只是有点儿不合群而已。

诺克斯最终在意大利被释放出狱。她在 2011 年出版的回忆录中写道：“我就是那个古怪的孩子，常跟那些阴郁的漫画读者、被排斥的同性恋孩子和戏剧怪才在一起。”

她是一位来自中产阶级家庭、受到经济资助的孩子，而她上高中时，周围的同学家里都很有钱。“我选修了日语课，在下课后去上另一堂课的路上，我会在大厅里大声唱歌。我不是很合群，表现得很自我行事，这实际确定了这样一个事实：我从来没能做我自己。”

---

① 诺克斯的情人名单也不像看上去的那样。为了恐吓她，意大利警方对诺克斯撒了谎，说她的艾滋病毒检验呈阳性，诺克斯在牢房里孤单又害怕，想弄清楚这是怎么回事，于是逐一写下了曾和自己有过性关系的人的姓名。[9]

“匹配”的人符合我们的期望，他们的意图和他们的行为是一致的；不“匹配”的人则让人费解和不可预测：“我可能会做一些让大多数青少年和成年人感到尴尬的事情——像埃及人或大象一样走在大街上，但孩子们会笑得人仰马翻。”[10]

克尔彻谋杀案改变了她朋友圈中朋友们的行为方式，他们默默哭泣，压低声音，小声地表达同情，但诺克斯没有这样做。

请看我随手引用的英国记者约翰·福兰在《佩鲁贾之死》中的几句话。[11] 相信我，诺克斯这样的奇怪表现还有很多，以下是福兰对案发后第二天克尔彻的朋友们去警察局见诺克斯和索莱西托时的描述。

> “哦，阿曼达。我很抱歉！”索菲叫道，同时本能地用双臂搂住阿曼达，给了她一个熊抱。
>
> 而阿曼达没有拥抱索菲。相反，她挺直了身子，双手放在身体两侧，什么也没说。
>
> 索菲有些惊讶，几秒后，她放开了阿曼达，往后退了几步。阿曼达的脸上毫无表情。拉斐尔走向阿曼达，抓住了她的手，这对男女朋友愣愣地站在那里，无视索菲，互相凝视着。

然后：

> 阿曼达坐着，脚搁在拉菲尔的腿上……两人互相爱抚亲吻，有时甚至会笑。

阿曼达怎么能这样？苏菲暗自思索，难道她并不在乎发生了什么事？

然后：

梅瑞狄斯的大多数朋友都泪流满面，看起来很伤心。但阿曼达和拉斐尔在接吻时，会用嘴唇发出啪嗒啪嗒的声音。

在这之后：

“但愿她没有受苦。”娜塔丽说。

“你认为呢？他们割断了她的喉咙，娜塔丽，她因失血过多而死！”阿曼达反驳道。

阿曼达的话让娜塔丽感到寒心。令娜塔莉吃惊的是，阿曼达不仅提到了几个杀人犯，而且她的语气很冷漠，这让娜塔莉觉得好像梅瑞狄斯的死与她无关似的。

采访诺克斯时，美国广播公司新闻节目（ABC News）的黛安·索耶提到了她最后那次在警察局与诺克斯的对话。[12] 她问诺克斯当时为什么对克尔彻的朋友厉声说“她因失血过多而死”。

诺克斯：是的，我当时很生气，我在焦虑地走来走去，在想梅瑞狄斯一定经历了什么。

索　耶：现在想来，你有没有为自己当时那样说而感到有点儿抱歉？
诺克斯：是的，我希望我当时能更成熟一些。

在常人看来当时诺克斯应该同情地回应娜塔丽的时候，诺克斯却大声又生气地回应了她。采访继续：

索　耶：你懂的，你那样说话让人感觉你并不悲伤，那样的反应不能被解读成悲伤。

采访时，克尔彻一案的司法误判已人尽皆知，诺克斯在意大利监狱服刑 4 年后刚刚获释，她的罪名是：在室友被谋杀后的言语、行为不符合我们的期望。可是，黛安·索耶在对她说什么呢？她在斥责诺克斯在室友被谋杀后没有按照我们认为的理应采取的方式行事。

在采访前的介绍中，新闻主播说，诺克斯的案件仍然存在争议，部分原因是，“她为无罪所做的辩护在许多人看来有些冷漠和精于算计，而不是懊悔”——这是一种更奇怪的说法，不是吗？为什么我们要期望诺克斯会后悔呢？我们都希望罪犯能悔过自新，诺克斯什么也没做，但她仍然被批评，被称为是“冷漠和精于算计”的。诺克斯处处难逃人们对她古怪行为的指责。

诺克斯：我认为每个人对可怕事物的反应是不同的。

她是对的！为什么一个人对谋杀的反应不能是愤怒，而必须是悲伤？如果你是阿曼达·诺克斯的朋友，那么她做的这一切都不会让你感到惊讶，你可能看到过诺克斯像大象一样在街上走。但是对于陌生人，我们不能容忍他们展现出乎我们意料的情绪反应。

克尔彻的尸体被发现的第4天，诺克斯在等待警察问话的时候决定拉伸一下身体，她一直坐着没活动有好几个小时了。她伸手够自己的脚趾，还把胳膊举过头顶。值班警察对她说："你看起来真灵活。"

> 我回答说："我过去经常做瑜伽。"他说："能展示一下吗？你还能做什么动作？"我朝电梯方向走了几步，在地面上做了个劈叉，我挺高兴自己还能做这个动作。当我双腿还在地板上劈开的时候，电梯门开了，警察丽塔·菲卡拉走了出来。她昨天因为我和拉斐尔接吻的事训斥了我们。"你在干什么？"她问道，声音里充满了鄙视。①

该案的首席调查员埃德加多·乔比说，自诺克斯陪他勘察犯罪现场的那一刻起，他就对她产生了怀疑。因为她穿防护靴的时候，扭动着臀部说："哈哈。"

---

① 这样的例子比比皆是。对该案的检察官来说，最能说明问题的时刻是他勘察厨房的时候。他把诺克斯带进厨房，查看了放刀的抽屉，看看有没有什么东西不见了。"这时她开始用手掌拍自己的耳朵，让人感觉她仿佛有一种声音、噪声或是尖叫的记忆。梅瑞狄斯的尖叫？毫无疑问，我开始怀疑阿曼达了。"[13]

另有：和梅瑞狄斯的朋友们在餐厅吃饭时，阿曼达突然纵情高唱起来。"但在西雅图会引人发笑的事情，在佩鲁贾却会让大家感到尴尬。"她写道，"我当时没明白，家乡朋友们觉得有趣的乐事，实际上可能会冒犯那些不太接受文化差异的人。"

乔比说："通过密切观察犯罪嫌疑人在审讯期间的心理和行为反应，我们能确定这个人有罪。我们不需要依赖其他类型的调查。"[14]

该案的起诉人是朱利亚诺·米尼尼，公众对他处理该谋杀案的方式十分不满，批评声越来越多，他却对此置之不理。为什么人们如此关注拙劣的DNA分析？"每一个证据都有不确定性。"他说。真正的问题出在阿曼达身上。"我不得不提醒你，她的行为令人费解，完全不合理，这是毫无疑问的。"[15]①

从伯纳德·麦道夫到阿曼达·诺克斯，这些"不匹配"的人让我们判断起来捉襟见肘，漏洞百出。

4

蒂姆·莱文曾把自己录制的撒谎者的录像给一组经验丰富的执法人员看，这些人都有15年或更久的审讯经验，结果令莱文感到不安。先前在他的实验中当"鉴定人"的是来自社会各阶层的学生和成年人，他们做得不好，但这也许在意料之中，因为如果你是一名房地产经纪人或哲学专业的大学生，在审讯中识别出欺骗并不一定是你每天都会做的事情。但是，他想，那些本职工作就是识别欺骗的人可能会表现得更好。

① "关于阿曼达·诺克斯，我认为最令人信服的说法是，正是她身上那种轻微的行为不检，那种在每个校园、每个工作场所都能被发现的行为不检，使她自己深受其害。"评论家汤姆·迪布利在评论该案的文章中见地高明地写道，"这是一种细微的不拘小节，它会引起别人的怀疑和闲言碎语；它快速游走于我们的日常生活，支配着我们选择与谁交往，与谁保持距离。"[16]

一方面，这些执法人员确实做得更好。在鉴定“匹配”的“发送者”时，经验丰富的审判员是完美的。外行在判断那段录像中“匹配”的“发送者”时，正确率是70%或75%；但在莱文请来的这些经验丰富的专家中，每一位都能正确地识别出每一个“匹配”的“发送者”。另一方面，在鉴定“不匹配”的“发送者”时，他们的表现却也糟糕透顶：只有20%的正确率。而在判断举止看似真诚的撒谎者时，其正确率仅为14%——如此之低，以至于任何被联邦调查局探员拖进审讯室的人都会不寒而栗。如果他们面对的是红脸的萨莉——容易鉴定的人，他们的表现会完美无瑕，但碰到阿曼达·诺克斯或伯尼·麦道夫这样的人时，他们就没那么幸运了。

这个结果令人痛心，因为我们不需要执法专家来帮助我们鉴定“匹配”的陌生人，我们都很擅长辨识这样的人，知道他们什么时候在告诉我们真相，什么时候在误导我们。我们需要他们帮助的是鉴定“不匹配”的陌生人，也就是困难的情况。我们期望一个训练有素的审判员善于透过现象——令人困惑的行为举止——看到本质：紧张的耐莉是个倾向于过度解释并产生防御心理的人。警察应该在看到一个怪异的女孩在与自己成长环境大相径庭的文化环境中不合时宜地说“哈哈”时，就能意识到，她只是一个身处异域文化环境中的怪异女孩而已。但我们的执法人员未能如此。相反，当涉及最棘手的案件时，那些负责判定他人有罪还是无罪的人，看似表现得同其他人一样糟糕，甚至更糟。

这是产生误判的部分原因吗？法律体系是否根本无法为“不匹配”的人伸张正义呢？这也是在做保释决定时，法官不如电脑做得好的原因吗？完全无辜的犯罪嫌疑人在等待审判的时候，我们决定把他们送进监狱，只是因为他们看起来不对劲儿吗？也许我们认为体制造成的判断缺陷和错误是随机发生的偶然现象，我们都能接受它们。但蒂姆·莱文的研究表明，它们不是随机发生的——我们的世界是一个系统地歧视某类人的世界，这类人自己没有任何过错，他们只是违背了我们关于“透明”的荒谬想法。阿曼达·诺克斯的故事值得重述，并非因为它是千载难逢的犯罪传奇——一个美丽的女人、一个风景如画的意大利山顶小镇、一场可怕的谋杀。它值得重述，是因为类似的事情总是在发生。

“她的眼神看起来没有任何悲伤，我记得我曾怀疑她是否真与那个案子有关。”[17]梅瑞狄斯的一个朋友说道。

多年来，阿曼达·诺克斯不时听到与之相似的评论，那些评论都来自完全陌生的人，他们根据她的面部表情，装出有多了解她的样子。

“梅瑞狄斯遇害的房间内，没有我的任何踪迹。”诺克斯在纪录片《阿曼达·诺克斯》的结尾说道，“但你们却试图从我的眼神中找到答案……你们盯着我看，为什么？这只是我的眼睛，它们不是客观证据。”[18]

第 8 章
短视状态

案例分析：大学生联谊会

1

控方：在你去卡帕阿尔法之家的路上，你有没有发现什么异常?

琼森：有。

控方：你看到了什么?

琼森：我们看到一个男的压在一个——或者应该说，一个人压在另一个人上面。

控方：那是在什么地方发生的事?

琼森：离卡帕阿尔法之家很近的地方。

2015 年 1 月 18 日午夜时分，在加利福尼亚州帕洛阿尔托市，两个瑞典研究生骑车穿过斯坦福大学校园，前往参加一场大学生联谊会。他们在路上看到似乎有两个人躺在地上，不远处就是正在热闹进行的聚会。两人放慢了速度以免打扰地上的这对。“我们觉得，这是他们的私人时间。”其中一个学生彼得·琼森在法庭上做证时说。[1] 他们走近时，看到上面是个男的，他身下是一个年轻女生。

控方：上面那个人呢？你有没有看到那个人的什么动作？

琼森：有，刚开始，他只是一点点地移动，后来他开始更快地动起来……

控方：你能看到下面的人在做什么吗？

琼森：她什么也没做。

琼森和他的朋友卡尔－弗雷德里克·阿恩特从自行车上下来，又走近了一点儿。琼森喊了一声："喂，没什么事吧？"上面的男子起身抬头看了看。琼森又走近一点儿，那个男子站了起来，开始后退。

琼森说："喂，你到底在干什么？她昏迷了。"然后他又喊了一次："喂，你到底在干什么？"那个男子开始逃跑，琼森和朋友一起追上了他，制服了他。

琼森抓获的人是布鲁克·特纳，那年他19岁，是斯坦福大学的大一新生，也是该校游泳队的队员。事发不到一个小时前，他在卡帕阿尔法之家举行的聚会上遇到一个年轻女生。特纳后来告诉警方，他们一起跳舞、聊天，后来外出，然后躺在地上。这个女子当时刚从大学毕业，因为性侵犯法要求保护受害者，不使用他们的真实姓名，我们就叫她艾米丽·多伊。她是和一群朋友一起来参加聚会的。案发时她一动不动地躺在一棵松树下，旁边是一个垃圾桶，她的裙子被撩到腰部，内衣在身旁的地上，上衣被拉下，露出一只乳房。几个小时后的第二天早上，她在医院醒来时，一名警官告诉她，她可能遭到性侵犯，她对此仍然有些困惑。后来她起身去洗手间，发现自己的内衣不见了，它已被拿走当作证据。

控方：你去洗手间后发生了什么？

多伊：我的脖子上有抓痕，我意识到那是松针扎的，我想我可能是从树上掉下来了，因为我不知道我为什么在那里。

控方：浴室里有镜子吗？

多伊：有。

控方：你能在镜子里看到你的头发吗？

多伊：能。

控方：你能描述一下当时你的头发是——看起来是什么样的吗？

多伊：我的头发乱蓬蓬的，还有一些小东西从里面伸出来。

控方：你知道你的头发是怎么变成那样的吗？

多伊：不知道。

控方：你去完洗手间后做了什么？

多伊：我回到床上，他们给了我一条毯子，我裹上毯子，然后继续睡觉。

2

斯坦福大学卡帕阿尔法大学生联谊会会堂外面草坪上发生的这种可怕遭遇，全世界每年会发生无数起。两个互不相识的年轻人见了面，聊了一会儿，或者几个小时后，他们可能一起回自己的住处，或者没有一起回，但到晚上某个时间点，就出了问题。据估计，每 5 个美国女大学生中就有 1 个说她们曾是性侵犯的受害者。[2] 其中的许多案例都是按上述模式发生的。

这类案件的难点在于还原事件的真实经过。事件的发生是双方都同意的吗？是否有一方反抗，而另一方未予理睬，继续我行我素呢？或是一方误解了另一方的反抗？如果警察在试图理解犯罪嫌疑人的时候，或者法官在试图解读被告的时候，会因“透明假设”而出问题，那么，对于正在探索人类最复杂领域之一的青少年和年轻人来说，它显然也将是一个问题。

请看 2015 年《华盛顿邮报》联合凯撒家庭基金会对 1 000 个大学生进行调查的结果。[3] 学生们被问及他们是否认为以下任何一种行为“表示同意发生更多的性行为”。

1. 脱下自己的衣服

	是	不是	看情况	不清楚
所有人	47	49	3	1
男生	50	45	3	2
女生	44	52	3	1

2. 拿避孕套

	是	不是	看情况	不清楚
所有人	40	54	4	2
男生	43	51	4	2
女生	38	58	3	1

3. 点头同意

	是	不是	看情况	不清楚
所有人	54	40	3	3
男生	58	36	3	3
女生	51	44	3	2

4. 发生关系前有亲吻或爱抚动作

	是	不是	看情况	不清楚
所有人	22	74	4	*
男生	30	66	4	*
女生	15	82	3	*

5. 没有说“不行”

	是	不是	看情况	不清楚
所有人	18	77	3	2
男生	20	75	4	1
女生	16	80	3	1

如果所有的大学生都同意拿避孕套就意味着默许性行为，或者如果每个人都一致认为亲吻或爱抚并不意味着鼓励进一步的性行为，那么，“同意”就很容易被领会了。规则这样明确的话，任何一方就都能根据对方的行为，轻易、准确地推断出对方想要什么。但民意调查显示，根本没有这样的规则。在调查的每个问题上，男生回答时莫衷一是；女生的看法不尽相同；一些令人不解的学生，男女都有，竟然毫无主张。

29. 请你说出以下的情况是或不是性侵犯，或者你不清楚它们是不是性侵犯。

双方都未明确同意的性行为

	是	不是	不清楚	不知道
所有人	47	6	47	*
男生	42	7	50	1
女生	52	6	42	–

半数年轻男女“不清楚”发生性行为是否需要对方明确的同意，这意味着什么？是否意味着他们以前没有考虑过这个问题呢？是否意味着他们宁愿选择具体情况具体分析呢？是否意味着他们有权有时在没有获得对方明确同意的情况下与其发生性关系，而有时又有权坚持要求对方必须取得自己的同意才可以？前文讨论过，因为她的“不透明”——行为方式和内心感受脱节，阿曼达·诺克斯证明了法律制度的不完善。但我们在这里想到的是性激素的不“透明”。一个大学生遇见另一个大学生时——即使是在双方动机都很好的情况下——根据行为推断性意图的任务本质上是一个抛硬币的游戏。正如法律学者洛丽·肖所问的那样：“当人们对界限是什么都没有共识时，我们怎么能指望学生去尊重界限呢？”[4]

然而，在许多次这样的遭遇中，还有第二个复杂的因素。现在，校园性侵案已经普遍到令人沮丧。当你通读这些案件的细节时，你会发现一个引人注目的事实：许多案情如出一辙——年轻男女在一次聚会时相遇，不幸误解了对方的意图，他们还都喝醉了。

3

辩　方：你喝了什么酒？

特　纳：大约 5 瓶滚石啤酒。

那天晚上早些时候，距离参加卡帕阿尔法聚会有很长一段时间，布鲁克·特纳就在朋友彼得的公寓里开始喝酒。

辩　方：除了你提到的 5 瓶滚石啤酒，你在彼得的房间里还喝过别的酒吗？

特　纳：是的，我还喝了一些火球威士忌。

辩　方：怎么喝的呢？

特　纳：吹瓶。

来到联谊会后，特纳不停地喝酒。在加州，司机的法定血液酒精浓度上限是 0.08。谁超过这个标准，谁就会被认为是醉酒的人。那晚结束时，特纳血液中的酒精含量是这个上限的 2 倍。

艾米丽 · 多伊和她妹妹及朋友科琳和特瑞亚一起参加了聚会。那天傍晚，特瑞亚喝了一整瓶香槟，还喝了其他的一些酒。在聚会上，她们的朋友茱莉亚加入了她们，她也在喝酒。

控　方：你吃晚饭时喝酒了吗？

茱莉亚：喝了。

控　方：你喝的什么酒？

朱莉娅：喝了整整一瓶葡萄酒。

然后：

控　方：晚饭后你做了什么？

茱莉娅：晚饭后，我去了一个叫格里芬套房的地方……

控　方：格里芬套房里发生了什么事？

茱莉娅：会前热身。

控　方：什么是会前热身？

茱莉娅：噢，对不起，这是术语，是喝酒的预备派对。

会前热身之后，茱莉娅动身前往卡帕阿尔法聚会。在那里的地下室，她发现了一瓶未打开的伏特加。

茱莉娅：我打开它，我们把酒倒进杯子里，然后喝了起来。

轮到艾米丽·多伊回答问题了。

控方：所以说，你开始喝了威士忌。然后，多少——你们离开地下室之前，你喝了多少酒？

多伊：4 杯。

控方：是同一种酒——一杯威士忌——你第一次喝的那种吗？

多伊：我喝了 4 杯威士忌和 1 杯香槟。

控方：好的。你知道你喝了 4 杯威士忌和 1 杯香槟的时候大概是几点吗？

多伊：晚上 10:00～10:45。

然后她和朋友们去参加聚会了。

控方：好的。所以你们这帮人就像是聚会上的欢迎委员会，四处游荡。

然后你们做了什么？

多伊：茱莉亚发现了一提伏特加。

控方：好的。请描述一下“一提伏特加”。

多伊：很可能，就像这么大，开市客超市的包装那么大……

控方：她展示发现的伏特加时，发生了什么？

多伊：我往我的红色一次性塑料杯里随意倒了一杯伏特加。

控方：好的。你有没有注意看你杯子里有多少伏特加？

多伊：我认为我看了，但我看得可能不是太准确。我倒的酒快到了杯子的第二个标记，我原以为也就是两三口，结果是三四口，因为那个标记是 5 盎司[①]。

控方：你说的是红色的一次性塑料杯？

多伊：是的。

控方：是我们经常在聚会上使用的那种吗？

多伊：是的……

控方：好的。在你倒了伏特加之后，你做了什么？

多伊：我把它喝了。

控方：你怎么喝的？

多伊：就把它全喝了。

控方：一口全干？

多伊：绝对一口就干了，所以我感觉那时我已经醉了，因为我都能那样一口就喝下去了。

① 1 美制液体盎司约为 29.6 毫升。——编者注

然后：

控方：怎样——请给我们描述一下，你当时醉成了什么样子。

多伊：嗯，大脑一片空白，我变得有点儿像个不能动的废人。我很茫然，不怎么说话，只是站在那里。①

控方：你知道那时是晚上几点吗？

多伊：大约午夜吧。

就在那时，布鲁克·特纳走到艾米丽·多伊身旁。他后来说：当时她正在一个人跳舞，他靠近她并告诉她，他喜欢她跳舞的样子。她笑了，他们就开始聊天。他请她跳舞，她答应了。跳了十分钟后，他们开始接吻。

辩方：好的。她回吻你了吗？

特纳：是的。

辩方：你还记得和她有什么进一步的交谈吗？

特纳：是的，我问她是否想回我宿舍。

辩方：好的。她有回应吗？

特纳：有回应。

辩方：她说什么？

特纳：她说："当然可以。"

---

① 事件发生时，她血液中的酒精浓度为 0.249，是法定上限的 3 倍；特纳血液中的酒精浓度是 0.171，是法定上限的 2 倍。专家证人在证词中提供了这些数据。

辩方：那时大概是凌晨 12:30 以后了吧？

特纳：是的。

辩方：那天晚上，你知道她的名字了吗？

特纳：是的，我们跳舞时我问了她的名字，但我不记得她的名字了。

他说，他搂着她，两人离开了会场。当他们穿过后院的草坪时，他们两个都滑倒了。

特纳：她只是一脚踩空，有点儿要倒下去。她抓住我，试图阻止自己摔倒，这使我也摔倒了……

辩方：然后呢？

特纳：我们笑了起来，我问她有没有事。

辩方：她有回应吗？

特纳：是啊，她说她觉得没什么。

辩方：然后呢？

特纳：我们开始接吻。

通常，在性侵案中，控方会请出证人，向其提问有关被告陈述的问题，但《人民诉布鲁克·特纳》案没有这个环节，因为根本没有目击事件整个过程的证人。那时，特瑞亚已经喝得酩酊大醉，不得不让艾米丽的妹妹和朋友科琳把她送回茱莉亚的宿舍。特纳的朋友彼得在此之前也喝得不省人事，只好由特纳的另外两个朋友把他送回宿舍，所以他根本没来参加聚会。或许参加聚会的人中有其他人可以证实或反驳特纳的陈述，但那时已经过了午夜，而且人们已把灯光调暗，正在桌子上跳舞。

所以我们只有特纳的一面之词。

辩方：然后呢？

特纳：之后我们接了一会儿吻，然后我问她要不要我把手指伸进她的身体。

辩方：她回答你了吗？

特纳：是的。

辩方：她说什么？

特纳：她说要……

辩方：在你得到她的同意或允许之后，你确实把手指伸进了她的身体？然后发生了什么？

特纳：我摸了她一会儿，我以为她高潮了，然后我——嗯，在那段时间，我问她喜不喜欢，她说："嗯哼。"

然后：

辩方：在那之后，你做了什么？

特纳：我又开始和她接吻，然后我们开始互相磨蹭对方的身体。

根据加利福尼亚州的法律，人处于无意识状态或者喝酒太多醉得"不能反抗"时，就无法同意或不同意发生性行为。法律学者洛丽·肖说：

> 仅仅说受害者醉到什么程度或醉酒削弱了受害者对性行为的抑制……是不够的。相反，她当时醉的程度和由此造成的精神损害一定是非常严重，以至于她无法对这个问题做出合理的判断。正如加州一位检察官所解释的："醉酒的受害者一定是如此'神志不清'，以至于她不知道自己在做什么，也不知道周围发生了什么。这不仅仅是一种受害者'喝了太多'的情况。"

那么，发生性行为时，多伊是自愿的——只是过后失去知觉了吗？还是特纳把手指伸进她身体的时候，她已经无法表示同意或不同意？《人民诉布鲁克·特纳》案是一个关于酒精的案例，整个案件都取决于艾米丽·多伊的醉酒程度。

最后，陪审团判特纳败诉。他对事件的陈述根本无法令人信服，如果——如特纳所说——他们两人的邂逅温暖友好，两相情愿，为什么两个研究生在质问他的那一刻，他会仓皇而逃？为什么在她昏过去之后，他还在"磨蹭、性侵"她呢？那天午夜刚过，多伊曾给自己的男朋友发了一封语音邮件。陪审团听了邮件中的谈话录音，听得出那时她已语无伦次。如果法律标准是"'神志不清'，以至于她不知道自己在做什么"，那么她的语音显示她非常接近这个标准。

在结案陈词时，检察官向陪审团展示了多伊躺在地上的照片。照片中的她身体半裸，头发散乱，躺在铺着一层厚厚的松针的地上，后面是一个垃圾桶。"任何有自尊、有意识的女人都不会躺在那么多松针上挨扎。”检察官说，“单凭这张照片，大家就可以知道，他不正当地利用了一个不省人事的人。”特纳被判 3 项与非法使用手指有关的重罪：侵犯并意图强奸醉酒或昏迷者；对醉酒者实施插入的性行为；对昏迷者实施插入的性行为。他被判处 6 个月的监禁，在其档案中，他被登记为“性侵罪犯”，这个标签将伴随他一生。

对于布鲁克·特纳案中的加害者是谁，人们从来没有疑问。事情究竟有什么样的经过，是由陪审团决定的。但案件的起因仍令人疑惑——看似无害的舞池邂逅怎么最终变成了犯罪事件呢？我们知道，我们错误地认为人们是“透明”的，这会导致我们对陌生人的理解出现各种各样的问题，使我们判断错误，把罪犯和无辜者混淆。因此，最理想的答案是：“透明”的缺失使得聚会上的男女相遇成了问题事件。那么，在这一团糟糕的事情当中，我们又当如何解释酒精所起的作用呢？

4

20 世纪 50 年代中期，耶鲁大学人类学研究生德怀特·希斯决定前往玻利维亚为自己的论文做实地研究。[5] 他和妻子安娜·希斯带着他们年幼的儿子先飞往秘鲁首都利马，在那里花了 5 个小时等机械师给飞机引擎安装助推器，再飞往目的地拉巴斯。“这些飞机是美国在‘二战’后丢弃的。”希斯回忆道，“它们的飞行高度不能超过 10 000 英尺，但是要去拉巴斯的话，我们得飞到 12 000 英尺的高度。”安娜·希斯说，当他们飞到安第斯山脉上空往下看时，他们看到了“所有因推进器失灵而失事的飞机”的残骸。

他们从拉巴斯出发，长途跋涉500英里来到地处玻利维亚东部内陆一个叫作蒙特罗的边境小镇。这里是玻利维亚境内亚马孙盆地与查科平原的交会处，有大片的丛林和丰茂的草原。当地居民是本土印第安人和西班牙定居者的混血后裔——坎巴人，他们的语言是当地印第安语和17世纪安达卢西亚西班牙语的混合。“这里曾是一个在地图上找不到的地方。”希斯说，“后来通了铁路，通了公路，有了国家政府机构……”

他们住在小镇外面不远处的一栋小房子里。“那里没有铺好的路面，也没有人行道。”安娜·希斯回忆道。

> 如果镇上的什么地方有肉吃，人们就会把兽皮扔出来，因此你能知道肉在什么地方。然后你拿一些香蕉叶走过去，就可以分到一份肉。那里有带灰泥和瓦片屋顶的土坯房，有一个有3棵棕榈树的城市广场，你能听到牛车的隆隆声。神父有一辆吉普车。餐厅里，一些妇女会做好一大锅米饭和一些酱汁。有个做咖啡的人是个德国人。我们到玻利维亚的那一年，共有85个外国人来到这个国家。确切地说，它不是一个很受欢迎的目的地。

在蒙特罗，希斯一家从事着旧式的人种志研究，用德怀特的话说，就是“吸收一切”，“学习一切”。为了让坎巴人相信他们不是传教士，他们公开吸烟，还拍了成千上万张照片。白天，他们在镇上到处走动，尽可能地和任何人交谈；晚上回家后，德怀特再花时间把记录打成文字。一年半后，希斯夫妇收拾好他们的照片和笔记，回到了纽黑文。德怀特·希斯回到家坐下来着手写他的论文，却发现他差一点儿错过了一个关于他的研究对象可能有的最令人感到惊奇的事实。“你有没有发现，”他一边翻看着笔记，一边对妻子说，“在玻利维亚的每个周末，我们都会出去喝酒。”

在那段时间里，希斯一家每个星期六晚上都会被邀请去参加酒会。主人会去买大家当天要喝的第一瓶酒并发出邀请，大约十几个人到场后，聚会就开始了——通常到星期一早上要工作的时候才散去。参加聚会的人员组成很随意，有时，路过的人也会被邀请。但是聚会的组织安排却非常具有仪式感。大家围成一圈坐着，有人可能会打鼓或弹吉他。桌子上放着一瓶主人从当地一家制糖厂买来的朗姆酒，还有一只小酒杯。主人会站起来，斟满一杯酒，向围成一圈的人走去，走到某位被敬酒的人面前。主人点点头，举起酒杯，被敬酒的人也微笑着点头回应。主人把酒杯里的酒喝掉一半，把杯子递给被敬酒的人，被敬酒的人把杯中酒喝光后就站起来，重新斟满酒杯，和圈里的其他人一起重复这个仪式。当人们太累或喝醉时，他们就蜷缩在地上昏睡，醒来后再重新加入这个仪式。

“他们喝的酒度数高得吓人。”安娜回忆道。真的，你喝一口，眼里就会充满泪水。我第一次喝的时候就在想，如果我一下子吐到地上怎么办。甚至坎巴人自己都说他们不喜欢喝那种酒，说它味道不好，有点儿烧人。第二天，他们的汗液中会散发着酒气，别人能闻到。但希斯夫妇勇敢顽强，没被这种酒吓到。

“我这个20世纪50年代的人类学研究生当时觉得自己必须适应它。”德怀特说，“我不想冒犯任何人，我不想拒绝任何事。于是我咬紧牙关，接受了那些酒。”

“我们并没有经常喝醉。”安娜接着说，“因为我们是陌生人，不像周围的人被敬很多次酒。但是有天晚上参加聚会的人很多，有60～80个人。大家喝酒，醉倒，然后醒来再喝，再玩。我发现，按他们的这种饮酒模式，我可以把我的酒给德怀特——丈夫有代替妻子喝酒的义务。有一次德怀特拿着一盏科尔曼灯笼，用胳膊抱着它，我说：‘德怀特，你烫着胳膊了。’”她模仿丈夫把前臂从滚烫的灯罩上慢慢拿开的动作，接着说：“他不慌不忙地说‘真烫着了’。”

希斯一家回到纽黑文后，请人对一瓶从坎巴人那里带回的朗姆酒进行了分析，发现它的酒精含量高达90%，这可和实验室酒精——科学家用来保存生物组织的浓酒精——的度数没什么两样。坎巴人喝的酒的度数堪比没人会喝的实验室酒精，这是希斯夫妇做研究时的第一个惊人的发现。

“耶鲁中心有位世界一流的酒精生理学家。”德怀特回忆道，“他的名字叫利昂·格林伯格。格林伯格对我说：‘嘿，你讲的故事很动听，但你不可能真喝了那种东西。’他故意说这些来刺激我，知道这已足以促使我喝点儿给他看了，因此我说：‘你想让我喝是吧？我家里有一瓶。’于是某个周六，我有分寸地喝了一些。他每隔20分钟就给我抽一次血。当然了，我确实喝了那种朗姆酒，就像我说的那样喝的。”

格林伯格叫了一辆救护车随时准备着送希斯回家。在他们租的旧联谊会会馆三楼的家中，安娜正等着他回来。“我伸出头趴在窗户上等他，救护车正沿街缓慢地开着，旁边是德怀特，他朝我挥了挥手，看起来没什么事，然后他爬楼梯上来，说：‘啊，我喝醉了。’接着就趴倒在地上，昏迷了3个小时。”

于是我们会想，世界上有个贫困、不发达的地方，那里的人每周都举行酒会，喝 90 度的酒精饮品，从周六晚上一直喝到周一早晨：坎巴人一定为他们的这种做法付出了惨重代价，对吗？这么理解可错了。

“坎巴人的酒会上并没有发生任何异常现象——一点儿也没有。”德怀特 · 希思说，“没有辩论、争吵、性侵犯或语言攻击，只有寂静或愉快的交谈。”他接着说：“他们喝酒并不妨碍工作……不会招来警察，也没人酗酒。”

希斯把自己的发现写进一篇文章，在《酒精研究季刊》上发表了，文章被广泛传阅，已久负盛名。[6] 接下来的几年里，无数人类学家也发表了同样的观点：酒精有时会让人提高嗓门，打架，说一些令自己后悔的话。但在很多时候，它并没有这样的作用。阿兹特克人把龙舌兰酒——墨西哥中部的一种传统酒精饮料——叫作“400 只兔子”，因为它看似能让人产生无限种可能的行为。人类学家麦克 · 马歇尔前往南太平洋的特鲁克岛做研究时，发现对那里的年轻人来说，醉酒会引起相互攻击，造成混乱。但当岛民到 35 岁左右时，他们醉酒后的表现就截然相反了。

在墨西哥的瓦哈卡，印第安人因酒后打架而名声在外。但当人类学家拉尔夫 · 比尔斯仔细观察这些打斗时，比尔斯发现它们看起来并不是完全失控的，它们似乎都是按同样的剧本上演的。

> 虽然我目睹他们打斗可能有几百次了，但我从未看到他们使用武器，尽管几乎所有人都带着弯刀，很多人还带着步枪。大多数打斗都是从酒后争吵开始的，当声音大到一定程度时，每个人

都希望他们打一架了事。两个人会把各自的武器递给旁边的人，然后开始用拳头打斗。他们疯狂地挥舞着拳头，直到其中一人摔倒，这时胜利者会扶起他的对手，通常他们还会互相拥抱。[7]

这就有些说不通了。酒精是一种强有力的“毒品”，它使人不再拘束自己，它会解除我们对自身行为的约束，这就是人们经常把醉酒与暴力、车祸和性侵犯联系在一起的原因。人们常常这样联想，这已是不争的事实，而且这看起来并无不妥。

但是，如果坎巴人的狂欢痛饮对社会的负面影响如此之小，如果墨西哥的印第安人即使在醉酒斗殴时也似乎在遵循某种规则，那么我们认为酒精是“祛抑制剂”的看法就不可能是正确的。一定还有别的原因。德怀特和安娜在玻利维亚的经历使我们彻底反思了我们对醉酒的理解，许多研究酒精的人不再认为它是一种“祛抑制剂”，而把它看作“短视”的诱因。

5

“短视”理论最初由心理学家克劳德·斯蒂尔和罗伯特·约瑟夫提出，他们所说的“短视”是指酒精的主要作用是缩小我们的情绪视野和精神视野。用他们的话来说，酒精创造了“一种短视的状态，在这种状态下，人们肤浅的直接体验过多地影响了其行为和情感”。酒精会让前景中的东西更加突显，让背景中的东西显得更不重要；它使短期的考虑突显，使对认知要求更高的长远考虑逐渐消失。[8]

例如，很多人会在情绪低落的时候喝酒，因为他们认为这样可以赶走烦恼。这是“祛抑制思维”：酒精会解除我们对自身行为的抑制，释放我们的好心情。然而，事实显然并非如此。酒精有时会使我们高兴起来，但有时候，比如当一个焦虑的人喝酒时，他只会变得更焦虑。“短视”理论能解释这个问题：它取决于焦虑、醉酒的人在做什么。如果他在看一场足球比赛，周围全是狂热的球迷，大家的激动和兴奋会暂时使他忘却让他感到有压力的世俗事物。这时，在他的头脑中，比赛处在前景的中心位置，他的担心就可以被抛在脑后。但如果他在酒吧安静的角落里独自喝酒，他就会变得更加抑郁，因为这时没有什么事情能让他分心。饮酒会使你受环境的摆布，除了最直接的体验，它把一切挤出了你的意识。①

再例如，“短视”理论的一个中心论点是，在“高度冲突”的情况下——此情况下，有两种相反的考虑，一种是近的，一种是远的——醉酒的影响最大。假设你是一个成功的职业喜剧演员，世人都

---

① 近期，由塔拉·麦克唐纳德带领的一队加拿大心理学家走进一些酒吧进行了实地调查研究。他们请酒吧的常客看一张小图片，让他们想象自己在酒吧遇到了一个很有魅力的异性，陪他/她走回家，两人一起爬上了床，却发现没有安全套可用。然后受试者被要求对以下命题在1分（非常不可能）和9分（非常可能）之间进行打分：“这种情况下，我会发生性行为。”你可能会认为那些喝了很多酒的人更有可能说他们会发生性行为——事实确实如此。在9分制的评分量表中，醉酒的人的平均打分为5.36分；头脑清醒的人的打分为3.91分。饮酒者无法厘清无保护措施的性行为可能带来的长期后果。但随后，麦克唐纳德回到酒吧，用自制的印章在一些常客的手掌印上“艾滋病致人死亡”的字样。这种情况下的调查结果是：与清醒的人相比，手上带有印字的饮酒者想要发生性行为的可能性更小，他们无法找到把艾滋病风险抛在脑后所需的理由。当规范和标准清晰、明显时，饮酒的人会比清醒的人更能约束自己。[9]

认为你很有趣，你也认为自己很有趣。如果你喝醉了，你就不会觉得自己更有趣，这是因为，关于你的有趣，不存在相互冲突的看法，所以酒精不用解决任何冲突。但假设你认为自己很有趣，而世人通常不这么认为。事实上，每当你想用一个“有趣的”故事来让一群人高兴的时候，就会有位朋友在第二天早上把你拉到一边，温和地劝你不要再这样做。通常情况下，一想到和朋友的尴尬对话，你就会有所收敛。但当你喝醉的时候呢？酒精会使冲突消失，你不再去考虑朋友给你的关于你的烂笑话的纠正性反馈。喝醉后，你可能会觉得自己真的很有趣。由此可见，人们喝醉时，其对真实自我的理解就会改变。

这就是醉酒使人“短视”的重要含义。按照旧的“祛抑制思维”，人们认为，一个人喝醉时所揭示的是不再隐隐约约受社交礼仪影响的、简化的、精炼的清醒自我，此时的你是真正的你，如古语所云：“酒后吐真言。”

但“祛抑制思维”是落后的。因为，通常那些能抑制我们冲动的冲突是我们性格的关键成分。我们所有人都是通过处理眼前的考虑和更复杂长远的考虑之间的冲突来构建我们的人格的，这就是有道德、有效率、有责任感的含义。好的父母都是愿意为了长远的目标（抚养一个好孩子）来牺牲自己当前的自私需求（不被打扰，可以休息）的人。当酒精祛除对长期行为的约束时，它同时掩盖了我们的真实自我。

那么，现实中的坎巴人到底是什么样的呢？希斯说，他们的社会特别缺乏“公共表达”。他们是漂泊不定的农场工人，亲情淡薄。他们的日常劳动往往是孤独的、长时间的。他们几乎没有社区或民间组织。为生活所迫，他们在平日里很难有社交活动。于是，他们在周末会利用酒精的“转变”力量，创造出一种工作日中极度缺乏的“公共表达”，利用酒精带来的“短视”，暂时为自己创造出一个不同的世界。他们为自己的酒会制定了严格的规定：只在周末举行；一次只喝一瓶酒；依次有顺序地敬酒；从不独处，大家围坐在一起。他们只在特定的环境中饮酒，玻利维亚内陆的这种饮酒环境中萦绕着轻柔的音乐和安静的对话，一切都显得那么井然有序、友好亲切、可以预见和具有仪式感，这是一个在世上“最厉害的毒品”的帮助下创造出来的全新坎巴社会。

酒精不揭示“真我”，它转变“真我”。

6

2006 年，英国版的布鲁克·特纳案出现了。案件一度备受瞩目。涉案人员是一名 25 岁的名叫本杰明·布里的软件设计师和一名法院只称其为“M”的女子。此案可被看作“酒精短视”使案件复杂化的标准示例。

两人第一次见面是在布里哥哥的公寓里，两人当晚便一起外出。整个晚上，M 喝了约 2 瓶苹果酒，4～6 杯掺了红牛的伏特加。布里那天早些时候也喝过酒，后来又陪 M 喝了不少。监控视频显示，凌晨 1 点左右，两人手挽着手回到 M 的公寓。他们发生了关系。布里认为这是两相情愿的，M 却说不是。结果布里被判犯有强奸罪，并处 5 年监禁——判决却在上诉后被撤销。如果你读过其他任何类似案件的描述，就会发现，其来龙去脉总是令人沮丧地熟悉：有痛苦，有遗憾，有误解，有愤怒。

以下是布里对事件经过的描述。

> 我不希望睡在地板上，我想也许我可以和她一起在她的床上睡，事后看来这是一件很愚蠢的事情。
>
> 我不是为了和她发生关系，只是想找个可以躺下休息的床垫且有个伴儿。后来她醒了，我躺在她身边，然后我们开始拥抱、接吻。
>
> 这有点儿出乎意料，但是感觉很好。我们有大约30分钟沉迷于前戏，她听起来是很享受的样子。[10]

接下来，是法院判决中的说法：

> 他坚称M看起来很欢迎他的求爱行为，从安抚性的抚摸变成性接触，她没说也没做什么去阻止他。他告诉陪审团，他确定自己先得到了对方的同意，这就是他抚摸了她那么久的原因。原告也无法否认这种前戏确实持续了一段时间。最后他把手指尖伸进了她睡裤的裤腰里，这时她本可以阻止他，但她没有。当他把手伸进她的睡裤时，她似乎做出了特别积极的反应。在性接触之后，他示意她脱掉睡裤——他轻轻地把它往下拉了拉，然后她把睡裤完全脱下了。[11]

布里以为，他可以根据M的行为推断出她的内心状态，他以为她是“透明”的，但她不是。以下是法庭文件中记录的M的真实感受。

> 她不知道性交持续了多久。结束时，她仍然面对着墙，她不知道上诉人是否真的使用了安全套，也不知道他有没有射精。过后，他问她要不要他留下来。她说：“不要。”尽管她并没有说出来，她心里想的却是“滚出我的房间”。她不知道“该说什么，想什么，不知道他是否会回过身来打我。我记得他走时把门关上了”。她起来把门反锁上，又回到床上蜷成一团躺下，但她不记得躺了多久。[12]

早上5点，她哭着给她最好的朋友打了电话。此时，布里仍然对M的内心状态一无所知。几个小时后，他还敲了M的门，问她是否想去买炸鱼薯条当午餐。

在监狱里待了几个月后，布里被释放了。因为上诉法院断定，不可能弄清楚那天晚上他们俩在M的卧室时M到底对发生性行为有没有表示同意。法官写道：

> 两人都是成年人。两人都没有非法过量饮酒的行为。他们都可以自由选择喝多少酒，和谁一起喝。只要双方都愿意，他们就可以自由发生关系。在其中任何一个人或两人都自愿多喝酒的情况下……发生两相情愿的性行为是没有任何令人惊讶甚至不寻常之处的。现实情况是，人类行为的某些方面不适合用详细的法律

体系予以规定。[13]①

你可能同意也可能不同意本案的最终裁决，但我们很难不同意法官的基本申诉——在理解他人意图的过程中考虑酒精的因素，会让一个棘手的问题变得完全不可能得以解决。酒精是能重塑饮酒者的一种“毒品”，它可以根据饮酒者喝酒时当下的环境使饮酒者发生变化，使他们不再是真实的自己。在坎巴人的酒会中发生的性格和行为的重塑是良性的，他们当时的环境是被精心构建的：他们想用酒精来塑造一个临时的——在他们看来，也是更好的——自我。但是，如今年轻人过量饮酒时，他们并没有一个被精心营造的仪式化的、可预测的环境来创造一个更好的自己：他们是在酒吧和大学生联谊会上充斥着疯狂的激素的混乱中这样做的。

辩方：你认为当时卡帕阿尔法聚会的氛围是什么样的？

---

① 酒后同意是不是真的同意呢？根据判决，酒后同意必须被看作真的同意。不然的话，在酒后做爱的人中，绝大多数人都会被关进监狱，还有少数人会因酒后性行为构成犯罪。此外，如果 M 可以说她因为喝醉了就可以对自己的决定不负责任，那为什么本杰明·布里就不能说同样的话呢？裁决指出了“酒后同意仍然是同意”这一原则，“也提醒人们，如果一个醉酒男子打算实施强奸，而且他确实这么做了，那么这一事实——他的意图是酒后意图——也是不可原谅的”。此事件中对布里的裁决也涉及了加州斯坦福大学性侵案中处理的关于“同意”的问题。如果其中一方“真的喝醉了”怎么办？那么，我们究竟该怎么确定“真的喝醉了”是什么意思呢？我们真的不希望我们的立法者创造出某种复杂的、多变量的算法来规定我们什么时候可以或者不可以在卧室里做爱。法官总结道：“这些问题并非源于法律原则，而是因为人类实施这种行为的环境存在无限种可能。它通常在私下发生，而且缺乏公正的证据，因此我们很难界定这一非常严重的罪行。”[14]

特纳：有很多摩擦，而且——

辩方：你说的摩擦是什么意思？

特纳：女孩们在跳舞……背对着一个男子，那个男子和她们一起跳。

辩方：好的，你描述的是一种跳舞的姿势——两人面对同一个方向，对吗？

特纳：是的。

辩方：但是男孩在女孩的背后？

特纳：是的。

辩方：在这种摩擦舞中，他们的身体离得有多近？

特纳：彼此贴着对方的身体。

辩方：在你见过的这种聚会中，大家这样跳舞很常见吗？

特纳：是的。

辩方：人们也会在桌子上跳吗？在桌子上跳也很常见吗？

特纳：是的。

“同意”是双方协商的结果，前提是协商中的每一方都是自己所说的那个自己。然而，在协商的时候，如果双方都远非真实的自我，我们又如何能确定这种“同意”是真的同意呢？

7

我们喝醉的时候会发生的事情是，酒精会沿着特定路径向我们的脑组织渗透，会对沿途经过的组织的功能造成一定影响。这种影响从大脑额叶开始，额叶是我们大脑中控制注意力、动机、计划和学习的部分。我们喝下的第一杯酒会使我们的大脑额叶的功能受到抑制，我们会因此变得更笨，更不能进行并行的、复杂的思考。酒精还会影响大脑的奖赏中心，也就是控制极度愉快、兴奋的区域，使奖赏中心受到轻微的刺激。它还会进入杏仁核——大脑中负责告诉我们如何对周围的世界做出反应的部分，使杏仁核的功能降低，让我们面临比如“我们受到威胁了吗？”“我们应该害怕吗？”这样的问题时，不能恰当地做出反应。这3种影响的结合就是“短视”的起因。结果是，我们没有足够的智力来处理更复杂、更长期的问题；我们被酒精带来的意想不到的快乐分散了注意力；我们的神经系统的防范报警器被关闭了。总之，酒后的我们变成了另一个自己，我们会对当下的一切心存感激。酒精还会进入位于大脑后方、负责平衡和协调的小脑，这就是人醉酒后会踉踉跄跄的原因。这些都是醉酒的可预见后果。

但在一些非常特别的情况下——特别是当你喝酒喝得又多又急时，酒精会有别的影响。酒精会影响海马体——大脑两侧负责形成关于我们生活记忆的类似香肠状的小区域。血液中的酒精含量约为0.08（法定的醉酒标准）时，海马体就会开始挣扎。例如，一场鸡尾酒会后的早晨，你醒来时想起你见过一个人，但却怎么也想不起他的名字或他告诉你的故事，那就是因为你连续喝下的两杯威士忌影响了你的海马体。如果再多喝一点儿，那你想不起来的事就会更多，以至于你可能只记得前一天晚上发生的事的星星点点，但却很难唤醒对其他细节的清晰记忆。

华盛顿特区外，美国国立卫生研究院的亚伦·怀特是世界上研究

“断片”——暂时性知觉丧失的权威专家之一。他说，没有什么合乎情理的因素可以决定哪些信息会被记住，哪些不会。“情绪显著性似乎对海马体记录东西的可能性没有影响。”他说，“这意味着作为一个女性，你在参加一场聚会后，你可能记得在楼下喝了一杯酒，却不记得自己被强奸了，但你却又确实记得自己上了出租车。”更严重的醉酒——血液酒精浓度约为0.15时——会使大脑海马体完全停止工作。

“在真实、纯粹的一时性‘断片’中，”怀特说，“什么都没有，没有任何回忆。”

在最早对酒精的研究中，有这样一项研究。一位名叫唐纳德·古德温的酒精研究人员从圣路易斯的失业人群中召集了10个男性，让他们分别在4小时内喝完一瓶最好的波本威士忌，然后对他们进行一系列记忆测试。古德温写道：

> 其中一个活动是向他们展示一口有盖的煎锅，以提醒他自己可能饿了。然后锅盖被拿走，锅里是3只死老鼠。我们可以满怀信心地说，清醒的人会记住这段经历，可能一辈子都不会忘记。[15]

但是喝了波本威士忌的人呢？他们对此没有任何印象，30分钟之后就已想不起来了，第二天早上还是想不起来。这3只死老鼠从未被收录在他们的记忆之中。

在“断片”状态下——在海马体恢复正常之前的极度醉酒状态下，醉酒的人就像人类传递信息用的通信密码一样，在这个世界里穿梭，却什么都没留下。

在一篇关于“断片”的文章中，古德温曾用下面的故事开头：

> 一位39岁的推销员在陌生的旅馆房间里醒来，有轻微的宿醉感，但其他一切看似正常：衣服就在壁橱里挂着，胡子也刮得很干净。他穿好衣服，去了楼下大厅，那里的服务员告诉他，他现在在拉斯韦加斯，而且两天前他就登记入住了。服务员说，很明显，他来之前一定是喝酒了，但看起来不是醉得很厉害。这一天是14号、星期六。他能想起来的最后发生的事情在9号、星期一，他曾坐在圣路易斯的一家酒吧里，喝了一整天酒，之后就醉了。之前的一切他都记得清清楚楚，直到9号下午3点左右，就像有“窗帘落下”一样，周围的事物在他的记忆中成了一片空白——大约5天的空白。3年后，它仍然是空白的。他被这次经历吓坏了，于是戒了两年酒。

事实是，9号那天，推销员离开圣路易斯的酒吧后，去了机场，买了一张机票，飞到拉斯韦加斯，找了一家酒店，办理完入住手续后，挂好西装，还刮了胡子。这一切都是他在“断片”的状态下完成的，看起来他仍能很好地处理着世上的一些事务。这是“断片”时仍会有的现象。当人体血液酒精浓度达到0.15左右时，海马体关闭，记忆不再形成，但饮酒者的额叶、小脑和杏仁核完全有可能——同时——继续或多或少地正常工作。

怀特说：“喝醉时，在‘断片’状态下，你能做任何你能做的事情。”

> 你只是记不住你做过的事情。这种事情可能是在亚马逊网站上订购东西。人们总是这样告诉我……喝醉的人仍可以做非常复杂的事情，如买机票、旅行等各种各样的事情，却不记得它们。

因此，仅仅通过观察一个人，是很难判断他是否“断片”了的。这就像试图仅仅通过一个人的面部表情来判断他是否头痛一样。“我可能看起来有点儿醉，有点儿憔悴，但我可以和你交谈。”怀特说。

> 我可以和你说话，可以去拿饮料，可以做一些需要存储短期信息的事情。我可以跟你谈谈我们一起长大的事……就连铁杆酒鬼的妻子也说，她们真的分不清自己的丈夫什么时候喝“断片”了，什么时候没喝“断片”。①

20 世纪 60 年代，古德温在进行他的开创性工作时，以为只有酗

---

① 顺便说一句，判断一个人是不是真的喝醉了确实很难。这一点在警察测试司机是否酒后驾驶的例子中很明显。周五晚上，一名警察在一条繁忙的道路上拦下几辆车，与每个司机交谈，并查看每辆车的情况。然后警察对他们认为体内酒精含量超过法定限量的任何人进行酒精测试，但是搞清楚哪些人需要做酒精测试是非常困难的。能说明这个问题的最好的证据是，实际上，有超过一半的醉酒司机能轻松地通过酒驾检查站。在加利福尼亚州奥兰治县的一次调查中，一天深夜，1 000 多名司机被命令把车停到一个停车场，并被要求填写一份关于当晚情况的调查问卷。然后，接受过醉酒检测培训的研究生对这些司机进行了询问，在询问的过程中，他们可以考虑以下问题：司机说话是否正常？走路是什么样子的？他们的呼吸中有没有酒味？车里有没有啤酒瓶或啤酒罐？采访者做出是否酒驾的判断后，再对每个司机进行血液酒精测试来验证他是否真的喝醉了。最终结果是，被采访者正确识别的醉酒司机只占所有醉酒司机的 20%。[16]

酒者才会“断片”。他以为“断片”现象是很少发生的。在医学杂志上，科学家们对“断片”现象的描述就像对一种以前不为人知的疾病的描述一样。20 世纪 40 年代末和 50 年代初，研究人员在美国的 27 所大学进行了一项对大学生饮酒习惯的综合调查。[17] 调查中，学生们被问及他们通常“一次”平均喝多少酒（为便于回答，研究人员将饮酒量分为三档：“少量”的意思是不超过 2 杯葡萄酒、2 瓶啤酒或 2 瓶混合饮料；“中量”指 3～5 杯葡萄酒、3～5 瓶啤酒或三四瓶混合饮料；“大量”指超过中量的任何数量）。

表 8-1　美国大学生饮酒习惯综合调查数据

	啤酒	
	男性（%）	女性（%）
少量	46	73
中量	45	26
大量	9	1
	葡萄酒	
	男性（%）	女性（%）
少量	79	89
中量	17	11
大量	4	0
	烈酒	
	男性（%）	女性（%）
少量	40	60
中量	31	33
大量	29	7

表 8-1 中统计的饮酒量表明，很少有人会喝到“断片”。

现如今，表格发生了两方面的改变。首先，现在的酗酒者比 50

年前的酗酒者喝得多得多。“当你（现在）和学生说四五瓶酒的时候，他们会说，‘嗨，这才刚刚开始’。”酒精研究员金·弗罗姆说。她说，现在会有些一次能喝 20 瓶酒的重度狂饮者。曾经很少见的“断片”现象，如今已是稀松平常。近期，亚伦·怀特对杜克大学的 700 多个学生进行调查[18]，发现在喝酒的学生中，超过一半的人有喝“断片”的经历；40% 的人在过去一年内喝“断片”过；近 1/10 的人前 2 周内刚喝“断片”过。①

其次，在上一代人中，男性和女性饮酒量的差距还是非常明显的，现在这一差距却已经大大缩小，尤其是对白人女性而言（同样的趋势在亚洲人、西班牙人或非裔美国人中并不显著）。[20]

弗罗姆说：

> 我认为这是一个权利赋予问题。我在军队里做过很多咨询工作，对我来说，我在那里更容易看到女性喝多的现象。因为在军队里，女性在体能训练营和其他训练方面的标准和男性是一样

① 北卡罗来纳大学学生阿什顿·凯瑟琳·卡里克在《纽约时报》上发表了一篇精彩的文章，描述了一种被叫作“手铐加饮料”的饮酒游戏。[19]“两个人被铐在一起，直到他们能喝下第 5 杯白酒。”她写道，“有人用记号笔在那些非常能喝的人的胳膊上写上喝的杯数，用这个数除以他喝到‘断片’所用的时间——得到高比值是人们引以为豪的事情。”她继续说：

> 我们这些学生对待同龄人“断片”的态度也是造成这种现象普遍存在的部分原因。我们觉得这很有趣。第二天，我们会开玩笑说，我们的朋友醉倒在浴室地板上时看起来多么可笑，说他们一边跳舞一边随便和哪个男子打情骂俏，同时还在分享自拍快照的动作是多么滑稽等，从而认可了他们的行为，鼓励了他们。即使你自己不这样做，你也能理解别人为什么这样做。这是一种大家都认可的减压方法。如果把它当作任何别的东西来看待的话，就有妄下结论之嫌了。

的，她们非常努力地想告诉别人：“我们能和男人一样，所以我们可以和男人一样喝酒。”

基于生理上的原因，这一趋势使女性喝“断片”的风险大大增加。如果一个中等体重的美国男子在 4 小时内喝 8 瓶酒——在平时的大学生联谊会上，这是比较适中的量——他的血液酒精含量最终会是 0.107，这是能导致醉酒驾车的程度，但远远低于使其“断片”的 0.15 的水平。相比之下，如果一个中等体重的女性在 4 小时内喝了 8 瓶酒，她的血液酒精含量则会达到 0.173，这种程度早就“断片”了。①

更糟糕的是，现在女性喝葡萄酒和烈酒也越来越多，烈酒或葡萄酒会比啤酒更快提高血液酒精含量。“女性比男性更有可能只喝酒，不吃饭。”怀特说。

喝酒时多吃饭菜可以使血液中的酒精浓度峰值降低 1/3。换句话说，如果你空腹饮酒，你的血液酒精浓度会更高，浓度提升的速度也会更快；如果你空腹喝葡萄酒或烈酒，你的血液酒精浓度也会更高，提升速度也会更快；如果你是女性，你体内的水分越少，血液酒精浓度也会更高，提升得更快。

① 这不仅仅是体重的问题[21]，酒精在男女性体内的代谢方式也有显著差异[22]。女性体内的水分比男性少得多，因此酒精进入女性体内血液的速度就快得多。如果一个体重为 195.7 磅的女性陪一个体重为 195.7 磅的男性等量饮酒 4 个小时，他的血液酒精含量会是 0.107，而她的将是 0.140。

“断片”的后果是什么呢？它意味着把女性置于容易受到侵犯的境地。在与陌生人的任何互动中，我们的记忆都是我们的第一道防线。我们会在聚会上和别人聊上半个小时，然后权衡我们得到的信息，借助我们的记忆来理解对方是什么样的人。我们会收集和分析我们记忆中的他们的言行，做出恰当的反应。尽管在理想情况下，这也不是万无一失的做法，但这却是必要的，尤其是在你决定是否要和那个人一起回家的时候。然而，如果你记不住你刚刚得到的任何信息，你做出的决定就一定比不上你的海马体还在工作时所做的决定那样好。你已失去对形势的控制，变得任人摆布。

“我们一定要彻底明白：罪犯应该为他们的罪行负责，他们应该被绳之以法。”评论家艾米丽·约夫在《石板》杂志上写道。

> 但是我们没能让妇女们知道，当她们变得毫无防范时，可怕的事情就可能会发生在她们身上。年轻女性正在接受一种扭曲的信息，即她们与男性喝同样多的酒的权利是一个女权主义问题。真正的女权主义信息应该是，当你失去对自己负责的能力时，你吸引不怀好意的人的可能性就大大增加了。我们可以说，那些心存不轨的人才不会去关心你的利益。这不是在责怪受害者，这是为了防止更多人成为受害者。[23]

陌生人跟你说话的后果往往是什么呢？他可能不知道你喝“断片”了。或许他靠向你，想碰你，你的身体突然僵住了。10 分钟后，他又转回来，更娴熟地故技重演。在清醒的状态下，你的身体通常会再次僵住，因为通过第一次，你已看清、认出他的伎俩。但这一次，你不记得了，因为你已“断片”，已不记得他第一次对你做了什么。而事实上，这次你并没有以同样的方式僵住。在“透明”的假设下，这让陌生人认为你是在欢迎他的求爱。在没醉的情况下，他会谨慎地按照这种假设行事，他知道友好并不等于希望有亲密接触，因为他还有会限制自己行为的长远考虑（“如果我错误地解读了她，明天我会被怎样对待？”）。但现在他也喝醉了，他患了酒后“短视”，所有的长远考虑都已消失，他已无法预见自己的行为可能带来的后果。

酒精会把每个人变成魔鬼吗？当然不是。“短视”可以解决高度冲突：它会消除我们对自身行为的高阶约束。沉默寡言的男人通常羞于表达自己的感情，但他在酒后可能会脱口说出一些亲昵的话；不风趣的人平时知道世人并不觉得他的笑话好笑，喝了酒后，他就可能会扮演喜剧演员。这些都是无害的。但那些平时知道性侵有多不恰当而会去抑制自身冲动的青少年性侵犯喝了酒又可能会有什么样的后果呢？艾米丽·约夫对女性的告诫也适用于男性：

> 但是我们没能让男人们知道，当他们喝得“短视”时，他们可能会做出可怕的事情。年轻男性正在接受一种扭曲的信息，即饮酒过量是一种无害的社交活动。真正的信息应该是，当你失去对自己负责的能力时，你进行性犯罪的可能性就会大大增加。承认酒精的作用并不是在为犯罪行为找借口，而是试图阻止更多的年轻人成为罪犯。

令人吃惊的是，人们对“短视”危害的认识还远远不够。在《华盛顿邮报》和凯撒家庭基金会的联合研究中，学生们被要求列出他们认为在减少性侵犯方面最有效的措施，结果他们列的最多的有：对侵犯者施以更严厉的惩罚；对受害者进行自卫培训；教导男性更多地尊重女性。有多少人认为少喝酒会“非常有效”呢？33%。有多少人认为校内严格禁酒将非常有效呢？15%。①

这反映了自相矛盾的立场。学生们认为接受自卫培训是一个好主意，而限制饮酒则不是。但当一个人喝得酩酊大醉时，他知道自卫的技巧又有什么用呢？学生们认为，如果男性更尊重女性，情况就会好些。但问题不是男人在清醒的状态下如何对待女人，而是当他们喝醉的时候——当酒精把他们变成了另眼看世界的人的时候——如何注意自己在女人身边的行为。相互尊重需要深思熟虑才能实现，其中一方须同意节制自己的欲望，考虑自己行为的长远后果，而不是只顾眼前的快活，这正是酒后“短视”时我们很难做到的。

“短视”的教训其实很简单。与陌生人交往时，要想保持自我——诚实而清晰地表达自己的欲望——就不能喝得酩酊大醉。如果我已酩酊大醉，那么我就只能任由周围环境摆布，因此最糟糕的去处就是男男女女在地板上贴身热舞或者在桌子上跳来跳去的地方。卡帕阿尔法大学生联谊会与坎巴人的饮酒聚会大相径庭。

“人们对醉酒的了解来自社会群体的教导，人们表现出与这些教导一致的行为，于是他们成了社会群体教义的活证。”克雷格·麦

---

① 成年人的看法完全不同。58% 的成年人认为，为了减少性侵犯，“少喝酒”是非常有效的措施。[24]

克·安德鲁和罗伯特·埃格顿在他们于1969年出版的经典著作《醉态》中总结道，“既然社会群体和个人一样，允许醉酒行为，他们就应该自食其果。”[25]

8

所以，在斯坦福大学的卡帕阿尔法聚会上，午夜刚过，艾米丽·多伊突然“断片”了。那天傍晚，她简单地吃了点儿晚餐，在很短的时间内喝了4杯威士忌和1杯香槟，然后喝了三四杯盛在红色一次性塑料杯里的伏特加，这就是她所经历的。

控方：你还记得你妹妹离开聚会时的情景吗？

多伊：我不记得了。

控方：你去了外面的洗手间，回到院子里，喝了啤酒，还看到有人吹瓶喝啤酒。这之后你能想起来的事情是什么？

多伊：我在医院里醒来。

艾米丽不记得与布鲁克·特纳的见面，不记得有没有跟他一起跳舞，不记得有没有吻他，不记得有没有同意回他的宿舍，不记得她是不是愿意同他发生性行为。他们离开聚会时她反抗了吗？挣扎了吗？她和他调情了吗？她是否只是盲目地、跌跌撞撞地跟在了他的后面呢？我们不得而知。事情发生以后，清醒过来的多伊坚定地认为她当时绝不可能心甘情愿地和另外一个男人离开聚会，因为她忠于与男友的感情。但遇见布鲁克·特纳时的艾米丽·多伊已不是真正的艾米丽·多伊，那是喝醉了的艾米丽·多伊。我们醉酒的自我和清醒的自我是不一样的。

布鲁克·特纳声称，他还记得那天晚上发生的事情，记得艾米丽·多伊如何自愿一步步地与他互动。但这是他在庭审中讲述的故事，是他与自己的律师一起策划并准备了几个月之后讲述的故事。而刚被捕的那天晚上，当他满脸震惊地坐在当地警察局问询室说到艾米丽·多伊时，他对自己所陈述的内容却没有那么确定。

问：你们之前或——在你们离开聚会之前——是不是就有亲热的举动？

特纳：我想是的。但说实话，我不确定我们什么时候开始接吻的。

然后警察问他，当那两个研究生发现地上的他和艾米丽时，他为什么逃跑。

特纳：我觉得我没有逃跑。

问：你不记得自己逃跑了？

特纳：不记得。

要知道，盘问的事情是那天晚上早些时候刚刚发生的，特纳在试图逃跑却被两个研究生制服的过程中，手腕受了伤。就在他说话的时候，他还在护理受伤的手腕。但现在，伤早就没了。

问：当这一切发生的时候，当那两个人靠近你并朝你喊话的时候，你有没有看她一眼？

特纳：没有。

问：有没有可能她那时已经没有反应了？

特纳：老实说，我不知道，因为我——真的不记得了。就像，我——我想我有点儿“断片”了。呃，就像，从我的角度像——和她抱在一起，我倒在地上，和另外两个男子一起倒在地上。我真的不记得那是怎么发生的了。

“我想我有点儿‘断片’了。”所以，调情、接吻，艾米丽·多伊同意回宿舍等所有故事情节都是虚构的：这是他所希望发生的事情的经过，事情究竟是怎么发生的将永远是个谜。也许特纳和艾米丽·多伊只是站在舞池，一遍又一遍地重复着同样的事情，却没有意识到他们被困在了一个无限、黑暗的循环中。

审判结束时，艾米丽·多伊向法庭大声朗读了一封写给布鲁克·特纳的信。每个去酒吧或大学生联谊会的年轻男女都应该读一读艾米丽·多伊的信，它勇敢且雄辩，有力地提醒了我们发生性侵犯的后果：双方在没有真正同意的情况下，两个陌生人之间发生的事情会带来真正的痛苦和折磨。

她说，那天晚上发生的事，让她精神崩溃：

我曾经享有的独立、自然的快乐，温柔和稳定的生活方式变得面目全非。我变得封闭、气愤、自嘲、疲倦、易怒、空虚。这种与世隔绝有时是我无法忍受的。

上班时，她会迟到，然后跑到楼梯间去哭；晚上她哭着入睡，早上再将冷藏的汤匙敷在眼睛上消肿。

我晚上不开灯就睡不着，就像一个5岁的孩子，因为我会做噩梦，梦到有人摸我，但我却无法醒来。我曾一直等到太阳升起，觉得足够安全后才睡觉。3个月来，我每天都是早上6点上床睡觉。

我过去常为自己的独立而自豪，现在却不敢晚上出去散步；我本可以和朋友们一起参加社交活动，舒舒服服地喝酒，现在却不敢。我变得像小藤壶似的，总是需要有人在身边，需要我的男朋友站在我身边，陪我睡觉，保护我。我感到自己在那么软弱、那么胆怯地活着，时刻准备着自卫，随时都会生气。这些都让我害羞和惭愧。

然后她谈到了喝酒的问题。这是那天晚上的事件得以发生的一个因素吗？当然是。但她接着说：

酒精不是那个剥下我的衣服，用手指触摸我，让我的头靠在地上，让我几乎全裸的那个人。我承认喝太多酒是个低级的错误，但它不是犯罪。这个房间里的每个人都有后悔哪天晚上喝了太多酒的经历，或者都知道跟自己关系亲近的哪个人曾有这样的经历。后悔喝酒和后悔性侵犯是不一样的。我们都喝醉了，区别是我没有脱下你的外裤和内裤，不恰当地抚摸你，然后跑掉。这就是区别。

特纳在法庭陈述中说，他希望发起一项活动，让学生们“公开反对校园饮酒文化和随之而来的性滥交”。多伊尖刻地抨击他：

> 校园饮酒文化？这就是我们要公开反对的吗？你以为这就是我在过去一年里想要争取到的吗？而不是要知道什么是校园性侵犯或强奸，或去学会知道什么才是同意？反对校园饮酒文化？打倒杰克·丹尼威士忌！打倒蓝天伏特加！如果你想和别人谈论喝酒，那就去加入戒酒互助会吧。你知道有酗酒问题和喝酒后强行和某人发生关系是不一样的吗？我们应该做的是告诉男人如何尊重女人，而不是如何少喝酒。[26]

但这并不完全正确，不是吗？最后一句应该是“告诉男人如何尊重女人和如何少喝酒”，因为这两件事是相关的。那天晚上，布鲁克·特纳须做一件至关重要的事情——弄清一个陌生人的欲望和动机。在理想情况下，这对我们所有人来说都是一项艰巨的任务，因为在这样的会面中，我们所依赖的“透明假设”是很有缺陷的。让一个醉酒的、不成熟的 19 岁学生在激素泛滥的、极度混乱的大学生联谊会中这样做，对他来说无异于一场灾难。

《人民诉布鲁克·特纳》案的结果给了艾米丽·多伊一定程度的

公正。但如果我们拒绝承认酒精对陌生人之间的互动有任何影响，那么那晚在卡帕阿尔法聚会上发生的一切就会再次上演，并且会一次又一次上演。

控方：你听过艾米丽的语音邮件，是吗？

特纳：是的。

特纳正在接受控方（检察官）的盘问，控方说的语音邮件指的是艾米丽·多伊当时在“断片”后用电话给男友发了一通含糊不清的语音邮件。

控方：在那封语音邮件里，她听起来是醉得很厉害的，你同意我的说法吗？

特纳：同意。

控方：那天晚上和你在一起时，她就是这样的状态，不是吗？

特纳：是的。

控方：她醉得很厉害，不是吗？

特纳：和与我在一起的其他人一样。

4

我们需要接受这样一个事实，即了解陌生人是有限度的。我们永远不会知道全部真相，我们必须满足于了解部分真相。谨慎、谦逊地与陌生人交谈才是正确的方式。

教训

第9章
压力反应

KSM：当陌生人是恐怖分子时

1

“我的第一反应是他看起来像个山精。”詹姆斯·米切尔回忆道，“他摆出一副很生气、很好斗的样子瞪着我。我在做一项中立的调查，所以我跟他说话时基本上就像跟你说话一样，我脱下风帽说：‘你想让我怎么称呼你？’”

那个人用带口音的英语回答说：“叫我穆赫塔尔吧。穆赫塔尔的意思是大脑。我是‘9·11’恐怖袭击事件的主谋。”[1]

米切尔说，那是2003年3月，在“地球另一端”的一座中情局黑狱里，穆赫塔尔——哈立德·谢赫·穆罕默德，也就是人们所熟知的KSM（Khalid Sheikh Mohammed）——有史以来被抓获的基地组织最高级别的领导人之一。他全身赤裸，手脚戴着铐镣，目光中透露出轻蔑和挑衅。

“他们那时已经把他的头发和胡子剃光了。”米切尔说，“但他是我这辈子见过的毛发最多的人。而且他身材矮小，真的很矮小。他有着像越南大肚猪一样的大肚皮。我想，就是这家伙杀了那些美国人？”

米切尔又高又瘦，有跑步者的身材，白色的长发呈中分状，胡子修剪得很整齐。他说话略带南方口音。“我看起来像谁的叔叔”是他常用来描述自己的话，这可能过于自嘲了。在别人眼中，他有一种不可动摇的自信，不管那天他对别人做了什么，也不管别人对他做了什么，他看似总能睡个好觉。

米切尔是一名训练有素的心理学家，因为在情报“高风险”审问方面具有特殊技能，“9·11”之后，他和他的同事布鲁斯·杰森被中情局请来协助工作。杰森比米切尔的块头更大，比米切尔更安静。他留着军人样式的短发。米切尔说，杰森看起来像“年长的动作巨星尚格·云顿”。杰森从不公开讲话，他和米切尔的审讯曾引发一起诉讼案，网上有他们两人在该诉讼中提供证词的一段视频。视频中的米切尔看起来平静、散漫，对诉讼充满蔑视。而杰森说话简练、谨慎：“我们就像士兵，做着我们被命令做的事。”[2]

双子塔倒塌后，许多被“重金悬赏”缉拿的犯罪嫌疑人被陆续关进了分散在世界各地的黑狱中。米切尔和杰森的第一个任务是协助审问第一批被捕的基地组织高级特工之一——阿布·祖巴耶达赫。在那之后的8年里，他们继续亲自审问其他黑狱中的“高价值犯罪嫌疑人”。其中，KSM是最重要的头目。

“他给我的印象是他非常聪明。”米切尔回忆说。审问期间，如果米切尔问KSM一个问题，对方就会回答：“如果是我提问，我就不会问这样的问题。你如果用我的问题来提问，就会得到一个答案，你会发现这个答案很有用，你会认为这就是你需要听到的。如果是我问的话，问题应该是这样的。”米切尔说自己会问KSM提出来的问题，然后“他会给出一个更详细、更全面的答案”。KSM会滔滔不绝地大讲他的恐怖战术、他的战略愿景和他们“圣战”的目标。“9·11”后，如果他没有被逮捕，那他可能已经计划好了各种各样的后续行动。“他对这些低技术含量的独狼式袭击的描述令人不寒而栗。事实是，当涉及杀人时，他会坐在那里考虑规模效应……”米切尔说着，摇了摇头。

“当他说到丹尼尔·珀尔的时候，我彻底被吓到了。那是最……我当时流泪了。我现在想起来还会流泪，因为那太可怕了。”丹尼尔·珀尔是《华尔街日报》的记者，2002年1月在巴基斯坦被绑架并杀害。KSM在没有被问到的情况下谈到这个话题，然后他从椅子上站起来——用一种看起来十分享受的方式——展示了他用刀将珀尔斩首时使用的技巧。“可怕的是，他表现得好像他和丹尼尔有某种亲密关系，他不停地用那样的语气叫‘丹尼尔’，好像即使他们不是真正的恋人，也是最好的朋友。这才是最令人毛骨悚然的事情。”

但这一切都是后来——在KSM开始畅所欲言之后才发生的。2003年3月，米切尔和杰森第一次见到个矮、毛发多、大腹便便的KSM时，情况迥然不同。

米切尔说：“你必须记住，在那个特殊的时刻，我们有可靠的证据表明，基地组织正在酝酿发动又一波大规模恐怖袭击。”

大家议论纷纷。我们知道乌萨马·本·拉登曾与泄露核技术的巴基斯坦科学家会面，我们也知道巴基斯坦科学家曾对本·拉登说：“最大的问题是获取核原料。”本·拉登曾说：“如果我们已经获取了呢？”这令整个情报界惊悚万分。

中情局派人带着盖革计数器[①]在曼哈顿四处走动，寻找脏弹[②]。华盛顿处于高度戒备状态。KSM刚被抓住的时候，人们的感觉是，如果有人了解那些已经计划好的恐怖袭击的情况，那个人一定是他。但KSM不肯开口说话，米切尔认为这很不乐观，感觉这是个棘手的案子。

第一批被派去审问KSM的审讯人员试图表现得友好一些，他们尽量让他舒服，给他泡茶喝，以让他感到被尊敬的方式问他问题，却一无所获。KSM只是看着他们，前后摇来晃去。

然后，KSM被移交给米切尔称其为“城中新警长”的一位审讯员，米切尔说这位审讯员超越底线，变成了一个施虐狂——扭曲着困绑KSM的身体，迫使KSM做出各种非常有“压力”的姿势。如用胶带把KSM的双手绑在背后，然后把它们拉到KSM的头顶以上，这样，犯罪嫌疑人的肩膀几乎就被扭得脱臼了。“这个人告诉我，他从南美人那里学来了这些审讯方法。”米切尔说，“他和KSM进行了一场意志力的较量。‘新警长’有一个想法，他想被叫作‘长官’，这是他唯一关注的方面。”但是KSM不打算叫任何人“长官”。这样尝试了一周之后，“新警长”也放弃了，囚犯被移交给米切尔和杰森。

接下来发生的事引起了很大的争议。审讯KSM的方法成了诉讼、国会调查和公众无休止辩论的主题。赞成使用这些方法的人把它们称为“增强型审讯手段”；反对的人将其称为“折磨”。但是，让我们姑

---

① 盖革计数器，一种专门探测电离辐射（α 粒子、β 粒子、γ 射线和 X 射线）强度的记数仪器。——编者注

② 脏弹，又称放射性炸弹，是一种大范围传播放射性物质的武器。——编者注

且把这些涉及面更广的道德问题搁置一旁，集中讨论对 KSM 的审讯对我们理解两个难题有什么帮助。

安娜·蒙特斯和伯尼·麦道夫的骗局，阿曼达·诺克斯引起的困惑，格雷厄姆·斯巴涅尔和艾米丽·多伊的困境，都证明我们在理解陌生人方面存在问题。“默认真实”是一个至关重要的策略，但它偶尔会不可避免地把我们引入歧途；“透明假设”是看似通用的常识，有时却被证明只能是一种幻想。然而，两者都给我们提出了同样的问题：承认了自己的缺点之后，我们应该怎么做？在我们回到桑德拉·布兰德的故事，看看在得克萨斯州的那条马路边究竟发生了什么之前，我想谈谈或许是最极端的与陌生人交谈的情况：恐怖分子对自己的秘密守口如瓶，审讯员却想竭尽全力问个水落石出。

2

米切尔和杰森在华盛顿的斯波坎相见，在那里，他们都是空军 SERE 特种训练［生存（Survival）、躲避（Evasion）、抵抗（Resistance）、逃脱（Escape）］项目的心理医生。美国各支部队都有自己的 SERE 版本，涉及指导重要人物落入敌手时该如何应对。

项目一开始，当地警察会在没有事先通知的情况下就抓走一些空军军官，把他们带到一个被模拟成敌方战俘营的拘留中心。“那些警察到来后，就直接叫停了军官们的工作，逮捕他们，”米切尔说，“然后把他们交给执行战备测试的人。”

其中有一次，接受训练的是携带核武器的轰炸机机组人员。一切与他们的任务有关的事情都是机密，如果他们的飞机在敌方领地坠毁，可以想象劫持者会对他们驾驶的飞机上的东西有多么好奇，SERE计划就是培训机组人员为可能发生的情况做好准备。

受训者将被迫在一个盒子里站好多天，饥寒交迫，不能睡觉。然后警察开始审问受训者。“看能否从他们口中问出什么信息。”米切尔说。他说，这种实验是“非常逼真的”，SERE 发明的一种特别有效的手段是“撞墙”。你用毛巾包住某人的脖子以支撑他的头，然后让他撞到一堵特制的墙上。

米切尔解释道：

> 训练是对着一面假墙做的。“墙”后面有一个钟锤，它被撞后会发出很大的噪声，而且会有很多噪声。那声音会在你的耳朵里萦绕不去。这样做不会对人造成伤害——我是说，就像摔跤垫，只不过声音比撞击摔跤垫更大。这并不令人感到痛苦，只会让人困惑，它会打乱你的思路，让你失去平衡，不仅仅是身体的不稳，我的意思是，你完全失去了平衡。

米切尔的职责是帮助设计 SERE 项目方案，这意味着他自己偶尔也会亲身体验这些方案。他说，有一次，他参与了一项 SERE 演练，在审讯环节使用了一个最古老的把戏：审讯者不威胁受训者，而是威胁受训者的同事。根据米切尔的经验，男女受训者对这种情况的反应非常不同：男人倾向于屈服，女人则不然。

“如果你是一名女飞行员，负责审讯的人会说他们要对另一名男飞行员做点儿什么，男飞行员屈服后，女飞行员对男同事的态度让人感觉她好像是在对他说：‘你真差劲儿。’”米切尔说，“‘你做好你的工作，我做好我的工作，我的工作是要保守秘密。你这样妥协让我很难过，你报名参军的时候就应该知道不能向他人屈服。’”在审问那些在“沙漠风暴”行动中被当作战俘关押的女性时，米切尔第一次明白了她们会这样反应。

> 他们会把那些女人拖出来，威胁说，如果男人不说话，她们就会挨打。女人们会对男人们的妥协感到很生气，她们说：“也许我会挨打，也许我会被性骚扰，但这只会发生一次。但你妥协就等于告诉他们，获取情报的捷径就是把我拖出去，这样以后他们每次想从你口中得到什么信息时，都会把我拖出去的。因此，我做好我的工作，你做好你的工作。”

在演练中，米切尔与一名女性空军高级军官是搭档。审问女军官的人说，如果她不说话，他们就折磨米切尔。她一如既往地说：“我不会说的。”米切尔说：

> 他们把我放在一只容量为 55 加仑[①]的桶内，这只桶是被埋进地里的。他们盖上盖子，再用土把盖子埋好，将一根软管从顶部穿过桶盖，往桶里喷凉水……我当时并不知道演练是这么做的，

① 1 美制加仑约为 3.79 升。——编者注

因为他们限制了我的行动，我无法弄清真实情况。排水孔的高度与我的鼻子持平。

慢慢地，桶里的水越来越多。

米切尔：我很确定他们不会杀死一个来 SERE 特种训练学院的心理学家，对此我很确定，但我不确信，你明白我的意思吗？

我：当时你有什么感受？

米切尔：不高兴。因为我的膝盖顶着胸部，也出不去，双臂垂在身旁，无法移动——他们先把我的脚绑起来，又把我放进桶里。

我：你是在什么时候被放出来的？

米切尔：大约一个小时以后。

我：水有多高？

米切尔：刚好到鼻子。水马上就放进来了，所以你真的不知道结果会怎么样。我是说，水漫到了脖子，又漫到了耳朵。

我：四周一片漆黑吗？

米切尔：哦，是的……也许不是一个小时，也许比一个小时短。我确定不到一个小时，不然我的体温就会变得过低了。但我感觉像一个小时。不管怎样，我在体验这种训练。他们把我放下去，我当时想："哦，他们要把我关进桶里，看看我是不是有幽闭恐惧症。我没有幽闭恐惧症，这对我来说没什么大不了的。"哦，不，他们把水管插进去，把那个小金属盖子盖上，再在上面压上石头。

我：他们会事先告诉你他们要做什么吗？

米切尔：他们一边做一边告诉你。

我：他们也让你做他们让 SERE 学员所做的每一件事吗？

米切尔：是的。

正如米切尔所说："很多人在那个桶里待过。"当时，这是标准课程的一部分。

米切尔：也许你觉得这些基础课程很难，哥们儿，其实我还体验了高级课程呢。

3

这就是中情局"强化审讯"措施的由来。中情局找到米切尔和杰森，征求他们的意见，因为两人一直在设计并试验被认为是可以想象的最有效的审讯手段，且已有多年的经验。中情局想知道哪些手段好用，于是，米切尔和杰森列了一份清单，其中名列前茅的是剥夺睡眠、撞墙和水刑。水刑是把人放在医院的那种可摇起的轮床上，脚高头低地躺着，脸上盖一块布，然后工作人员往他的嘴和鼻子里倒水，使其产生溺水的感觉。事实上，在 SERE 特种训练学院时，米切尔和杰森没使用过的审讯手段屈指可数，水刑却是其中之一。因为从空军的角度来看，水刑太可怕了。训练飞行员的目的是要告诉他们，抵抗酷刑是可能的，但水刑会让大多数被审问的人认为，抵抗是不可能的，所以把这种手段用在飞行员身上不合适。[①] 但是用它来对付可疑的恐怖分子呢？在中情局的很多人看来，这是可以的。为了预防不测，米切尔和杰森先拿自己做试验，互相实施水刑。他们采用了最严酷的水刑方案——每人两次，每次连续灌水 42 秒。

“我们希望确认，医生能制定安全的步骤，警卫人员也知道他们该做什么。我们希望知道（被审问者）将经历什么。”他说。

我：请描述一下当时的情况。

米切尔：你有没有这样的经历——站在一座超高的建筑物上，想象跳下去会怎样。你明知你不会跳下去，头脑中却闪过你可能会跳下去的念头。这就是我当时的感觉。我并没有觉得我会死，我只是害怕我会死。

司法部派了两名高级律师到审讯现场来确认计划使用的审讯手段的合法性，米切尔和杰森也让他们体验了水刑。米切尔还记得，过后有个律师坐了起来，弄干她的头发，简短地说了句：“嗯，感觉太糟糕了。”

米切尔和杰森制订了一个方案：如果被拘留者不愿回答问题，他

---

① 海军的 SERE 特种训练学院也有很多水刑训练。然而，那里的训练理念略有不同。“海军的观点是，人们在进行训练的时候，期望自己可以坚持下去，期望能以此为荣；如果谁没能坚持下去，他就会一蹶不振。”米切尔说，“所以，海军 SERE 特种训练学院试图做的事情之一是向人们展示，在某一时刻，你真的会认输。但作为一名美国士兵，你的任务是尽你所能去抵抗。”海军想让他们的学员知道，事情可能会变得多么糟糕。而空军觉得，自己的学员不知道这些会更好。

们就会从最温和的“强化措施”开始；如果被拘留者坚持不回答问题，他们将升级“强化措施”。两人最喜欢的是撞墙和剥夺睡眠。美国司法部有规定，最多只能剥夺被拘留者72个小时的睡眠。但米切尔和杰森发现这没必要，因为他们更喜欢做的是让犯罪嫌疑人睡觉，但不让他们睡够——去系统地打破他们的快速眼动周期。

水刑是最后不得已才使用的手段。他们使用了一张倾斜45度的病床。美国司法部允许他们每次倒水的时长是20～40秒，在每两次倒水的间隙允许犯罪嫌疑人呼吸3次，如此用刑的总时长不超过20分钟。而他们俩却更喜欢第一次倒42秒，在接下来的两次，每次倒22秒，剩下的都倒3～10秒。

米切尔说：

> 重点是，你不想让水进入他们的肺，你只想让它进入他们的鼻窦。我们并不想让他溺水身亡。最初我们使用的是一公升的瓶装水，但医生希望我们使用生理盐水，因为有些人会吞下不少水，他们不想让人水中毒[3]。

第一次倒水之前，他们拿了一件黑色T恤衫盖在被审问者的脸上，遮住他的鼻子。“布是这样盖上的。”米切尔一边说一边模仿着把T恤衫放到那个人脸上的动作。

> 你把布拿起来，再把布放下。然后你把布又拿起来，然后你又放下。再拿起来，再放下。

实际上，当你把布拿起来的时候，倒水的人就不会再倒了。旁边会有一个人拿着秒表计时，所以我知道时间。此外，还有一个医生在现场待命。

房间里的人很多。在通常情况下，在场的有基地的负责人、负责案件的情报分析员、心理学家等。还有人在外面通过监控大屏幕观看整个过程，其中包括：很多中情局专家、一名律师和一些警卫人员——也是一大群人。

这期间他们不会问被拘留者任何问题，讯问是以后的事。

米切尔：你没有对他大喊大叫。实际上，你在倒水，你用一种不太像谈话的但也不是咄咄逼人的语气，一边倒水一边对他说："你没必要这样坚持，我们希望得到信息来阻止你们在美国境内的行动。我们知道你不可能掌握所有的情况，但我们知道你了解一些情况……你没必要这样坚持。这是你可以做出的选择。"

我：你怎么知道——一般来说，通过使用那些电阻抗成像技术[①]——你怎么知道你进行到了你需要的程度？

米切尔：他们开始和你说话。

---

① 电阻抗成像（Electrical Impedance Tomography，缩写为 EIT）是医学成像技术的一个新方向。它的基本原理是根据人体内不同组织在不同的生理、病理状态下具有不同的电阻 / 电导率，采用各种方法给人体施加小的安全驱动电流 / 电压，重建人体内部的电阻率分布或其变化的图像。——编者注

说话意味着告诉你一些具体细节——详情、名字、事实。

米切尔： 你可以给他看一张照片，问他："这个家伙是谁？"他会说："嗯，这个人是 XXX。但是你知道吗？后面的那个人是 XXX，这是他在……"他不仅仅是回答你提的问题。

米切尔和杰森关注的是犯罪嫌疑人的顺从。他们想让犯罪嫌疑人说话，自愿提供信息并回答问题。刚开始审问 KSM 的时候，他们就确信，自己需要施展所有的看家本领才能让 KSM 开口说话。KSM 不是基地组织里冲锋在前线的无名小卒，也不是对参与恐怖主义行动有些摇摆不定的人。无名小卒很容易对付，他们没什么可说的，即使有，说了也没什么损失，他们会配合审问者，因为他们知道，这是他们获得自由的最佳机会。

但是 KSM 知道，他再也不会重见天日了，永远不会，所以他没有合作的动机。那些对"强化审讯"持否定态度的人所使用的心理审讯技巧，米切尔都懂，但他认为，那些技巧只能用来对付"在战场上抓到的普通恐怖分子，如与美国人作战的'圣战者'"，对付"硬骨头"就不行。

KSM 正是一块"硬骨头"。米切尔和杰森只能靠撞墙和剥夺睡眠来让他说话，因为，令人难以置信的是，水刑对他不起作用。不知什么原因，KSM 能够打开他的鼻窦，使流入鼻子的水直接从嘴里流出来。没有人知道他是怎么做到的，米切尔称之为"魔术"。几次之后，KSM 掌握了倒水的节奏，他会嘲笑房间里所有的人，用手指倒数着最后剩下的几秒，然后在结束时用手做一个猛挥的动作。一次施刑期间，米切尔和杰森从房间里溜出来和一位同事商讨事情，再回到屋里时，KSM 竟然正在打呼噜。“他睡着了。”米切尔笑着说，“我知道我笑的是人们认为可怕的现象，但这确实有点儿……”他惊奇地摇了摇头，继续说：“我从来没听说过会发生这种事。我跟你说，当中情局做尽职调查时，他们打电话给 JPRA。”JPRA 是五角大楼的一个机构，负责监控各服务部门进行的各种 SERE 项目，他们存有关于水刑的档案。“那里的人在电话中说，水刑对我们的受训学员百分之百有效，从来没有人不屈服。”

在 3 个星期内，米切尔和杰森对 KSM 用尽酷刑，最后，他不再反抗了。但 KSM 来之不易的服从并不意味着他的案子已一了百了。事实上，困难才刚刚开始。

4

“9·11”事件发生前，一位名叫查尔斯·摩根的精神病学家参加了一场军事神经科学学术会议。他当时正在研究创伤后应激障碍（PTSD），试图理解为什么有一些老兵患有创伤后应激障碍，而另一些经历完全相同的老兵却没有。摩根在学术会议上知会自己的同行，说研究这个问题有多难，因为要做这样的研究：你需要在一群人有创伤经历之前识别他们，并实时跟踪他们的反应。但你怎么才能做到这些呢？当时没有发生战争，他也不可能安排他所有的研究对象同时遇到持枪抢劫，或者遭受极具破坏性的损失。摩根开玩笑说，他能想到的最好办法就是从婚礼前夕开始研究新婚夫妇。

但后来，一位陆军上校找到摩根，说：“我想我能解决你的问题。”上校在北卡罗来纳州布拉格堡的 SERE 特种训练学院工作。他邀请摩根来学院参观，布拉格堡 SERE 学院是陆军版的斯波坎空军 SERE 学院——杰森和米切尔工作过的地方。“这有点儿超现实。”摩根说。军队复制了一个战俘营——你可能会在某些国家不为人知的地方发现这样的战俘营。“我参观了整个营区，当时里面没有什么训练或课程在进行。那天早上雾很大，天色阴沉，来到这样一个空无一人的集中营里，让我想起了我们看过的某部战争影片中的场景。”

摩根继续说道：

> 每一系列训练结束时，总会有一个前战俘对全班学员说：“我也经历过这一切。你们在一个小笼子里待了 3 个小时，我在里面住了 4 年。他们就是这样捉弄我的。”

摩根被 SERE 学院吸引了，但他对自己能否在这里做研究仍持怀疑态度。他对创伤压力感兴趣，而尽管 SERE 学院可以真实地模拟被敌人捕获和审讯的下场，但它仍然只是模拟。在一天的训练结束之后，所有的受训者仍然在北卡罗来纳州，他们仍然可以和朋友一起去喝杯啤酒，看一场电影。“他们知道自己是在学习特种课程，在接受训练，这怎么会有压力呢？”他问道。对此，SERE 的教官只是笑了笑。“然后他们邀请我来，说我可以监测 6 个月左右，所以我每个月都会去那里待两周，就像一个外出记录笔记的人类学家一样。”

他从训练的审讯阶段开始研究。士兵被审问后，摩根提取了他们的血液和唾液样本。以下是他在《生物精神病学》杂志上对自己的研究结果的描述：

> 训练实验室的现实压力使他们的皮质醇、睾酮和甲状腺激素发生了迅速而显著的变化。这些变化如此之大，以致其……堪比遭受巨大身体压力时个人所经历的变化，例如动大手术或实战时要承受的压力。[4]

训练中的审讯是模拟的，每次持续半个小时。其中一些被审问者是绿色贝雷帽①和其他特种部队的精英，他们的反应就像在实战中一样，一个又一个泣不成声。看到此情此景，摩根感到震惊。“我对此感到很惊讶。”摩根说，“这对我来说很难理解。”

> 嗯，我想，这些人都是真正的硬汉——模拟审讯又有点儿像比赛，我没料到会看到人们如此悲伤或在哭泣。这并不是因为身体上的压力，不是因为有人粗暴地欺负你。

这些人都是有组织、有纪律、有上进心的士兵。摩根意识到，令他们不安的是处境的不确定性。

① 绿色贝雷帽是美国陆军特种部队的称号。——编者注

他们中许多人的信条一直是："我应该学习相关知识，这样我就知道该怎么做。"随着时间的推移，我逐渐了解到，他们的压力大多源于一种真正的恐慌，比如遇到某种情况时，"我不知道正确答案是什么"。

然后他决定让 SERE 学员参加所谓的瑞 - 奥斯特里思复杂图形绘制测试。[5] 他给了他们这样一张图：

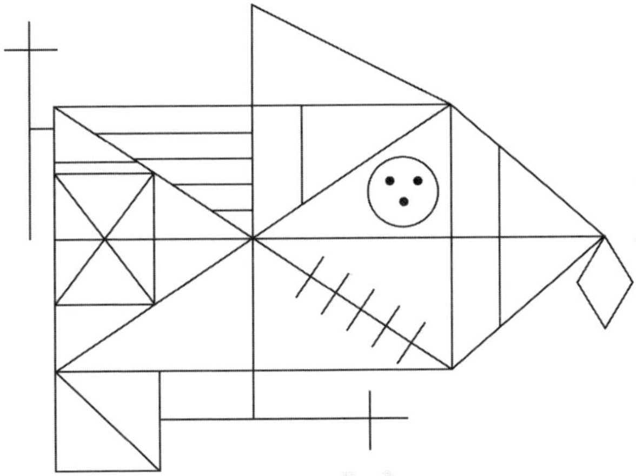

学员们需要先比着这张图，抄画、复制它。然后原图会被拿走，而他们必须根据记忆画出这张图。大多数成年人都很擅长这个任务，他们会使用相同的策略：先画出图形的轮廓，然后填写细节。如果是让孩子们来画的话，他们采用的则是一种零敲碎打的办法：随机地画一大块，再画另一块。在被审问前，SERE 学员们顺利地通过了考试。毕竟，能够快速记忆和重现复杂的视觉呈现效果，是绿色贝雷帽和特

种作战士兵们在接受训练时必须学会的事情。下图是在审讯前，一个士兵根据自己的记忆画出来的瑞－奥斯特里思图形。这是个典型的例子。这些人都做得很好。

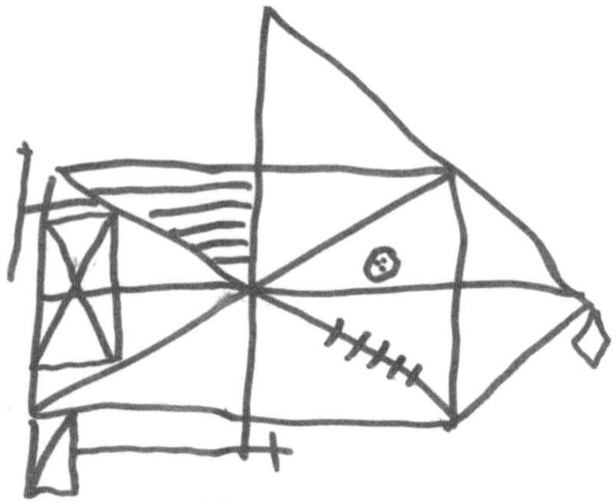

但是，请再看一下，这位士兵在审讯结束 15 分钟后画的图形：

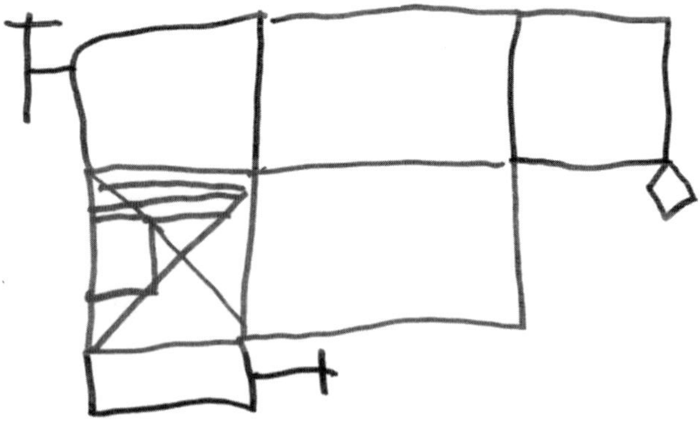

在某个版本的实验中，摩根说，在经历了紧张的提问之后，有 80% 的士兵会零零星星地画出图形，“就像一个尚未到青春期的孩子，

这意味着他们的大脑前额叶皮层刚刚停止工作了一段时间”。

摩根的研究令所有从事审讯工作的人深感不安。审讯的目的是让被审问者开口说话——打开他们的记忆，得到记忆中的东西。但是，如果使受审者服从的过程被证明是一个对他们来说压力太大的过程，影响了他或她的实际记忆，那会怎么样呢？摩根在实验中就亲眼看到了大人们变得像孩子的过程。

“我当时正在学校的院子里采集很多学员的唾液。”摩根说，他想起了自己在 SERE 学院的早期经历：

> 我回去是因为当时是学院的开放时间，学员们的家人也都在那里，他们都和我打了招呼。我走到两个学生面前，问：“没事吧？很高兴看到你不再处于那种情况之下。”
>
> 我记得有些人问：“你什么时候来这里的？”我说：“什么意思？我什么时候来的？其实，我 20 分钟前刚收集了你的唾液，我还让你填了——”
>
> “我不记得了。”
>
> 我又说：“还有，那天晚上你被审问的时候，我还看到你了。”
>
> 他们说：“我什么也想不起来了。”
>
> 我看着其中的一个教导员，说：“这太疯狂了。”他告诉我：“这种事经常发生。他们甚至连我都不记得了，我可是 30 分钟前还对他们大喊大叫的那个人呢。”

摩根非常吃惊，他决定抓紧进行一次实地测试。他让 SERE 学院的一些老师、警官和一些不相干的校外人员排成一排，就像警察让目击证人辨认犯罪嫌疑人时让后者排成一队那样。

“士兵们的医生被叫来了。他本来在度假……我说：‘你今天要去排队。’我们就把他安排进了队列中。”

然后摩根给士兵们下了指令：“我们真的对那个管理营地并下令惩罚你们的人很感兴趣，如果他在那队人里面，请把他指出来；如果他不在里面，你就说：‘不在这里。’”他要他们指认出院长——学院的负责人。

“在 52 个学生中，有 20 人选择了这位医生……他说：‘可那时我不在这儿！我在夏威夷！’”①

如果有一个士兵弄错了，那是可以理解的——人总是会犯错的。两次甚至三次的识别错误也还说得过去。但居然有 20 人认错了。这要是发生在法庭上，这个倒霉的医生可就要被关进监狱了。

“9·11”事件之后，摩根去了中情局工作。在那里，他试图让他的同事们牢记，他的发现很重要。因为中情局在世界各地都有间谍和机密消息来源，他们经常从被捕或被迫合作的人那里收集信息。这些信息常源于那些说话时充满自信的人，有些人很受信任，有些人提供的信息被认为是非常可信的。但摩根的观点是，如果他们分享的信息是在他们感到非常有压力的时候说出的——如果他们刚在伊拉克、阿富汗或叙利亚有可怕的经历，那么他们所说的信息可能是不准确或有误导性

---

① 在另一项规模更大的研究中，摩根让 114 名士兵看照片，指认出审问他们的人，结果有 77 名士兵认错——这是在审讯结束 24 个小时之后的实验结果。士兵们还被问及他们对自己的回答有多自信，结果显示，信心和准确性之间没有关系。[6]

的。对此，这些人自己可能并不知道。尽管他们受处罚时医生远在千里之外，他们仍会说，现场下令处罚我的人就是这个医生！我知道那个人就是这个医生。“我对其他分析师说：‘其中的含义确实令人担忧。’”

那么，当查尔斯·摩根听说米切尔和杰森在遥远的黑狱是如何对付 KSM 时，他是怎么想的呢？

> 我告诉人们——我来中情局之前就告诉了人们，我来之后还在告诉人们：“试图通过剥夺嫌犯的睡眠来从他口中得到消息，有点儿像试图通过用大锤猛砸你的收音机来让它更好地接收无线电信号。依我看，这根本行不通。”

5

2007 年 3 月 10 日下午——KSM 在巴基斯坦伊斯兰堡被中情局抓获 4 年多之后——在古巴关塔那摩湾美国海军基地举行的法庭听证会上，KSM 首次公开认罪。[7] 除 KSM 本人，当时还有 8 人在场：被指派给犯人的“个人代表”、一名语言学家及来自美国 4 个军种的军官。

KSM 被问及是否了解诉讼的性质，他说是的。有人大声宣读了对他的指控。通过他的“个人代表”，他做了一些小的更正：“证据资料中的我的名字被拼错了，它应该是 S-h-a-i-k-h 或 S-h-e-i-k-h，而不是主题行中的 S-h-a-y-k-h。”他要求别人为他翻译《古兰经》中的一段经文，又讨论了一些执行方面的问题。然后，KSM 的“个人代表”宣读了他的供词。

本人在此非被迫地承认并确认：

我曾宣誓效忠于谢赫·乌萨马·本·拉登进行“圣战”……

我曾是谢赫·乌萨马·本·拉登组织、策划、跟进和执行“9·11”恐怖袭击的行动负责人……

谢赫·阿布·哈夫斯–马斯里·苏比·阿布·锡塔死后，我直接负责跟进管理生产炭疽等生物武器的车间，以及跟进在美国本土的“脏弹行动”。

然后他列出了基地组织每一项与自己有关的行动。用他自己的话说，在这些行动中，他要么是“负责（相关行动）的参与者、首席策划人、培训师、资金提供者（通过军事委员会财政部）或执行人，要么是个人参与者”。清单上有31项目标：芝加哥的西尔斯大厦，希思罗机场，伦敦的大本钟，驻多个国家的美国大使馆和以色列大使馆，对比尔·克林顿和教皇约翰·保罗二世的暗杀，等等，不一而足，细节十分恐怖。例如，第25～27项如下：

25. 我负责了袭击前对美国几个州核电站的必要监视工作。
26. 我负责策划、调查对北约欧洲总部发动袭击并安排资金。
27. 我负责实施“博金卡”计划[①]所需的规划和调查工作，该计划的目标是击落12架满载乘客的美国飞机。我亲自监视了泛美航空公司从马尼拉到首尔的往返航班。

---

① “博金卡”计划，1994年12月11日发生在菲律宾航空公司434航班上的炸弹爆炸事件。——编者注

供述结束时，法官转向 KSM："在进行下一个步骤之前，我要问哈立德·谢赫·穆罕默德，刚才'个人代表'宣读的声明，是你说的吗？" KSM 说是，然后他充满激情地对自己的行为长篇大论起来。他说，他只是一个参加战斗的战士，和其他士兵没有什么不同。

> 可以这样说，从亚当时期该隐谋杀亚伯开始到现在，战争一直就有，杀戮永无止息。美国人发动过独立战争。之后有墨西哥战争、西班牙战争、第一次世界大战、第二次世界大战。你读读历史就知道，战争永远不会停止。这就是生活。

KSM 的坦白可谓米切尔和杰森的非凡战果：他在 2003 年刚来到他们面前时还盛气凌人、不可一世，现在却心甘情愿地将自己的过去暴露无遗。

但是关于 KSM 的合作，还有一个有待回答的关键问题：他说的是真的吗？在审讯过程中，他遭受了不少压力，这正属于查尔斯·摩根研究的情况。会不会 KSM 承认所有罪行只是为了让米切尔和杰森停止用刑呢？有人说，米切尔和杰森剥夺 KSM 的睡眠长达一周。经受这些虐待之后，KSM 还知道他真正的记忆是什么吗？神经学家肖恩·奥玛拉在《为什么酷刑不起作用》一书中写道，长时间的睡眠剥夺"可能会导致某种形式的表面服从"，但代价是"脑系统的长期结构重建，而这些结构重建恰恰支持了审问者希望获得的脑功能"。[8]

中情局前高级官员罗伯特·贝尔读了 KSM 的供词，得出结论说 KSM"在捏造事实"[9]。KSM 列出的恐怖袭击的目标之一是西雅图市中心的广场银行，但作为一家公司，广场银行在KSM被捕多年后才成立。另一位中情局的资深工作人员布鲁斯·赖德尔认为，KSM拒绝配合的首要原因——他再也走不出监狱这一事实——也是他的话令人生疑的理由。“他的一生中，除了作为一个有名的恐怖分子被人铭记，别无建树。”赖德尔说，“他想提升自己的重要性，自被捕以来，这是他一直想做的事。”[10]既然要在监狱里度过余生，那他为什么不想办法“名垂青史”呢？KSM的招供还包括：

9. 我曾负责计划、培训、调查炸毁巴拿马运河的行动并提供资金。
10. 我曾负责调查、资助暗杀几位美国前总统（包括卡特总统）的行动。

还有什么是KSM声称没有负责的吗？

批评人士中没有人质疑审问KSM的必要性。陌生人难以理解这一事实并不意味着我们不应该尝试。人们不能允许庞氏骗局主谋和猥亵儿童者逍遥法外；意大利警方有责任去了解真实的阿曼达·诺克斯。为什么张伯伦会那样不辞辛劳地去面见希特勒呢？因为，大战来时，和平至关重要。

但我们越努力让陌生人表达自己，他们就越变得难以捉摸。如果张伯伦压根儿没会见希特勒，情况可能会好一些。他本该待在家里研读由希特勒口述、他人执笔的书《我的奋斗》。在桑达斯基案中，警察花了两年到处寻找受害者，他们的努力取得了什么成果呢？不是清晰，而是混乱：案情扑朔迷离；指控时隐时现；受害者前一分钟还带着自己的孩子去看望桑达斯基，下一分钟就痛陈他的可耻罪行。

詹姆斯·米切尔也面临着同样的难题。中情局有理由相信，基地组织正在策划“9·11”之后的第二轮袭击。因为这可能涉及使用核武器，米切尔必须让 KSM 开口透露相关信息。但他越努力让 KSM 开口，他们的沟通质量就越差。他可以剥夺 KSM 一星期的睡眠，使 KSM 最终承认所有的罪行，然而，KSM 真的想炸毁巴拿马运河吗？

无论我们试图从陌生人那里查明的是什么，它都不是坚不可摧的。阿曼达·诺克斯、杰里·桑达斯基或 KSM 的“真相”并不是某种坚硬闪亮的物体。只要我们挖得足够深，看得足够仔细，就能“发掘”它。我们想从陌生人那里了解的东西是脆弱的，如果不小心踩了它，它就会在我们脚下变形、起皱。由此，我们可以得出第二条警示：我们需要接受这样一个事实，即了解陌生人是有限度的。我们永远不会知道全部真相，我们必须满足于了解部分真相。谨慎、谦逊地与陌生人交谈才是正确的方式。如果我们早已牢记这个教训，在我所描述的危机和争议中，有多少原本是可以避免的呢？

那天，在得克萨斯州普雷里维尤，布莱恩·恩西尼亚命令桑德拉·布兰德把车靠边停下。我们马上就要回到这个话题，但在此之前，我们还有最后要考虑的一件事：一种被莫名其妙地忽略了的现象——耦合效应。

5

面对陌生人时，我们常犯的第一种错误——“默认真实”和“透明”假设——使我们无法理解作为个体的陌生人。除此之外，我们还会犯的另一种错误——不重视陌生人所处的环境，这使我们理解陌生人变得更加艰难。

耦合效应理论让我们有了完全不同的看法，它告诉我们，不要一看到陌生人就匆忙下结论，不妨多了解一下陌生人的世界。

耦合效应

第 10 章
普遍真理

西尔维娅 · 普拉斯

1

1962 年秋，美国诗人西尔维娅 · 普拉斯离开她在英国的乡村小屋前往伦敦。她要开始新的生活。丈夫特德 · 休斯为了另一个女人抛弃了她，留下她和两个年幼的孩子。她在伦敦樱草山附近找到了一套公寓——位于一栋联排别墅最上面的两层。“我在伦敦写信，高兴得都快说不出话来了。”她告诉母亲，“您猜怎么着？这是叶芝的故居，门上有一块蓝匾，写着这里是诗人叶芝居住过的地方！”[1]

在樱草山，清晨，她会在孩子们熟睡的时候写诗。她的工作效率非常高，12 月就完成了一本诗集。出版商告诉她，这本诗集应该能获普利策奖，她即将成为世界上最著名的年轻诗人之一——在接下来的几年里，她将声名鹊起。

但在 12 月下旬，英格兰遭受了致命严寒的侵袭，那年的冬天成为 300 年来最寒冷的冬天之一。雪开始下个不停，人们在泰晤士河上溜冰，水管上冻，继而出现停电和罢工。普拉斯一生都在与抑郁症做斗争，现在，黑暗再次降临。圣诞前夜，她的朋友——文学评论家阿尔弗雷德·阿尔瓦雷斯来看望了她。“她看起来和以往不同。”他在回忆录《野蛮的上帝》中写道：

> 通常，她会像学校女老师那样在脑后盘个紧的圆发髻。但现在她将头发披散着，一直垂到腰际，像一顶帐篷。她的脸色苍白，身材瘦削，显得异常凄凉和失魂落魄，就像一个被宗教仪式耗尽了气力的女祭司。她带我走过走廊的时候……她的头发散发出一股强烈的气味，像动物身上的味道一样刺鼻。

公寓里又冷又空，没什么家具，她也没怎么为孩子们过圣诞节而对它进行装饰。“对于不快乐的人来说，”阿尔瓦雷斯写道，“圣诞节是一段糟糕的时光：可怕、虚假的欢乐从四面八方向你袭来，叫嚣着善意、平和与天伦之乐，越发让人难以忍受孤独和沮丧。我从来没见过她这么穷困潦倒。”[2]

两人各喝了一杯酒。按照老习惯，她把自己最新写的诗念给他听。两人四目相对，黯然神伤。新年到了，天气却变得更糟了。普拉斯与前夫争吵了一番，解雇了自己的保姆，把孩子们叫到一起，去了附近吉利安和格里·贝克尔的家住下。“我感觉糟透了。”她说。她吃了一些抗抑郁的药，之后睡着了，然后又哭着醒来，这是星期四发生的事。星期五，她给前夫特德·休斯写了一封他后来称之为“告别信”的信。星期天，她坚持让格里·贝克尔开车把她和孩子们送回公寓。傍晚时分，她让孩子们上床睡觉后，格里离开了她。在后来的几个小时里，她准备了一些食物和水，将它们放在孩子们的房间里，为他们打开了卧室的窗户，写下了医生的名字和电话号码，贴到放在走廊里的婴儿车上。然后她用毛巾、抹布和胶带把厨房的门缝封好，打开煤气炉，把头伸进炉子里，结束了自己的生命。

2

诗人容易英年早逝，这不只是说说而已。作为一个群体，诗人的预期寿命比剧作家、小说家和非虚构作品的作家短许多。诗人患“情绪障碍”的概率比演员、音乐家、作曲家和小说家大得多。在所有职业类别中，诗人的自杀率无疑是最高的——比一般人高 5 倍。[3] 写诗似乎要么是为了吸引伤者，要么是为了使人受伤——很少有人能像西尔维娅·普拉斯那样完美地呈现出一个注定早逝的天才形象。①

普拉斯对自杀很痴迷，她写过关于自杀的内容，想过自杀。“她谈论自杀的语气，与谈论其他任何高危测试活动的语气几乎是一样的：急切，甚至激烈，但完全没有自怜之情。”阿尔瓦雷斯写道，“她似乎把死亡看作再次征服自身的挑战，这种体验很像……不懂如何滑雪却想要滑下危险的雪坡。”[5]

她符合高自杀风险的所有条件：她尝试过自杀；她曾是精神病人；她是一个远离家人和朋友，在异域文化中勉强度日的美国人；她来自

① 斯蒂芬·斯彭德是一位颇有造诣的诗人。他曾写道：“诗人必须或多或少地、有意识地使自己适应职业要求。因此，诗人的古怪和产生灵感的条件——这是许多人都提到过的——确实近乎疯狂。”[4]

一个破碎的家庭，而且刚被自己深爱过的男人抛弃。①

自杀的那天晚上，普拉斯把外套和钥匙留在了贝克尔家。这一行为被吉利安·贝克尔在她写普拉斯的书中（每一个了解普拉斯的人，哪怕只是稍微了解一点儿，都写过至少一本关于她的书）解释为普拉斯自杀决定的终结。

> 她是不是以为格里或我会在夜里带着她的大衣和钥匙去找她呢？不，她不希望自己在最后一刻被别人从自杀中拯救。

验尸报告说，普拉斯把她的头尽量放进了炉子的最里面，看来是铁了心要自杀成功。吉利安继续说：

> 她堵住了门下面通往楼梯平台和客厅的门缝，打开了所有的煤气开关，整整齐齐地叠好一块厨房用布，把它放在炉子的底

① “她在 30 岁自杀时，”欧内斯特·舒尔曼写道，“符合自杀概率加大的几类条件：虽然在实施过自杀行为的人当中，未遂者约占总人数的 5%，但 1/3 自杀成功者在最后一次自杀前有过自杀经历，这包括西尔维娅；自杀者中有精神病史的人占很大比例，西尔维娅也在其中；离婚女性的自杀率比婚姻中的女性高好几倍，而西尔维娅正在办理离婚手续；世界各地的外国人的自杀率都高，西尔维娅住在英国，远离熟悉的地点和人群；自杀往往是孤独的人不堪重负时做出的选择，西尔维娅就是这样的；家庭破碎会加大自杀的可能性，而西尔维娅来自一个破碎的家庭。”[6] 他接着说：“她再也不能和那个男人纠缠在一起了，尽管有人认为他很伟大，尽管她可以借此来实现自己的光荣梦想。”更不用说，她 8 岁那年父亲去世的时候，普拉斯曾放弃为父亲哀悼的事实。“孩子对离世亲人的不完全哀悼会阻碍他的成长，他将因此而无法获得建立完整身份和保持牢固情感纽带所必需的相互关系。”舒尔曼接着说，“西尔维娅的自恋是导致她最终崩溃的原因。”[7]

部，再枕在上面。[8]

人们会对她的意图有任何疑问吗？看看她在自杀前都写了些什么。

这个女人已尽善尽美。
她死去的
身体带着圆满的微笑……
她赤裸的
双脚像是在诉说：
我们来自远方，现在到站了。[9]

我们看了西尔维娅·普拉斯的诗歌和她的经历，瞥见了她的内心世界，我们以为我们理解了她，但是我们忘记了一件事——我们在面对陌生人时会犯的第三个错误。

3

第一次世界大战后的几年里，许多英国家庭开始使用所谓的“民用煤气”来烧炉子和热水器。煤气由煤制成，是不同化合物的混合物，其成分有氢、甲烷、二氧化碳、氮等。最重要的是，其中还有无味但能致人中毒、死亡的一氧化碳。最后这一事实几乎让每个人在家中就有了操作简便的自杀方法。1927 年，一位医生写道：“绝大多数受害者被发现时，都是头上盖着毯子或外套，一条管子的一端接到煤气开关上，另一端伸到受害者所盖衣物边缘的下面。”以下是他写的关于民用煤气致命特性的最早的报道之一。

> 在有些案例中，中毒者被发现坐在椅子上，煤气管放在他的嘴里或嘴边，他的手仍然拿着管子；他们被发现躺在地板上，头埋在煤气炉里；在某一个案例中，一个妇女被发现戴着一副面具，这副面具是她用一个茶壶套系在脸上做成的，她将煤气管穿过茶壶套顶部的一个洞伸到面具里。[10]

1962 年，西尔维娅·普拉斯结束自己生命的这一年，英格兰和威尔士共有 5 588 人自杀。其中，有 2 469 人——44.2% 的人——选择了与西尔维娅·普拉斯相同的自杀方式。在当时的英国，煤气中毒是自残丧命的主要手段，没有什么比这更可怕的了——不是投河，也不是超剂量服药。[11]

但在同一时期，即 20 世纪 60 年代，英国燃气行业经历了一场变革。煤气越来越贵，又很脏。而人们在北海却发现了大储量的天然气，于是英国决定把民用煤气改为天然气。这项工程的规模是巨大的，因为天然气的化学性质与煤气明显不同：天然气的压力更大，清洁燃烧天然气所需的氧气量是燃烧煤的 2 倍，燃烧天然气时的火焰移动的速度要比燃烧煤时的慢得多。这些事实加在一起，意味着几乎每个英国家庭里的煤气炉炉口以及燃烧器的大小和形状都过时了，英国的所有与燃气有关的器具——气表、炊具、热水器、冰箱、便携式加热器、锅炉、洗衣机、固体燃料炉等——都必须升级或更换，国家还必须建造新的炼油厂和新的输气管道。一名官员当时毫不夸张地称之为“这个国家有史以来在和平时期规模最大的行动”。[12]

这个漫长的过程始于1965年。当时，相关人员在距离伦敦30英里的一个小岛上，开展了一个试点项目，该项目涉及7 850个用气单位。紧接着，该项目又在约克郡和斯塔福德郡被推行，然后在伯明翰——慢慢地，英国每一间公寓、每一栋房子、每一间办公室和每一家工厂都被挨个改造了。英国完成这些项目花了10年。1977年秋，项目终于全部完成了。完全不含一氧化碳的天然气——主要成分有甲烷、乙烷、丙烷、少量的氮气、二氧化碳、硫化氢——取代了含有氢气、甲烷、二氧化碳、氮气和一氧化二碳的煤气。1977年以后，如果你再把头伸进燃气炉，打开开关，最糟糕的结果也只是轻微的头痛和脖子抽筋了。[13]

来看看20世纪60年代和70年代，随着民用煤气被逐渐淘汰，煤气中毒自杀的人数是如何变化的（如图10-1）。[14]

所以，现在的问题是：一旦英国人的头号自杀方式从生理角度来讲已变得不可能，那些想要自杀的人会改用其他方式吗？还是那些本想把自己的头放进燃气炉的人根本就不会再去自杀了呢？

人们只会转而选择另一种自杀方式的假设被称为替代关系理论。替代关系理论认为，当人们一心想要做成某件事，比如自杀时，他们一般很难停下来，杜绝一种可能的方法并不能起太大作用。例如，西尔维娅·普拉斯在过去很长一段时间内都处于情绪不稳定状态，她在上大学时就接受过电击疗法以缓解抑郁症。1953 年，她第一次试图自杀，之后她在波士顿市郊的麦克林医院接受了 6 个月的精神病护理治疗。几年后，她故意把汽车开到河里，当时她用象征手法写了一首相关的诗。

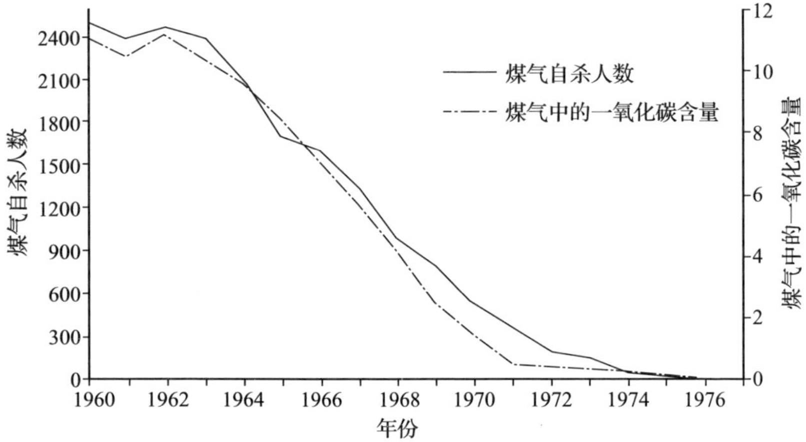

图 10-1　1960—1977 年英格兰和威尔士的煤气自杀人数与民用煤气一氧化碳含量之间的关系

我像猫一样有九条命，

这是第三条。[15]

她仔细堵好每一道门缝，把煤气开关完全打开，最后把头伸到炉子的最里面——她很坚决。如果无煤气炉可用的话，难道她不会去尝试其他自杀方法吗？

另一种可能性是自杀与特定情境相关，这是耦合效应理论的观点。根据耦合效应理论，人的行为与具体情况和条件有关。小时候，我父亲会给我们读查尔斯·狄更斯的《双城记》，最后读到西德尼·卡顿代替查尔斯·达尔奈走上断头台时，父亲竟然哭了。父亲很少落泪，也不是那种一遇到动人场景就会抒发胸臆的人。看悲伤电影时，他不会哭；孩子们离开家去上大学时，他没有哭。也许他会时不时地默默感伤，但除了我母亲，没有人会发现这一点。只有当孩子们坐在沙发上认真地听他读故事，而且当他读到世上最感人的故事情节时，他才会落泪——这两个因素缺一不可，否则谁都没有机会看到他落泪。这就是耦合效应。如果自杀具有耦合性，它就不能被简单地视为抑郁症患者的普遍行为，而应当被看作抑郁的人在极度脆弱的某个特定时刻用非常容易的方式来结束自己生命的行为。

那么，哪种理论更准确呢，是替代关系还是耦合关系？英国天然气的普及是验证这个问题的最佳方法。一方面，如果自杀符合替代关系理论——当你杜绝人们使用某一种自杀方法时，他们会去尝试其他方法——则自杀率本应随着时间的推移而维持在相当稳定的水平，只有在发生重大社会事件时才会波动（例如，自杀率往往在战争年代下降，经济不景气时期上升）。另一方面，如果自杀具有耦合性，则自杀率应该会随着具体自杀方法的可操作性而发生变化：当一种简便的新方法（如煤气自杀）出现时，自杀率会上升；当这种方法失去可行性时，自杀率会下降。这时的自杀率曲线看起来应该像过山车的轨迹。

请看图 10-2。[16]

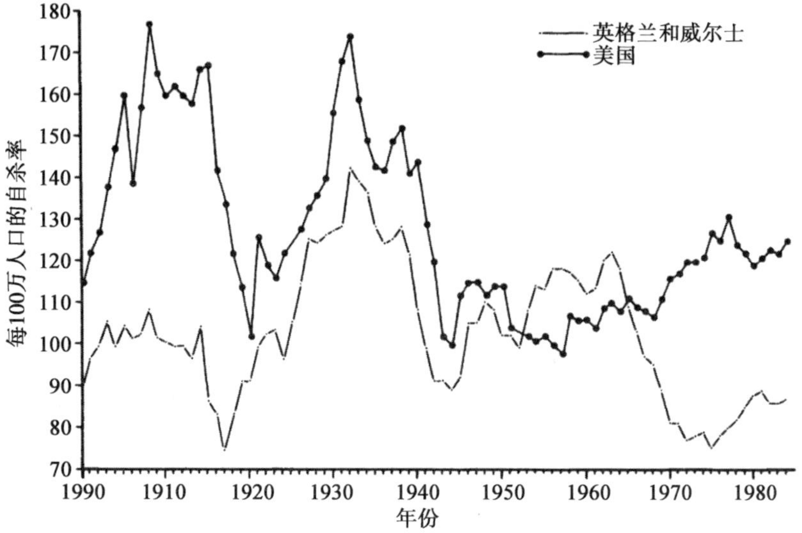

图 10-2　1900—1984 年英格兰和威尔士及美国的煤气自杀率（每 100 万人口）

自杀率曲线就像一条过山车运动轨迹。

当越来越多的英国家庭开始使用煤气时，自杀率会上升；从 20 世纪 60 年代末开始，英国家庭逐步改用天然气后，自杀率急剧下降。在这 10 年里，随着民用煤气逐渐被淘汰，数千人的生命得以保全。

“作为一种自杀途径，民用煤气具有独特的优势。”犯罪学家罗纳德·克拉克在其于 1988 年发表的经典论文中提出第一个支持耦合效应的持久论据：

> 民用煤气使用广泛（覆盖 80% 左右的英国家庭），人们几乎不需要掌握任何入门或专业知识就可使用它，因此对于行动不便

及一时承受极大压力的人而言，这是一种轻而易举的自杀选择。这种死法没有痛苦，不会毁容，也不会导致脏乱的场面（女性自杀时往往会尽量避免这类情况发生）。上吊、窒息或溺死则通常需要更多的准备和计划。而更暴力的死法，比如开枪、割腕、刺杀、撞车，还有从高空跳下，以及突然站到行驶的火车或公共汽车前，一般需要更大的勇气。[17]

以上是对自杀方式的客观陈述，难道不是吗？在克拉克的文章中，他没有对自杀者表示同情，也没有详述导致他们痛苦的根本原因。他只是从客观角度分析自杀行为，就像工程师研究机械问题那样。克拉克回忆道：

当时的精神病学家和社会工作者完全不能接受这种观点。他们认为这种观点十分肤浅。只是通过增加自杀难度应对自杀事件，会让意志消沉、萎靡不振的自杀者在一定程度上感觉受到了侮辱。我收到过许多人对这个观点的反对意见。①

这简直不应该是我们谈论自杀的方式。我们表现得好像死法是与

① 关于我们为何无法理解自杀对生命的危害性，我甚至还未提及最具说服力的例子：美国每年约有 40 000 人自杀，其中一半的人会选择开枪自杀，这是美国人经常选择的一种自杀方法。主要原因是手枪具有致命杀伤力，而且普通民众持有手枪在美国非常普遍——普及度相当于英国的民用煤气。如果美国也像英国一样通过某种方式根除自杀的主要途径，又会发生什么呢？结果不难想象。自杀者将与他们选择的死法解耦。那些少数决意再次尝试自杀的人将被迫选择致死性较低的死法，如过量服药。过量服药的致死性不到开枪自杀的一半。据保守估计，禁枪措施每年可以挽救 10 000 个生命，而这只是针对自杀未遂的情况得出的数据。禁枪确实可以挽救许多人的生命。[18]

自杀不相关的因素似的。20 世纪 20 年代英国家庭开始使用煤气时，英国政府成立了两个委员会来考虑新技术产生的影响。两个委员会都没有提到使用煤气可能导致自杀事件增多。1970 年，英国政府在发布关于天然气普及计划的官方报告时指出，过渡到天然气带来的一个正面影响是致命事故发生率下降，这份报告竟然没有提到自杀——尽管当时故意用煤气自杀的人数大大超过意外因煤气中毒死亡的人数。1981 年，围绕这个主题的最全面的学术著作《英国煤气工业史》出版了，它详细介绍了英国人生活中关于煤气炉和煤气供暖的出现和发展的方方面面，书中是否谈及煤气对自杀的影响，即便是顺带一提呢？没有。

或者我们不妨想想令人费解的旧金山金门大桥跳桥自杀频发的原因。[19] 自 1937 年开通以来，这座桥上发生过 1 500 多起自杀事件，成为该时期世界上自杀人数最多的地点。①

关于金门大桥，耦合效应又能告诉我们什么呢？根据耦合效应理论，如果桥两边有护栏可以防止人们跳桥，或者如果人们坠落后有安全网接住他们，金门大桥的自杀发生率则可能会大大降低。跳桥自杀未遂的人可能不会继续从其他地方跳下自杀，因为他们的自杀决定与金门大桥具有耦合关系。

根据心理学家理查德·塞登的侦察结果，情况也确实如此。1937—1971 年，塞登持续追踪研究了 515 个曾试图从金门大桥跳桥

① 金门大桥的自杀发生率令人十分震惊。于是，2004 年，电影制片人埃瑞克·斯蒂尔在桥两端各安装了一台摄影机，同年完成了 22 起自杀事件的纪实拍摄。斯蒂尔后来拍摄的纪录片《金门大桥》可作为跳桥死亡的典型案例研究，其中完整地拍摄了一个叫吉恩·斯普瑞格的 34 岁男子跳桥自杀前在桥上来回走了 93 分钟的过程。如果你在金门大桥上待的时间足够长，就有可能会看到有人试图跳桥自杀。[20]

自杀，但后来被意外阻止的自杀者。在这 515 人中，只有 25 人会继续固执地寻求其他方式自杀。压倒性的数据表明，想要在特定时刻从金门大桥跳桥自杀的人只是想要在这种特定时刻从金门大桥跳下去。[21]

那么，负责金门大桥运营的市政当局是什么时候最终决定安装防自杀护栏的呢？是 2018 年，也就是金门大桥开通 80 多年后。正如约翰·贝特森在《最终的一跃》一书中指出的那样，尽管金门大桥上从未发生过骑自行车的人被汽车撞死的事故，桥梁管理局却耗费数百万美元安装了交通护栏，以保护那些骑车经过金门大桥的人。桥梁管理局以“公共安全”为由，花费数百万美元建造了桥梁的中间设施，分隔南、北向行驶的车流。在金门大桥的南端，管理局架设了一道 8 英尺高的防飓风栅栏，防止垃圾被吹到先前的地下军事设施贝克堡上。管理局甚至在建造金门大桥的初期安装了造价成本很高的防护网，防止施工人员意外坠落身亡。当时这张防护网挽救了 19 条生命，完工后即被拆除。但是对于跳桥自杀的防护措施呢？ 80 多年来，管理局什么也没做。

现在想来，这是为什么呢？难道是因为金门大桥的管理人员冷酷无情吗？肯定不是。其实是因为我们真的很难接受这样的观点：人的行为与发生地点具有紧密的耦合性。多年来，桥梁管理局都会定期征求公众意见，了解他们是否支持搭建防自杀护栏。意见信总体可分为两类：支持方往往是亲朋好友有过自杀行为的人，他们对自杀者的心理有一定的了解；其余的人——实际上占大多数——根本没有想过关于自杀行为的耦合效应。

以下是部分人的观点：

“如果金门大桥上建起了物理防护栏，那么3个月后，如果有人拿着一把手枪朝北塔楼走去，因为不能跳桥而感到挫败，便直接拿枪对准自己的脑袋扣动扳机，我一点儿也不会感到惊讶。这样一来，又有什么必要浪费数百万美元建造自杀防护栏呢？”

“想自杀的人会找到很多方法去结束他们的生命，比如吃药、上吊、溺水、割断动脉，或者从其他桥梁或建筑物上跳下。把钱花在更多人的精神保健上，而不是只担心那些少数跳桥自杀的人，这样不是更好吗？”

“我不赞成建造防自杀护栏，因为这样做只会浪费钱，不会有任何效果，在金门大桥上跳桥自杀未遂的人还是会找到其他更有效的方式自杀的。与跳桥自杀的人相比，从高楼上跳下的人更有可能砸死街上的行人。”

“防自杀护栏只会浪费钱，破坏金门大桥的美观。因为自杀的方法有很多种，在一种方法被剥夺时，想自杀的人自然会找到另一种死法。”[22]

在一项全美范围的调查中，3/4的美国人认为，当金门大桥最终建起防自杀护栏后，想要跳桥自杀的大多数人只会因此去选择其他方式自杀。① 但这绝对是错误的，因为自杀行为具有耦合性。

---

① 事实上，34%的美国人认为，在金门大桥上自杀未遂的每个人都会转而选择其他死法。[23]

面对陌生人时，我们常犯的第一种错误——“默认真实”和“透明”假设——使我们无法理解作为个体的陌生人。除此之外，我们还会犯的另一种错误——不重视陌生人所处的环境，这使我们理解陌生人变得更加艰难。

4

布鲁克林第72辖区管辖着格林伍德公墓周围的区域，它北起展望高速公路，南至湾脊区。公墓西边和滨水区之间有一狭长地带，许多街道顺山坡而下通往水边，一道看似摇摇欲坠的高架路从中间蜿蜒而下。如今，这里已是一个高档社区。然而，30年前，当戴维·韦斯伯德一整年都在附近的街道上走来走去时，情况却并非如此。[24]

“当时这个地方和现在完全不一样。”韦斯伯德回忆道，“以前这里是一个可怕的地方。公寓楼的大厅里有冰箱，过道里有许多垃圾。每栋公寓楼的后院都堆着5英尺高的垃圾。如果你在大街上走动，你就可能会遇到恐吓你的人。”

韦斯伯德是受过训练的犯罪学家。在耶鲁大学求学期间，他完成了一篇出色的毕业论文，研究的是以色列约旦河西岸定居者中的暴力行为。他出生于布鲁克林，从耶鲁大学毕业后，回到旧城区，找了一份从事研究项目的工作。

韦斯伯德的工作地点是第四大街上的一栋民房。这栋房子不高，但体积庞大，是一栋现代主义风格的方形建筑，看起来像是以前为了击退入侵军队而设计的。参与研究项目的有9名警察，每人负责巡视

10～30 个街区。韦斯伯德说：“他们的工作就是在那些巡视区域周围四处走动，向公众了解情况，然后找到问题的解决方法。”韦斯伯德是观察员兼记事员，他负责记录他在研究中了解到的情况。一年当中，他每周工作 4 天，一直在做记录工作。“我总是穿西装、打领带，而且有警察身份证明。街上的人都以为我是侦探，每次我都会说：‘哦，我不是。’”

过去他一直在图书馆里研究犯罪行为。现在他经常与巡警肩并肩，在实践中学以致用。从一开始，他就感到有些奇怪。人们通常认为，犯罪行为与特定社区相关，哪里充斥着贫困、毒品、家庭混乱等问题，哪里就有犯罪：经济和社会不利条件的广泛影响导致这些社区内的居民目无法纪。

比如，洛杉矶的中南区、巴黎的郊区及伦敦的布里克斯顿就是这样的犯罪高发区。韦斯伯德来到了纽约一个类似的社区，但是这个社区完全不是他想象的那样。“我很快就发现，在我们了解了这片区域后，我们把所有时间都花在了一两条街道上。”他说，“这是镇上最糟糕的社区，但大多数街道上并没有发生任何犯罪事件。”

一段时间后，他觉得在巡逻区巡查每一条街道似乎毫无意义，因为大多数街道上基本没发生什么事。他不明白这是为什么。罪犯通常是不受社会条规约束的人，他们会被内心的阴暗冲动——比如精神失常、贪婪、绝望、愤怒等——驱使着去犯罪。韦斯伯德认为，了解罪犯为什么干坏事的最好办法就是了解他们的本我。“我把他们称为‘德古拉[①]

① 德古拉，布拉姆·斯托克的小说《德古拉》中的著名的吸血鬼。其原型取自欧洲历史上著名人物古代罗马尼亚名将，后被封为大公的弗拉德三世，以残忍而出名。——编者注

模型'。"韦斯伯德说，"有些人就像德古拉一样，他们不得不干坏事。这种模型表明，有些人的犯罪动机很强，没有什么可以阻止他们犯罪。"

但如果德古拉模型理论成立，也就是罪犯们会在无尽欲望的驱使下去制造混乱，那他们本应该在第 72 辖区内到处游荡作乱。在这里，德古拉式罪犯赖以生存的社会条件无处不在。但是，这类罪犯在这里却并不常见。他们只活跃在特定街道上。韦斯伯德所说的"街道"指的是街区的一块地方，即某一段街道。你可能会看见某段街道上充斥着犯罪行为，而走到下一段（即穿过一个交叉路口）却会见到长治久安的景象。事实就是这样。难道罪犯没有脚，不会走路吗？那么汽车呢？地铁呢？

"于是我开始重新思考我的犯罪学理念。"韦斯伯德说，"像其他大多数人一样，我的研究都是关于罪犯的。但就像我说过的，也许我们更应该多关注地点因素。"

5

结束在布鲁克林的工作之后，韦斯伯德决定与另一位年轻的犯罪学家拉里·谢尔曼合作进行研究。谢尔曼也一直在按照相同的思路思考。[25]"当时，全美艾滋病分布图给了我启发。"谢尔曼回忆道，"分布图显示，5 万次人口普查中的 50 次涵盖了美国一半以上的艾滋病患者。"在他看来，艾滋病并不像是一种可以在这片土地上随意肆虐的传染性疾病，反而更像是某些人群之间及某些特定地点之间的相互作用，它是一种有着内在逻辑的流行病。

想要研究犯罪的地理因素，收集相关数据并不容易。犯罪活动一般是由相应辖区上报的，通过这种上报，人们只能知道犯罪是在哪个辖区发生的。但韦斯伯德于不久前刚巡视过第 72 辖区，他知道，如果辖区无法提供具体的犯罪地点，那这将对他们的研究毫无帮助，因为他们需要犯罪活动发生的更具体的地址。幸运的是，谢尔曼认识愿意提供帮助的明尼阿波利斯警察局局长。“你是怎么找到这个警察局局长的？他竟然愿意帮助我们，我们就选明尼阿波利斯作为研究对象吧。”[26] 韦斯伯德笑道。

整理所得数据后，谢尔曼发现了一个让人难以置信的事实：全市 3.3% 的街道区段所打的报警电话次数占全市所有报警电话拨打次数的 50% 以上。韦斯伯德和他在罗格斯大学的研究生在墙上挂了一张明尼阿波利斯的地图，他们在有犯罪活动的所有区域都贴上纸条后发现，结果不容忽视：在研究第 72 辖区时，韦斯伯德就预料犯罪活动会有些集中。但集中程度如此之高，却是他始料未及的。“当我和拉里谈到那次研究时，我们不约而同地说：‘噢，我的天呐！’”

大约在同一时间，另一位犯罪学家在波士顿进行了类似研究后发现：全市一半的犯罪活动集中在 3.6% 的街区内。[27] 这样就有了两个实例。韦斯伯德决定研究其他城市的情况，包括纽约、西雅图、辛辛那提。谢尔曼负责研究堪萨斯和达拉斯。只要有人质疑，他们两个就会拿数据说话。在研究过的每一个地方，他们都发现了相同的结果：每个城市的犯罪活动一般都集中在极少数的街道区段上。韦斯伯德决定尝试研究文化、地理和经济条件完全不同的一个外国城市。他的老家在以色列，于是他想到了特拉维夫市，他研究后所得的结果与之前的研究十分相似。“我忍不住感叹：‘噢，我的天啊。快看看这个结果！为什么 5% 的特拉维夫街道上发生的犯罪活动竟然占全市的 50%？在这个完全不同的城市里，研究结果还是一样。’”韦斯伯德把这个发现称为“犯罪集中定律”。① 就像自杀一样，犯罪行为与十分具体的地点和情境相关。韦斯伯德在第 72 辖区和明尼阿波利斯的经历并非特有现象。他们的发现几乎揭示了关于人类行为的一条普遍真理。这意味着，在面对陌生人时，你必须考虑与陌生人相见的时间和地点，因为这两个因素会极大地影响你对陌生人的理解。

6

让我们回到西尔维娅·普拉斯的故事。普拉斯写过一部有些自传性质的长篇小说——《钟形罩》，她把小说主人公埃丝特·格林伍德描述为一个带有疯癫血统的女性。埃丝特总想着自杀——完全就像罗纳德·克拉克（将民用煤气与自杀联系起来的犯罪学家）猜测的那样。她对于如何了结自己的生命这个问题极为敏感。“如果你要自杀，你

① 请参照韦斯伯德绘制的西雅图地图（本书第 346 页）。这些圆点表示西雅图的犯罪“高发区”。如果你与西雅图人交谈，他们就会告诉你西雅图有一些危险区域。但是看过地图后，你就会发现，他们的说法并不对。西雅图不存在危险社区，只有极少数犯罪高发的街道区段。这些问题街区与同城的其他区域有什么区别呢？这是一连串因素共同作用的结果：犯罪高发区往往位于城市主干道上，往往有空置地段、公交站、不投票的居民，这样的区域往往也位于学校等公共设施附近。变量一直存在，其中一些是众所周知的，而其他许多变量是不被关注的。因为大多数变量十分稳定，所以这些街区的情况不会随时间的变化而发生重大变化。[28]

会怎么做?”埃丝特问和她一起躺在沙滩上的一个年轻人卡尔。

> 卡尔似乎很高兴。“我经常想到这个问题。我会拿把枪打爆自己的头。”我觉得有点儿失落。好像男人都会直接拿枪自杀。我很有可能也会拿起一把手枪，但即使这么做了，我也不知道应该朝自己身体的哪个部位开枪。

那天早上，埃丝特试图用她母亲浴袍上的丝带把自己勒死，但没有成功。“每次我勒紧绳子时，我就会感觉双耳嗡嗡作响，满脸充血，于是我的双手就会松开绳子，然后很快我就感觉舒服多了。”她和卡尔游向岸边。她决定淹死自己，于是潜入海底。

> 我潜了一次又一次，但每次我都像软木塞一样被弹了出来。
> 灰色的岩石嘲笑着我，它像救生圈一样在水面上自由晃动。
> 我知道自己又失败了，于是游回岸边。[29]

普拉斯小说里的主人公并不是真的想要自杀，她只是在寻找自杀的方法，而且，并不是任何方法都是她能接受的。这点恰好印证了耦合效应：行为具有特定性，她需要找到一种合适的死法。在2月的那个寒冷的晚上，西尔维娅·普拉斯就正好在厨房里找到了适合她的自杀方法。

如果你知道这布巾如何消磨我的时光。
对你，它们不过是清澈透明的片片晴空。

上面这两句出自普拉斯的《生日礼物》，这首诗写于 1962 年 9 月，也就是普拉斯移居伦敦，开始她生命中最后几个月的痛苦生活的时候。

上帝啊，云朵好似棉花。
它们的军团，是一氧化碳。
美美地、美美地吸入，
无形地填充我的血脉……[30]

下图是 1958—1982 年 25～44 岁英国女性的自杀率示意图[31]（普拉斯死时只有 30 岁）。

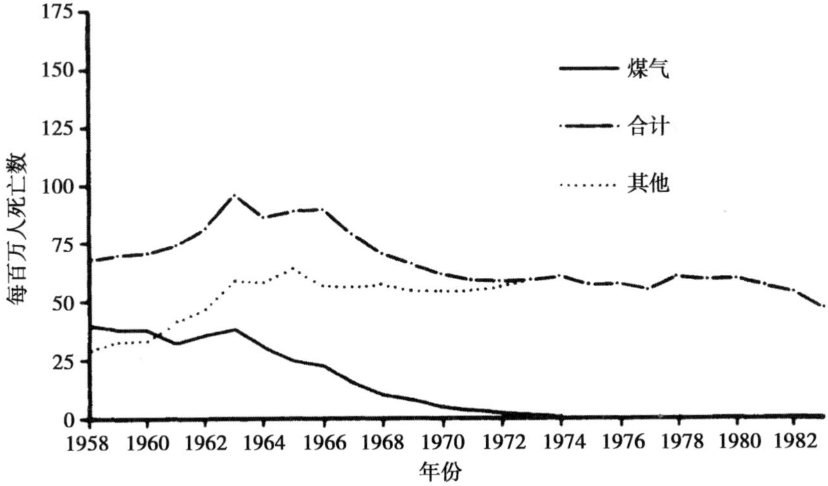

图 10-3　英国 25～44 岁女性使用民用煤气自杀及其他自杀方法的自杀率

20 世纪 60 年代初期，普拉斯自杀时，与其年龄相仿的英格兰女性的自杀率达到了令人震惊的10/100 000（即每100 000人中就有10人自杀）——让人痛心的是，其中很多人都是通过煤气中毒自杀成功的。英格兰女性的自杀率也因此达到了历史最高水平。[32] 到1977年，燃气变革完成后，天然气得到普及，相同年龄段的女性自杀率大约降到了原来的一半。普拉斯确实运气不好，如果她晚10年再自杀，也许就没有像云朵的“一氧化碳”让她“美美地、美美地吸入”了。

7

西尔维娅·普拉斯和特德·休斯结婚两年后，两人于1958年秋移居波士顿。那时普拉斯的诗作还不像几年之后那样知名。普拉斯曾在马萨诸塞州综合医院的精神科工作，是一名前台接待。她经常在晚上参加波士顿大学的写作研讨会。在那里，她遇到了另一位年轻诗人——安妮·塞克斯顿。塞克斯顿比普拉斯大4岁，她高雅迷人，魅力十足，非常漂亮。后来，塞克斯顿因为诗集《生或死》获得普利策诗歌奖，一跃成为美国当代最有影响力的诗人之一。普拉斯和塞克斯顿很快成了朋友，她们总是下课后再一起待一会儿，然后和另一位诗人乔治·斯达巴克一起出去喝酒。

“我们一起钻进我那辆旧福特车。我开车，她坐在副驾驶座上，然后我猛踩油门，一路超车飞奔到丽兹酒店或那附近的地方。”普拉斯死后，塞克斯顿在一篇文章中回忆道。

> 我经常把车胡乱停在仅限装卸货物使用的停车区，然后兴奋

地告诉他们："没事的，我们很快装完就走！"下车后，我们一边一个挽着乔治的胳膊走进丽兹酒店，然后喝上 2～4 杯马天尼。

塞克斯顿和普拉斯都很年轻，天生才华横溢，而且都痴迷于自杀。

我和西尔维娅经常一边吃着免费的薯条一边详细述说我们的第一次自杀经历。自杀毕竟与作诗完全不同。我和西尔维娅经常谈论死亡。每次谈到死亡时，我们都会异常兴奋，就像飞蛾被电灯泡吸引一样想义无反顾地扑向光源。[33]

塞克斯顿来自一个有精神病史的家庭。她经常情绪不稳定，而且厌食，抑郁，酗酒。她至少试图自杀过 5 次。她曾从父母的药柜里偷了一瓶戊巴比妥钠（大量服用可致死），然后放在手包里随身携带。正如她的传记作者狄安娜·伍德·米德尔布鲁克解释的那样，塞克斯顿希望"在想死的时候随时能够死"[34]。

四十多岁的时候，塞克斯顿的人生落入低谷。她酗酒越来越严重，之后婚姻破裂，总是写不出好诗。1974 年 10 月 4 日上午，塞克斯顿与一个老朋友共进了早餐，然后又与另一个朋友共进了午餐，仿佛在跟朋友们说再见。

米德尔布鲁克写道：

她摘下戒指，将它放进大手包里，从衣橱中拿走母亲的旧毛皮大衣。尽管那是一个晴朗的午后，空气中却仍旧弥漫着一丝寒意。大衣的缎面衬里虽已破旧，但一定很快温暖了她的肌肤。她觉得死亡像一个拥抱，让她可以在熟悉的怀抱里安然入睡。[35]

她给自己倒了一杯伏特加，一心想着结束自己的生命。就像她的朋友西尔维娅·普拉斯一样，塞克斯顿也是一个注定早逝的天才。米德尔布鲁克写道："没有人真正了解安妮·塞克斯顿，大家都对她的自杀行为感到惊讶不已。"[36]

现在，请再想一想塞克斯顿自杀的原因。如果自杀具有耦合性，那么塞克斯顿的性格和精神异常只能部分地解释她最后的结局。普拉斯之死也是如此。普拉斯的朋友阿尔弗雷德·阿尔瓦雷斯认为，太多的人把她描绘成"为艺术而毅然献身的受害者"[37]。阿尔弗雷德是完全正确的。因为根据那些人的观点，普拉斯的身份与她的自杀行为紧密相关，这实际上曲解了她的身份。耦合效应使我们意识到，陌生人非常复杂，难以理解。

我认为，韦斯伯德的一张地图更好地说明了这一点。图 10-4 画的是泽西城隔哈得孙河与曼哈顿区相望的区域。[38]

科尼利森大道、格兰特街和费尔芒特大道围成的中间深灰色区域是卖淫高发区，而且已经存在一段时间了。几年前，韦斯伯德进行了一项实验：他特别安排了 10 名警察（就当时来说，数量已经很多了）在这几个街区巡逻，结果这片区域的卖淫交易量减少了 2/3，这并不奇怪。

不过，韦斯伯德最感兴趣的是地图上颜色较浅的区域（即深灰色梯形之外的浅灰色区域）内所发生的情况。当警察严厉打击卖淫活动时，性工作者是否只在一两条街道上揽客？韦斯伯德让训练有素的观察员守在这片区域，借机向性工作者打听情况。她们转到了其他地方吗？没有。事实证明，大多数人宁愿尝试其他方法（比如转行、改变行为等），也不愿离开她们熟悉的地方。她们不仅仅与熟悉的地方有耦合关系，更是被牢牢地“拴”在了这个地方。

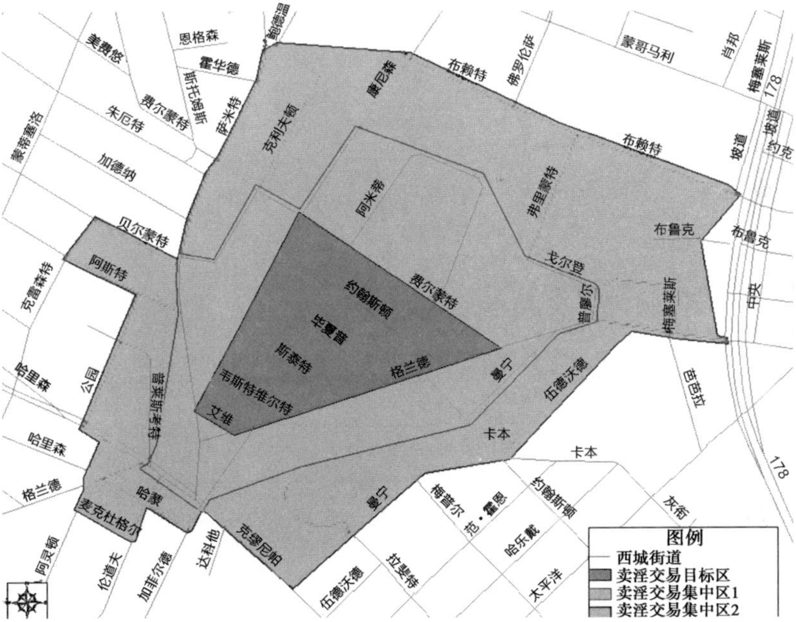

图 10-4　韦斯伯德的泽西城地图

我们发现，那些性工作者的回答一般是：“我就要在这个地方，不想转移到其他地方，要是我转移了，客人就会找不到我”或者“我不能离开，不然我就得重新找客人”。这些都是她们不愿离开的客观原因。还有一个原因是：“如果我去其他地方——更适合卖毒品的地方——卖毒品，原来在那个地方卖毒品的人就一定会干掉我。”

了解一名性工作者最简单的方式就是把她视为被迫接客的人——是被窘迫的经济和社会条件铐牢的囚徒。她们和我们其他人是不同的。但是，当被问到不离开的原因时，这些性工作者首先会说什么呢？离开原来的工作地点确实很难，就像每个人不愿离开熟悉的地方一样。

韦斯伯德继续写道：

> 她们谈到了揽客的艰辛。因为在新的地方必须重新找客人。她们还谈到了危险因素，也就是她们不认识的人。她们所说的“不认识的人”是什么意思呢？“在这里，我知道谁会报警，谁不会报警。”对她们来说，这的确是一个很严重的问题……在原来的地方工作时，她们能较准确地预测周围人的行为。但到一个新地方之后呢？你不了解周围的人，表面上看起来是坏人的人也许是好人，而那些外表善良的人也可能有一肚子坏水。
>
> 采访者问：“你们为什么不到离这里只有4个街区的地方揽客呢？那里也是一个卖淫交易区。”她的回答是：“那边的女孩儿和我不是一类人，我在那里总觉得不舒服。”她的回答让我很震惊……虽然在生活中，她们是有很多问题和困难的人，但当她们面对同样的问题做出反应时，她们和你我相差无几。

她们有些人可能有孩子在附近的学校上学，这里有她们经常买东西的杂货店、经常交往的朋友、需要照料的父母等，因此她们有各种不愿到其他地方工作的原因。尽管她们从事的是性工作，但她们首先也是母亲、女儿、朋友和公民。耦合效应再次使我们意识到，陌生人非常复杂，难以理解。

塞克斯顿是否决心用一切可能的办法了结自己的生命呢？显然不是。她永远不会开枪自杀。“欧内斯特·海明威饮弹自尽是我能想到的最有勇气的行为。”[39] 她曾对她的理疗师说，“我担心死前的那几分钟，那种对死亡的恐惧会让我受不了。用药片自杀就不会有这种恐惧。但如果用手枪，即使只有一分钟，那也是一种极可怕的恐惧，所以我会尽一切努力避免经历这种恐惧。”

她选择了就着酒把药吞下，她认为这是适合女性的死法[40]。图 10-5 就从致死率角度对各种自杀方法进行了比较。[41]

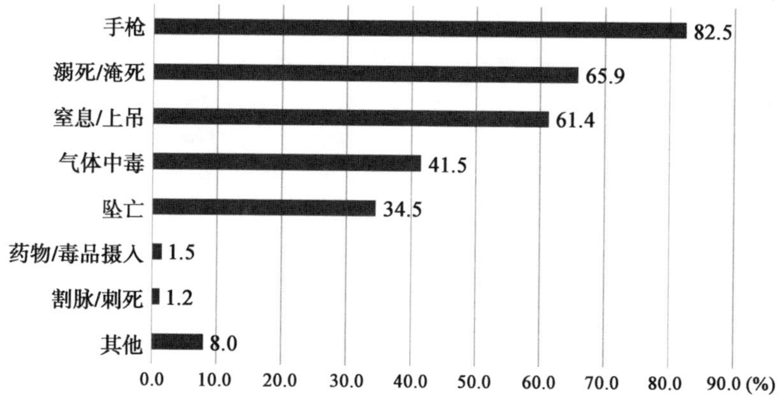

图 10-5　各种自杀方法的致死率

在图 10-5 中，过量服药的致死率为 1.5%。塞克斯顿执意选择的这种自杀方法极可能杀不死她。这不是巧合。像许多有自杀倾向的人一样，对于继续活下去还是结束自己的生命，她心里也很矛盾。她几乎每天晚上都服用安眠药，谨慎地将药量控制在正常和过量之间，但从未超过这个临界量。请看她在诗作《瘾君子》中的内心独白：

睡眠贩子，
死亡贩子，
掌心每晚托一把胶囊，
从那心爱的药瓶里一次倒八粒，
我是在安排一次小型旅行。
我是皇后，掌控这情状。
我是安排这旅行的专家，
而现在他们说我是瘾君子。
现在他们问为什么。
为什么！
难道他们不知道
我曾承诺要去死！
我一直在锻炼。
不过是保持了体形而已。
药片是妈妈，又胜过妈妈，
五彩缤纷，像酸糖球一样诱人。
我因免死而节食。[42]

不过，普拉斯的死让塞克斯顿觉得，她需要重新审视自己的自杀方法。她对治疗师说：“西尔维娅·普拉斯的死让我心驰神往，她死得多完美啊。”[43] 她觉得普拉斯选择了一种更适合女性的死法。她死得像一个“睡美人”[44]，连最后时刻也毫无瑕疵。塞克斯顿需要一种没有痛苦、不会使她外表狰狞的自杀方法。到1974年，她确信利用汽车尾气中毒自杀完全符合这个标准，汽车尾气就是帮助她自杀的“民用煤气”。她想到了这个方法，也和朋友谈论过。

于是塞克斯顿摘掉戒指，穿上母亲的皮大衣，她要用上述方法结束自己的生命。她走到车库，关上车库门，钻进她那辆红色的1967年款水星美洲豹，坐到前座上，发动了引擎。当然，她最初选择的安眠药自杀和后来的一氧化碳中毒自杀之间的区别在于，前者很少致命，而一氧化碳的致死率却很高，她在15分钟内就没有了气息。

塞克斯顿的自杀故事和普拉斯的还有一点非常相似。从1975年——塞克斯顿自杀死亡的第二年——开始，美国要求在售汽车排气系统上必须安装催化转化器。催化转化器是辅助燃烧室，它可以使汽车尾气中的一氧化碳燃烧殆尽，然后和其他杂质一起排出尾气管。塞克斯顿那辆1967年款水星美洲豹汽车尾气中含有很浓的一氧化碳，这就是她可以坐在密闭的车库内发动引擎，在15分钟内就快速死亡的原因。而在1975年款的美洲豹汽车尾气中，一氧化碳浓度只有老款的一半。如今的汽车产生的一氧化碳更少，汽车尾气中已几乎不含一氧化碳。所以，如今再想通过在密闭车库里发动汽车来自杀，已经很难成功了。[45]

就像她的朋友西尔维娅·普拉斯，塞克斯顿的运气也不好。她一心想用心中认定的自杀方法了结生命，而在一年后，那种方法就失去了原来的致命性。如果她人生中最艰难的时期是在 1984 年，而不是 1974 年，也许她就不会早逝了。

我们听说，丽兹酒店的酒吧里来过两位杰出的年轻诗人，她们会兴奋地诉说着各自的首次自杀经历，然后我们就会说，她们都活不了多久。耦合效应理论让我们有了完全不同的看法，它告诉我们，不要一看到陌生人就匆忙下结论，我们不妨多了解一下陌生人的世界。

第 11 章
集中定律

案例分析：堪萨斯城实验

1

一个世纪以前，美国执法部门的一位传奇人物 O. W. 威尔逊提出了“预防巡逻”的概念。① 威尔逊认为，让警察不断地在整个城市的所有街道上随机巡逻可以阻止犯罪活动。任何潜在罪犯在作案前总会想：警车是不是就在附近？

请想一想，当你走在所在社区附近的街道上时，你会觉得警察就在附近吗？一般城市都占地多，面积广。显而易见，普通警力——甚至是大规模警力——很难让人感觉他们无处不在。

这是 20 世纪 70 年代早期堪萨斯城警察局面临的问题。于是警察局打算另外雇用警察，但他们却在如何部署警力方面发生了分歧。他们是应该听取威尔逊的建议，让警车在市区内随机巡逻，还是应该把警力部署在具体位置，比如学校或相对混乱的社区呢？为了解决这个问题，堪萨斯城请来了著名的犯罪学家乔治·凯林。

---

① 威尔逊在堪萨斯州威奇托担任警察局局长时首次尝试预防巡逻，后来他赴任芝加哥警察局局长。

“其中一方认为警车四处巡逻无济于事，这并不能使状况得到任何改善。”凯林回忆说，“另一方则认为绝对有必要加强警车巡逻。双方陷入了僵局，于是他们就把我请来了。”

凯林的想法是从堪萨斯城南部选定15个巡逻区，再把这些巡逻区分为3组。这是一片很大的区域：面积有32平方英里[①]，人口有15万，社区有好有坏，边缘地段还有一些农田。第一组社区是对照组，警察会按照以往的方式进行巡逻；在第二组社区，凯林没有部署任何预防巡逻的警力，警察只在接到电话时出警；在第三组社区，他把街道上巡逻警车的数量增加到原来的两倍，有时增加到原来的三倍。

“警方从来没有做过这样的尝试。”凯林回忆说，“那年是1970年，当时没有任何介绍警察执法策略的文献……警务工作还处于非常初始的阶段。”像O. W. 威尔逊这样的人有一些基于直觉的想法。但警务工作是一门艺术，不像某种新药可以拿来进行评估，警察的执法艺术不是一门可以被评估的学科。凯林说，当时许多人都觉得他的实验肯定无法进行，因为“警察根本没有做好做研究的准备。我可能无法进行这个实验，因为他们一定会横加阻拦”。但凯林却得到了堪萨斯城警察局局长的支持。这位警察局局长在联邦调查局工作过很长时间，当他得知许多警察局似乎对执法策略一无所知时，他非常震惊。“我们许多人都觉得，”这位警察局局长后来坦言，“尽管我们在工作中不停地训练、武装和部署，但却对自己的工作不甚了解。”[1]他让凯林按计划进行研究。

① 1平方英里约为2.6平方千米。——编者注

凯林进行了长达一年的实验，其间他认真收集和统计了以上3组社区内的犯罪活动。他有什么发现呢？加强巡逻没有任何作用。3组社区的盗窃案发生率不相上下。汽车盗窃、抢劫、故意毁坏公物的发生率也是如此。与无巡逻社区的居民相比，巡逻加强区内的市民并没有感到更加安全，他们甚至没有注意到发生了什么变化。“3组社区的研究结果都一样，没有任何区别。”凯林说，“这次研究对公民满意度和犯罪发生率没有任何影响，它似乎失去了意义。”

美国所有警察局的局长都阅读了关于这次研究结果的报告。最初，所有人都不相信这个结果，某些城市的警察局仍然支持威尔逊的观点。凯林记得洛杉矶警察局局长曾在一次全美执法会议上站出来反对：“如果研究结果属实，那么堪萨斯城的每一位警察都有玩忽职守之嫌，因为我敢向你们保证，这种情况一定不会发生在洛杉矶。”

但后来，持反对意见的人也逐渐相信了凯林的研究。当时，美国的暴力犯罪率居高不下已长达20年，这项研究结果出现之后，执法人员更觉得，他们的任务异常艰巨。他们原以为可以通过加强巡逻来预防犯罪，但现在堪萨斯城警察局对这个假设进行了实际验证，结果却表明，警察巡逻形同虚设。如果巡逻不起作用，那他们还能做什么呢？纽约市警察局局长李·布朗曾在一次著名采访中对强效可卡因屡禁不止的窘况表示无奈，差一点儿就认输了。布朗说：“单靠警方力量远远不足以解决这个国家的社会问题。”他阅读过乔治·凯林的堪萨斯城实验报告。这让他更加绝望。布朗认为，无论一个城市有多少警察，“传统的治安手段永远不足以遏制犯罪……如果没有警察始终部署在城市的各个区域，巡警当场遇到犯罪活动的概率会非常小”。[2]

1990年，乔治·赫伯特·沃克·布什总统来到堪萨斯城。他用了一个上午走访堪萨斯城内最贫穷、暴力活动最多的社区之一，之后向当地警察发表了演讲。他试图保持积极乐观的心态，但他没能做到：那年堪萨斯城的凶案发生率是全美平均水平的3倍。（在之后的3年内——1991—1993年——接连升高。）他对这方面情况没有太多可说的，演讲进行到一半时，布什总统只好列举堪萨斯城街道上发生的可怕事件：

> 一个4岁男孩在一所可疑的破房子内被枪杀致死；一个11岁的孩子在一个吸毒窝点外中枪倒地，据说是一个负责放哨的14岁少年开的枪；市中心的一家酒吧里，一位母亲卖掉襁褓中的婴儿，用钱去买毒品；一场爆炸让一家三代人丧生，包括祖母和三个小孩。这些头条新闻令人惊恐，令人厌恶，令人发指。[3]

20世纪90年代初期，即第一次堪萨斯城实验20年之后，堪萨斯城决定再进行一次实验。这次他们请来了年轻的杰出犯罪学家劳伦斯·谢尔曼。就像当初邀请乔治·凯林一样，他们给了谢尔曼完全的行动自由。是时候进行第二次堪萨斯城实验了。为什么不呢？毕竟找不到其他有效措施了。

2

劳伦斯·谢尔曼认为应该把管理重点放在枪支管控上。他认为，这座城市内枪支泛滥的状况是助长暴力盛行的主要因素。他的计划是按顺序尝试各种办法，严格评估各种方法的有效性，就像凯林之前做的那样，最后确定最佳方案。他召集堪萨斯城的一群高级警察召开了计划会议。他们把试验区选在了第144巡逻区，即一个只有0.64平方英里的小社区。该社区西起第71号高速公路，南接第39号大街，社区内大部分是独户房子。第144区就和20世纪90年代初的堪萨斯城一样糟糕，其凶案发生率是全美平均水平的20倍，平均每天发生一起凶案，每年发生24起枪击事件，1/3的土地处于空置状态。就在几个月前，一名警察在街上巡逻经过第144区时，看到街上有几个孩子在打篮球。他停下巡逻车，走出来，要求他们到其他地方打球。这时，其中一个孩子直接把篮球朝警察头上扔去，另外两个孩子也突然向警察发起进攻。第144区就是一个这样的地方。[4]

谢尔曼的第一个方案是，在3个月内，让警察两人一组走进社区挨家挨户敲门，向居民自我介绍后，向他们宣传枪支暴力的危害，再发给他们一张印有800举报热线的宣传单，鼓励他们如果听说任何有关枪支的线索，就可以进行匿名举报。该方案按计划顺利地进行了。在许多次宣传走访中，警察后面都跟着犯罪学研究生詹姆斯·肖，他的工作是评估方案的有效性。社区居民对警察的这种走访感到惊喜，之前，除了执行逮捕，警察从未上过门。现在警察却能来到他们家中和他们交谈20分钟。在随后的总结中，肖不无感动地写道：

> 警察多次前往那个社区挨家挨户做宣传，用友好、不具威胁性的口吻与居民交谈。因此，受访居民都非常支持，也很欢迎警

察的宣传。他们经常对来访的警察说“愿上帝保佑你们所有人，之前要是有这样的行动就好了”，“感谢上帝！我之前从没想过你们竟然会来这里”，诸如此类的话。[5]

最后，88% 的受访者表示，如果看到枪支，他们就会拨打举报热线。那么，在历时 3 个月对 858 户居民挨家挨户做宣传后，警察局接到了多少次举报电话呢？两次。而且这两次举报电话都是关于另一个社区的枪支问题的。

大家很快就意识到，问题不在于第 144 区的居民不想提供帮助。他们其实是想贡献力量的，只是他们一般都待在自己的家里不出门。一位房主对肖说：“这个社区就像贝鲁特一样令人害怕。”如果居民因为太过害怕而不敢出门，那他们又如何知道哪些人有枪支呢？肖写道：

与堪萨斯城内其他许多社区的居民一样，这里的人就像笼中动物一样闭门不出。房屋窗户上通常装有铁栅栏式防盗网，二楼窗户上的铁栅栏式防盗网也很常见。更令人沮丧的事实是，几乎家家户户都把百叶窗和窗帘紧紧拉上，好像要与外面的一切隔绝一样。这里的老人们把自己锁在家里，闭门不出。他们会听到外面的声音，外面有时听起来就像战场一样，但他们什么也看不到。[6]

谢尔曼等人的下一个方案是培训警察，教他们发现藏匿枪支的技巧。负责培训的教官是纽约市的一位名叫罗伯特·T. 加拉格尔的警官，他从业 18 年，成功缴获过 1 200 多个不法分子的枪械。加拉格尔有一套周密的理论，且历经多年实践：大部分街头犯罪分子会把枪支藏在腰间（右撇子习惯放在左侧），造成步幅上的细微但可辨别的变化。带枪支的一侧的那条腿迈出的步距一般比另一侧的小，而且同侧手臂的摆动幅度也会出现类似受约束的情况。加拉格尔认为，经过马路边或下车时，持枪者总会瞥一眼武器或不自觉地调整其藏匿位置。

热线举报尝试失败后，加拉格尔大张旗鼓地飞往了堪萨斯城。他召开了研讨会，还精心制作了演示视频。参加培训的警察也都认真地做了笔记。电视新闻杂志《20/20》派了摄制组前往堪萨斯城街头录制这些实操技巧，但没有人发现任何特殊情况。《20/20》摄制组后来又来了一次，还是无功而返。同样的情况又发生了——第二个方案没有任何成效。显然，罗伯特·加拉格尔向堪萨斯城巡警传授的神奇技巧没派上用场。遏制枪支暴力事件发生的两个最佳方案都失败了，还剩最后一个。

3

最后成功的方案看起来很简单，因为美国法律体系里有一条特殊规定。

美国宪法第四修正案保护公民免受“不合理的搜查和扣押”，这也是警察没有搜查令就不得搜查普通美国公民家的原因。同样地，在大街上，警察必须有充分的理由——“合理怀疑”——才能对你进行搜身。① 但如果你在车上，那么警察要搜查你就相对容易许多。因为在美国（事实上在大多数国家都是如此），根据交通法规，警察有数百个理由可以让驾驶员停车。

“比如行车违章：超速行车、闯红灯等。车辆违规：车灯故障、轮胎不合要求等。”法律专家戴维·哈里斯写道。

> 然后是各种笼统的规定：警察可以让遵守交通规则的驾车人停车，因为他们可以说在当时的情况下，驾驶人的行为有“轻率”或“不合理”之嫌。警察可以自行判断驾驶员有无违规嫌疑，可以对可疑驾车人进行排查。[8]

以最高法院的一个案件为例，北卡罗来纳州的一名警察以汽车的一侧刹车灯不亮为由拦下了一名他认为可疑的驾车人员。事实上，根据北卡罗来纳州的交通法规，只要两侧刹车灯中有一侧能正常工作，车辆就可以上路。因此，被起诉的驾驶员称警察非法拦车，但结果呢？最高法院裁定警察胜诉。[9] 因为警察完全有理由认为驾驶只有一

---

① 例如，为了解决这个难题，加拉格尔想出了各种策略。他和他的搭档会靠近他们认为有携带枪支嫌疑的人，把这个人拦住，让他有所防范。然后，加拉格尔会自报身份：我是警察。

“当你拦下一个持枪者时，在 99% 的情况下，他会做出同样的反应。”几年前，加拉格尔告诉记者，“他会把身体藏枪的一侧转离你——比如可能转开几英尺的距离，也可能是屁股快速一扭，或转体 90 度，而且手和胳膊会自然地伸向枪的位置。”这是本能的保护动作。“这时，你不必等着看清他是想掏出藏在衬衣下的手枪还是想把枪藏得好一点儿，你完全有权对他进行搜身检查。”[7]

侧刹车灯工作的车辆是可能违规的行为。换句话说，美国的警察不仅可以在法律法规允许的情况下拦下驾车人员，还可以凭空想出其他看似合理的拦车理由拦下驾车人员。而且警察一旦拦下驾车人员，只要他们有理由怀疑驾车人员藏有武器或具有威胁性，他们就可以依法搜查车辆。

堪萨斯城决定利用警察的这种权利。谢尔曼给警察局提供的建议是，安排 4 名警察分别驾乘两辆警车巡逻第 144 区。被派警察不得在这片 0.64 平方英里之外的区域逗留。他们不需要履行其他任何执法义务，可以不接听电话或赶赴事故现场。他们的任务很明确：密切注意形迹可疑的驾驶人员，利用可以在交通法规内找到的任何借口拦下他们。如果对驾驶人员仍有怀疑，他们可以搜查车辆并没收找到的任何武器。警察每晚 7 点开始巡逻到凌晨 1 点，每周工作 7 天，连续工作 200 天。结果如何呢？在警务工作照常进行的第 144 区之外，犯罪情况和以前一样严重。但在第 144 区内呢？加强警务工作后，枪支犯罪——包括枪击、枪杀、持枪伤害——减少了一半。[10]

别忘了，这是在警察几近放弃时取得的成绩。热线举报？没有人举报。搜查藏匿的武器？《20/20》摄制组两次都无功而返。纽约市警察局局长李·布朗曾对警方的无能为力感到悲痛，因为他们无法采取有效措施来遏制暴力犯罪。每个人都还记得之前的那次堪萨斯城实验，也就是让当地执法部门陷入 20 年绝望的那次。现在的城市还是那座城市，只是这次他们成功了。堪萨斯城警察局局长得知结果后表示："我不知道为什么我们之前没有把重点放在枪支问题上。"他和其他所有人一样震惊，没想到多安排两辆巡逻警车就可以取得这么大的成效。“我们通常会把重点放在抓捕涉嫌犯罪的坏家伙身上，我们把检查枪支的问题过于简单化了。”[11]

堪萨斯城的第一个实验表明，预防巡逻毫无作用，让更多警车四处巡逻并不能改变什么；第二个实验修正了这个结论。实际上，新增的警车确实发挥了作用——只不过这需要警察主动出击，拦截任何可疑分子，尽量想出理由搜寻枪械。只要巡警忙碌起来，巡逻就会发挥作用。最终，实验报告的统计结果令人大开眼界：7 个月中，每辆巡逻车平均每个班次引述 5.45 次交通法规；每晚平均实施逮捕 2.23 次。[12] 在短短 200 天内，巡逻警察完成的“警务工作”比那个时期大多数警察整个职业生涯的警务量还多——引述交通法规 1 090 次，拦车 948 次，执行逮捕 616 次，检查行人 532 次，缴获枪支 29 把。[13] 他们每 40 分钟巡逻一次。在第 144 区这个只有 0.64 平方英里的小片区域内，每辆警车每晚来回行驶约 27 英里。这些警察没有把车停在街角，自己舒适地吃着甜甜圈，而是驾车不停奔波，穿梭于大街小巷。

警察也和我们其他人一样，他们希望自己的努力不会白费，想要干出成绩，希望自己的辛勤工作可以得到回报。第 144 区的实验结果恰恰使执法人员得到了他们梦寐以求的东西：认可。

“缴获枪械的警察会让同伴仰慕不已，从这一点来看，缴获枪械几乎成了一种衡量成功的标准。”肖在他的计划说明中写道，“我们经常会听到警察们说‘我今晚就要去搜缴枪械’或‘我还没有搜缴到枪械，今晚必须行动’等类似的话。”[14]

1991 年，《纽约时报》用头版头条刊登了堪萨斯城的神奇故事。[15] 之后几天，据拉里·谢尔曼说，他的电话响个不停：全美 300 多个警察局都给他打了电话，想知道他是怎么做到的。然后各地警局纷纷效仿，例如，北卡罗来纳州立公路巡逻队在7年时间内，每年的交通拦截次数从400 000次增加到800 000次。[16]

禁毒署效仿堪萨斯城，采用“操作流水线”方法向全美各地数万名警察传授行动技巧，通过交通拦截的方式抓捕毒贩；移民局官员开始通过警察拦截盘问的方法抓捕非法移民。如今，美国警察每年会实施2 000多万次交通拦截，平均每天55 000次。美国各地的执法部门都在试图复制第144区的奇迹，他们尝试了方案中的关键举措。但在将方案从堪萨斯城推行到美国其他地区的过程中，他们遗漏了劳伦斯·谢尔曼实验中的某些关键元素。

4

在堪萨斯城做实验的劳伦斯·谢尔曼就是几年前在明尼阿波利斯与戴维·韦斯伯德合作提出“犯罪集中定律”的拉里·谢尔曼。他和韦斯伯德是朋友，他们曾一起在罗格斯大学任教，当时的系主任不是别人，正是罗纳德·克拉克——研究自杀的先驱人物之一。尽管研究兴趣不同，但克拉克、韦斯伯德和谢尔曼三人——研究兴趣分别是英国民用煤气对自杀的影响、明尼阿波利斯的犯罪分布情况、堪萨斯城的枪支暴力问题——都十分推崇别出心裁的耦合效应理论。

耦合效应理论在社区治安方面的主要应用是什么呢？执法部门不必扩大执法规模，而应集中执法力量。如果大部分犯罪分子只在一些案件高发区集中行动，那么这些关键区域应比其他地方受到更严格的治安管制，而且警察在这些区域内采取的策略应和在其他治安较好的区域所采取的策略有所不同。

韦斯伯德表示："如果犯罪活动集中在少数几条街道上，那么又有什么必要到处浪费警力呢？如果犯罪活动只在那几个地方发生，而且不会轻易改变，就更没有必要在其他地方浪费警力了。"耦合效应理论专家认为，他们已经解决了早期令人困惑的预防巡逻问题。只凭数百名警察如何能在一大片城区做到高效巡逻？重点不在于雇用更多警察，也不是把整个城市变成一个监视区，而是采用化整为零的办法应对只占少数的具体的犯罪高发区。

但是，请回想一下北卡罗来纳州的统计数据。如果警察每年的交通拦截次数从 400 000 次增加到 800 000 次，这么做是会让人觉得警务工作更集中、更有针对性呢，还是会让人觉得北卡罗来纳州公路巡逻队投入了更多警力，让各地的每一个人都知道，他们会让更多驾驶员靠边停车呢？执法部门从堪萨斯城案例中学到的教训是：如果预防巡逻更具威慑力，那么它就会发挥作用。但是他们遗漏的一点是，威慑性巡逻应只限于犯罪高发区。堪萨斯城实验是一个验证耦合效应的实验。

韦斯伯德和谢尔曼表示，他们向其他研究者展示了相关地图和数据，试图说服他们相信犯罪集中定律，但收效甚微。让我们回到韦斯伯德最初研究的布鲁克林第 72 区。每天完成漫长的社区巡逻工作后，韦斯伯德会对和他一起巡逻的警察说："我们这样一次又一次地回到同一街区，难道不奇怪吗？"他们则会茫然地看着他。

"我曾经和以色列警察局的一位副局长开会。"韦斯伯德回忆说。

有人在会议上说："好吧，根据戴维的发现，犯罪分子不会轻易改变作案地点，这说明警力部署应更加集中。"这个人转过身继续说，"但我的经验告诉我，这不是事实。我不相信他的理论。"那次会议就这样结束了。①

以色列警察局副局长有错吗？没错。因为他的反应与北卡罗来纳州公路巡逻队、金门大桥管理局或那些坚信西尔维娅·普拉斯注定是天才早逝的文学家一样，所有人都忽视了耦合效应理论的一个重要观点——陌生人的行为与地点因素和情境因素紧密相关。这种忽视会使我们误解某些伟大的诗人，会对自杀的人漠不关心，还会派警察去干毫无意义的苦差。

那么，当警察有上述严重误解，又有"默认真实"和"透明"假设方面的问题时，将会发生什么呢？

这就有了桑德拉·布兰德一案。

---

① 韦斯伯德以前的一位学生巴拉克·阿里尔甚至曾为了推翻耦合关系理论而在北爱尔兰的德里区进行试验。他让德里区的执法人员找出他们认为需要加强巡逻的具体问题区。他们预测的区域被称为"目标区"。阿里尔想知道：这些警察预测的"目标区"与德里区实际犯罪高发区的匹配度有多高？我想大家可以猜到结果。"'目标区'内的大多数街道既不是'高发区'，也不是'危害区'，以致错判率超过 97%。"阿里尔总结说。也就是说，在警察们认为的危险暴力街区中，有 97% 的街区并不是真正的危险暴力区。绘制这些目标区的警察并不是只坐在办公室工作，没有实际街道巡逻工作经验的人。犯罪侦查是他们的本职工作，他们调查过犯罪活动，也逮捕过犯罪分子，但不知为什么，他们无法看出他们将要抓捕的陌生犯罪分子的分布情况。[17]

第12章
归咎对方

桑德拉·布兰德

1

2015年7月10日下午4:27，桑德拉·布兰德驾驶一辆有伊利诺伊州车牌号的银色现代雅尊，在得克萨斯州沃勒县FM1098号公路上行驶时被警察拦住。当时她28岁，刚从家乡芝加哥来到普雷里维尤农工大学开始新的工作。巡警叫布莱恩·恩西尼亚，他在布兰德的车后停下车，沿着路边慢慢走近布兰德，俯身通过副驾驶座一侧摇下的车窗与她说话。

布莱恩·恩西尼亚： 你好，女士。我是得克萨斯州高速公路巡逻队的，拦下你的原因是你开车变道时没打转向灯。你带驾驶证和行驶证了吗？出什么事了吗？你在得克萨斯州待了多长时间了？

桑德拉·布兰德： 我昨天刚到这里。

恩西尼亚： 好的。那你有驾驶证吗？（停顿）好的，你这是要去哪里？稍等几分钟。

恩西尼亚拿着她的驾驶证走向警车，几分钟后返回，他返回时从驾驶员一侧走向布兰德。

布莱恩·恩西尼亚：好的，女士。（停顿）你没事吧？

布兰德：我在等你。这是你的工作，我在等你。什么时候可以让我走？

恩西尼亚：我不知道，你看上去很……真的非常生气。

布兰德：没错，我确实很生气。我觉得很糟糕，不知道你为什么要给我开罚单。我想给你让路，你在我后面加速，所以我就开到了旁边的车道上，结果你却把我拦下了。没错，我确实有点儿恼火，但你不会因此就不开罚单了吧，好吧，（听不清）给我罚单吧。

在布兰德案的多次事后调查中，上述这个情境通常被认为是恩西尼亚犯的第一个错误。她越来越愤怒，他本可以试着让她消消怒气。后来的调查发现，恩西尼亚根本没有打算开罚单，他只是想给她一个警告。他本可以告诉她这些，但他没有。他本可以仔细解释为什么她需要打转向灯，他本可以微笑着和她解释，和她谈笑："哦，女士，你不会觉得我就因为这个给你开罚单吧？"她有话要说，也想要为她自己解释一下。他本可以承认自己在认真听。可是，他让人很不舒服地沉默了好久。

恩西尼亚：你说完了吗？

这是他错过的第一次沟通机会。接着是第二个错误。

布兰德：你问我怎么了，所以我才跟你说的。
恩西尼亚：嗯。
布兰德：对，现在我说完了。

她说完了。布兰德说了一切想说的话，她表现得很生气，然后她拿出一支烟点上了。她正试图安抚自己的情绪。在视频中，我们看不到这一切，因为摄像头在恩西尼亚警车的仪表盘上，我们只能看到雅尊车后面部分及站在车门旁边的恩西尼亚。如果这时将播放的监控视频暂停，给 100 个人看，那么其中 99 个人会以为这件事到这里就结束了。

但事实并非如此。

恩西尼亚：请把烟灭了可以吗？如果你不介意的话。

他的口吻干脆、镇定，透着几分独断。你介意……吗？这么说其实更合适。

第二个错误：他本应该暂时不说话，让布兰德镇定下来。

布兰德：我在自己的车里，为什么我要把烟灭掉？

她完全有理由这么说。警察无权阻止她吸烟。他本应该说："没错，你是对的。但你介意咱们完成手上这件事后再吸烟吗？我不太喜欢烟味。”或者他可以完全不理会这个问题，这不过是一根香烟而已。但他没有。布兰德说话的语气让他非常恼火，他觉得自己的权威受到了挑战，他已怒不可遏。这是第三个错误。

恩西尼亚：好吧，你现在可以下车了。

布兰德：我不用下车。

恩西尼亚：下车。

布兰德：为什么我……

恩西尼亚：下车！

布兰德：不，你没有这个权力。不，你没有权力要求我下车。

恩西尼亚：下车。

布兰德：你没有这个权力。你无权这么做。

恩西尼亚：我就是有这个权力。现在出来，否则我就把你拽出来。

布兰德：除了向你表明我的身份，我拒绝和你说话。（串音）难道因为我没有打转向灯就要被你拽下车吗？

恩西尼亚：下来，不然我就把你拽下来。我正在执行公务，我给你的命令是合法的。

案件侦破后，在警察经常访问的网络公告栏上，恩西尼亚的做法得到了某些人的支持，但最后的转折令许多人感到震惊。

那名巡警给了警告后还在继续与她争执。其实没有必要……

难道就因为我们的自尊心受到伤害，因为她没有示弱去掐灭那支该死的香烟就强行把她拖出车？让我们想想这个问题，假设她听从命令下了车……后面会发生什么呢？斥责她当场吸烟的行为吗？他的计划是什么？他拉她下车的目的是什么？[1]

但恩西尼亚确实合法地给了她一个命令，而她没有服从。

恩西尼亚：现在下车，否则我就把你拽出来。

布兰德：我要给我的律师打电话。

恩西尼亚：我要把你拉出来。（把手伸到车内）

布兰德：好吧，你要把我从车里拽出来？好，好吧。

恩西尼亚弯下腰，两条手臂伸向布兰德的车内，拽着她。

布兰德：你尽管拖拖看。

恩西尼亚：我正要这么做。（去抓布兰德）

监控中有拍击的声音，然后是布兰德的哭声，她好像被打了。

布兰德：别碰我！

恩西尼亚：下车！

布兰德：别碰我。别碰我！你不能逮捕我——你没有权力把我从车里拉出去。

恩西尼亚：你被捕了！

布兰德：我被捕了？为什么？为什么？为什么？

恩西尼亚（电讯呼叫）：2547县，FM 1098号公路（听不清），派一队警员来支援我（转向布兰德）：下车！立刻下车！

布兰德：你凭什么逮捕我？你给我开罚单，就因为我没有……

恩西尼亚：我说过了，下车！

布兰德：你凭什么逮捕我？你刚才打开了我的车门——

恩西尼亚：我给你的命令都是合法的。我要把你从车里拖出来。

布兰德：你要把我从车里拖出去，这是威胁吗？

恩西尼亚：下车！

布兰德：你这是要（串音）我？

恩西尼亚：别逼我用眩晕枪！下车！现在！（抽出眩晕枪对着布兰德）

布兰德：哇！哇！（布兰德下车）

恩西尼亚：下车！快！下车！

布兰德：就因为我没有打转向灯？你做的这一切都是因为我没有打转向灯？

恩西尼亚：到那边去。

布兰德：好。咱们法庭上见吧，看法官怎么说。

恩西尼亚：随便你。

双方又僵持了几分钟。布兰德变得越来越激动。他给她戴上了手铐。增援警察到达了，现场仍有挣扎声和喊叫声……

恩西尼亚：停止抵抗，马上停止！

女警察：这位女士，别再抵抗了。

布兰德：（哭喊）就为了一张罚单，你简直太卑鄙了，你就是个小人。

女警察：不，你也有错，你本不应该争斗。

恩西尼亚：趴下！

布兰德：就因为我没有打转向灯！

恩西尼亚：你在使劲挣扎，想从我这里逃脱，你这是拒捕行为。

布兰德：这么做是不是让你感觉好极了？给一个女人开罚单，你是不是感觉好极了，恩西尼亚警官？你可真是个男人，你刚才狠狠地打我，按着我的头往地上撞，我都快得癫痫了，你这个浑蛋。

恩西尼亚：好。好。

布兰德：好？好？

布兰德因袭警重罪被拘留。3 天后，她被发现死在牢房里——吊在用塑料袋做成的绳套上。经过短暂的调查后，恩西尼亚被解雇了，理由是他违反了《得克萨斯州州警手册》第 5 章第 05.17.00 节：

> 治安机关人员应礼貌对待公众和其他同事。治安人员应灵活履行职责，控制自身行为，尽最大耐心处事，酌情考虑问题。即使面对极端挑衅，治安人员也不得与其进行争辩性的讨论。[2]

布莱恩·恩西尼亚恃强凌弱，玩忽职守。2015 年 7 月 10 日下午发生的事件告诉我们，警察在与陌生人对话时，应恭敬礼貌。这么看，案件了结了，对吗？

又错了。

关于这个问题，我认为我们可以有更好的认识。

2

堪萨斯城通过交通拦截发现犯罪情况的做法犹如大海捞针：警察一般会以常见的违规行为为借口搜查枪支、毒品等违禁物品。[3]随着堪萨斯城的成熟做法开始在世界各地被推行，这种治安手段显然需要人们更好地去理解。

例如，在机场检查手提行李的人员也在做这种“大海捞针”式的工作。美国运输安全管理局也时常在不同机场进行测试审查。他们把一支手枪或一个假炸弹随机放入一个行李箱内。结果呢？在95%的测试中，枪支和炸弹没有被发现。这并不是因为机场安检员偷懒或无能，而是因为“大海捞针”式做法直接与人类“默认真实”的倾向背道而驰。机场安检员在检查某件物品，物品看起来有点儿可疑，但她抬头看到这一对耐心等候的旅客看起来十分普通，便会想起自己工作两年来从未发现过真正的枪支这一事实。她还知道，实际上，美国运输安全管理局每年检查的随身行李通常多达17亿件，但只在其中发现了数千把手枪，概率只有0.000 1%——也就是说，哪怕她再工作50年，可能也不会检查到枪支。因此，就算她看到了美国运输安全管理局稽核人员放入行李的物品似乎有些可疑，也往往会照常放行。

随着堪萨斯城交通拦截做法的推行，警察也改变了以往的思维方式。每次靠近可疑车辆时，他们必须联想到最糟糕的情况，他们必须打破“默认真实”的常规，他们必须像哈里·马科波洛斯一样思考。

关于堪萨斯城警务工作方法推行的权威书籍是查尔斯·雷姆斯伯格所著的《犯罪预防巡逻战术》。这本书于1995年出版，书中详细介绍了对新一代巡逻警察的各项要求，鼓励他们打破“默认真实”的常规。根据雷姆斯伯格的观点，警察必须主动行事，而不是只开罚单了事。[4] 也就是说，我们首先要领悟雷姆斯伯格所说的“好奇心作祟”，有时，异常现象恰恰预示着可能存在不法行为。在一个治安状况很差的小区，一名司机看到红灯停车时，低头专心看着旁边座位上的东西，那会是什么呢？一名警察发现另一辆普通汽车的两块仪表盘之间露出了一小块包装纸，那可能是藏在下面的包裹没有扎紧的一端吗？在臭名昭著的北卡罗来纳州案中，警察以刹车灯故障为由让一名司机靠边停车，误以为这名司机违反了北卡罗来纳州的法律，而真正让他生疑的是这名司机神色“紧张且僵硬”[5]。犯罪嫌疑人往往很精明，不会粗心做出任何明显的违规行为。因此，交警也需要注意新的疑点，比如挡风玻璃破裂、变道不打转向灯、跟车太紧等。

雷姆斯伯格在书中写道：“某位警察知道，在他所在的城市里，最热闹的吸毒窝点往往在死胡同或死巷子里，所以他经常把警车停在那些地方，然后四下观察。在看到他的警车之前，那些司机通常会继续行驶，然后突然刹车（在路面上的非正常刹车）或急忙倒车（在路面上的非正常倒车）。‘这是两种异常行为。’他表示，‘然后我就会跟上他们的车。’”

拦下可疑车辆进行检查时，新一代警察必须留心查找最不引人注意的线索。[6]运毒人经常在车里放置空气清新剂，特别是冷杉味道的清新剂，从而掩盖毒品的气味（这类树木味空气清新剂被称为“罪犯保护林”）。如果车上还有快餐残渣或包装，说明司机行程匆忙，不愿让车辆（和车上的昂贵货物）无人看管。如果毒品或枪支藏在暗格内，则后座上可能有打开暗格的工具。仪表盘上显示汽车行驶里程是多少？按照车型发布年份计算，里程数是否异常高？旧车上是否有新轮胎？车辆点火开关上有一串钥匙（属于正常情况）还是只有一把（说明车辆似乎只能由这名司机使用）？按照司机所说，如果是短途旅行，那么行李是不是太多了？如果是长途旅行，那么行李是不是太少了？拦车调查的警察需尽可能地拖延盘问时间以寻找线索。你从哪里来？你要去哪里？芝加哥？你有家人在那里吗？具体在哪个地方？他在努力寻找过错，捕捉紧张神色，同时判断司机的回答是否离谱及是否与他观察到的细节一致，然后决定是否采取下一步行动——搜车。

请记住，绝大多数司机的车内都会有食品或空气清新剂，也可能出现里程数过高，旧车上安新轮胎，行李过多或过少的情况，但这并不表示他们携带了枪支或毒品。但警察如果想通过“大海捞针”的方法找到犯罪嫌疑人，就必须跳出常规思维模式，不能总以为世界上大多数人都拥有诚实的品质。

那么，如何评价布莱恩·恩西尼亚呢？他是一名打破“默认真实”常规思维的警察。以下是从布莱恩·恩西尼亚正常工作日中随机选择的一天：2014 年 9 月 11 日。[7]

下午 3:52　轮班开始。他拦下了一名卡车司机，并给他开了罚单，理由是挂车上没有规定的反光条。

下午 4:20　他拦下了一名女司机，因为车牌安置不当。

下午 4:39　他拦下了另一名女司机，因为车牌违规。

下午 4:54　他发现了一名车辆登记已过期的司机，他将司机拦下，然后指出车辆登记过期的问题。

下午 5:12　他拦下了一名女司机，因为女司机开车时发生了轻微超速违规（即超出限速 10% 以内）。

下午 5:58　他拦下一名司机，因为该司机开车时发生了重大超速违规。

晚上 6:14　他拦下了一名车辆登记过期的男司机，并给他开了 3 张罚单，问题包括驾驶证违规和车内有打开的酒精容器。

晚上 8:29　他拦下了一名男司机，因为“没有标志灯 / 标志灯有问题”及“没有示廓灯 / 示廓灯有问题”。

接着，10 分钟后，他拦下了一名女司机，因为她违规开大灯。在后来的半小时内，他又开了两张轻微超速罚单。晚上 10 点，他因为一名司机有“安全带问题”而将其拦下。换班前，他又因为一名司机违规开大灯而拦下了该司机。

在恩西尼亚那天拦下的车中，只有一起重大违规——5:58 时拦下了一名严重超速的司机（即超出限速 10%）。任何警察都会这么做。但恩西尼亚那天所做的其他许多工作都属于现代化主动式出警范畴。在寻找其他线索时，他让反光条违规的卡车司机或“没有示廓灯 / 示廓灯有问题”的另一名司机靠边停车的目的——正如雷姆斯伯格所说的——应该是在有意识地寻找线索，而不是只开罚单了事。

为了让主动执行公务的巡警免受偏见或种族歧视指控，雷姆斯伯格给他们提出的一个重要建议是：他们应谨慎地拦下每一个有问题的司机。如果他们一般用琐碎、捏造的理由让司机靠边停车，则应始终保持这种工作方式。“如果因为种族歧视或借口拦车被指控，他们则可以把工作日志提交到法庭，表明以‘个人主张’理由让司机靠边停车是惯常工作的一部分。”雷姆斯伯格写道，“而不是在被告人案件中那样轻易地被说成是明显例外。”[8]

恩西尼亚正是这么做的。他日复一日地执勤，就像 2014 年 9 月 11 日那天一样。他让司机靠边停车的原因包括挡泥板违规、没系安全带、跨车道行使、违反车灯规定等。他经常像“打地鼠”游戏里面的地鼠那样跳进跳出自己的警车。工作不到一年，他就开了 1 557 张罚单。他在拦下桑德拉·布兰德之前的 26 分钟里，还拦下过另外 3 个人。

恩西尼亚在 7 月 10 日下午拦下了桑德拉·布兰德。得克萨斯州公安局监察署事后调查时，恩西尼亚给出的证词是，他看到布兰德把车开出普雷里维尤农工大学时打出了停车标志，这引起了他的好奇。不过那时他不能让她停车，因为车还在学校区域内。当她把车开到 1098 号公路上时，他一直在后面跟着她。他发现，她的车牌是伊利诺伊州车牌，这又引起了他的好奇——另一个州的人来得克萨斯州东部做什么？

恩西尼亚在做证时陈述道：“我要检查车辆的情况，比如厂商、车型等信息，以及车辆是否有牌照等其他任何情况。”他在找借口拦下她的车。“你过去也用这么快的速度追赶车辆吗，就为了检查车辆状况？”审讯官克利夫·伦弗罗问恩西尼亚。“是的，长官。”[9] 恩西尼亚回答。对他来说，这是惯常做法。

布兰德在后视镜里看到恩西尼亚的警车从后面飞快驶来，她便向旁边变道给他让路，但她没有打转向灯。没错！这就是恩西尼亚拦车的理由：得克萨斯州交通法规第 545.104 节第（a）部分第 C 款第 7 项规定：“驾驶员应使用第 545.106 节规定的信号灯表明调头、变道，以及从停车位置启动的意图。”[10][如果布兰德在变道前的最后一刻打了转向灯，那么恩西尼亚还有一个理由，即第 545.104 节第（b）部分规定：“车辆右转或左转前，驾驶员应在转向前打开信号灯持续行驶至少 100 英尺。”他本就可以以布兰德没有打信号灯或信号灯打开时间不足为由拦下她的车。]①

恩西尼亚下车后，从副驾驶座一侧慢慢走近布兰德的现代牌汽车。他略微倾斜身体，想要看看车上有什么特别的东西。他正在进行目视检查：有什么不对劲吗？车内有快餐包装盒吗？后视镜上挂着树木味空气清新剂吗？后座上有工具吗？是否只有一把钥匙挂在钥匙圈上呢？布兰德刚从芝加哥开车到得克萨斯州不久，她的车内当然有食品包装盒。正常情况下，我们大多数人从车窗看到这一切时都不会有什么疑问，但布莱恩·恩西尼亚是新一代警察。而且我们坚决认为，

① 当然，这也是布兰德如此恼火的原因。“我不知道你为什么要给我开罚单。我只是在给你让路。你一直加速跟在我后面，所以我就开到了旁边的车道上，结果你却把我拦了下来。”她说。话中之意：一辆警车跟在她后面一直加速，于是她给警车让路，一般的司机都会这么做。但问题是，迫使她变道的那名警察竟然以违规变道为由给她开了一张罚单。是恩西尼亚本人导致她做出违规行为。

警察长和警察最好坚持怀疑，不能放过任何蛛丝马迹。恩西尼亚靠在车窗上，向布兰德说明他拦下她的原因，而且——很快——布兰德就引起了他的怀疑。

3

伦弗罗：嗯。在你要求布兰德出示驾驶证后，你又问她去哪里，她的回答是："那不重要。"你在报告中是这么写的："从她的举止来看，我觉得她有点儿不对劲。"

恩西尼亚出庭做证时，州调查员克利夫·伦弗罗对他的证词提出了疑问。

伦弗罗：麻烦你解释一下你觉得哪里不对劲。

恩西尼亚：……她冒犯性的肢体语言和举止，看起来是不服的样子。

布莱恩·恩西尼亚相信举止"透明"理论，即人的举止可以充分反映他们的情绪和性格。这是我们互相传授的经验。更确切地说，培训时，我们都是这么教警察的。例如，全球最有影响力的执法培训内容被称为里德技术。美国 2/3 的州警察局都在使用这种技术，更不用说联邦调查局和世界各地的其他执法机构了。里德技术的直接依据便是举止"透明"理论，这种技术教授警察在与陌生人打交道时，如何通过陌生人的举止来判断其是否有罪。

例如，以下是里德技术培训手册中关于眼神交流的内容。

> 在西方文化中，对视（持续的眼神接触）代表开放、坦率和信任。狡猾的嫌疑人通常不会与调查员直接对视，他们在回答问题时，一般会低头看地板或抬头看天花板，好像在乞求神的指引……
>
> 另外，无辜的嫌疑人在外观或行为方面不会有防御性，能够轻松地与调查员对视。[11]

堪萨斯城实验后，雷姆斯伯格编写的教科书《犯罪预防巡逻战术》指导了实施交通拦截的警察根据对嫌疑人初步观察的结果进行“隐蔽式审讯”。

> 当你默默地分析他们的故事、他们的言行举止及暗示撒谎的肢体语言时，你会试图让他们相信你对他们一点儿也不怀疑……在他们意识到你其实是在评估他们本人、他们的车辆及过境的原因前，如果可以拖延时间，他们就更有可能在不知不觉中给你提供定罪证据。[12]

恩西尼亚就是这么做的。他注意到布兰德的两只脚一直在抖动，而且在来回移动。于是，他开始深入“盘问”。他问她在得克萨斯州待了多长时间，她回答：“昨天就到这里了。”他隐约觉得事情不简单，她的车子的牌照是伊利诺伊州车牌，那她来得克萨斯州做什么？

伦弗罗：你当时是出于安全考虑吗？

恩西尼亚：我知道不对劲，但不知道哪里不对劲。我不知道她是不是正在犯罪，还是已经犯罪了。我就是有一种不祥的预感。

他回到警车上检查她的驾驶证和车辆登记情况，当他抬头通过布兰德的车后窗观察她时，他说他看到她“有许多鬼鬼祟祟的动作，包括从视线中消失了一段时间”。这是至关重要的一点，它解释了视频中令人费解的事实：为什么恩西尼亚第一次是从副驾驶座一侧走近布兰德的汽车，而第二次却是从驾驶座一侧靠近的呢？因为他开始担心了。正如他在报告中所写的：“警察安全培训让我知道，如果我站在车辆的副驾驶座一侧，不法分子要朝我开枪就会容易许多。”

伦弗罗：那么，请你解释一下，为什么你的想法会发生改变呢？你一开始以为这是一次常规的交通拦截检查，只是在你看来，当事人不配合或很生气。但后来你为什么会联想到警察安全训练，促使你从驾驶座一侧靠近她的车？

恩西尼亚：好的。因为当我还在警车内的时候，我看到她的身体右倾了很多次，然后又坐正，她还一度从我的视线中消失了。

他立即想道：她是在伸手拿武器吗？于是他开始谨慎靠近。

恩西尼亚：她的车窗是透明玻璃的，所以我可以看到她的手里是不是有东西，她有没有转过身去。这也是我选择从驾驶座一侧靠近的原因……

恩西尼亚认为，布兰德的举止和神态符合潜在危险犯罪嫌疑人的特征：暴躁、焦虑、易怒，对抗情绪明显，情绪反复无常。他觉得她可能在藏东西。

在理想状况下，这是一种危险的错误思维。很多时候，人是不“透明”的。但在什么时候有这种思维最危险呢？当我们观察的人的外表与他们真实的自己“不匹配”的时候，当他们的表现与我们的预期不符的时候。阿曼达·诺克斯就是一个外在表现与真实的自己“不匹配”的实例：在案发现场，当她穿上防护靴时，她会扭着屁股说：“哈哈。”伯尼·麦道夫也是个外表与真实的自己“不匹配”的人，他其实是一个道貌岸然的反社会分子。

那么桑德拉·布兰德呢？她也“不匹配”：她与恩西尼亚对视时，看起来像个犯罪嫌疑人，但她不是犯罪嫌疑人，她只是单纯地感到焦虑不安。她去世后，调查结果显示，她生前与警察发生过10次冲突，其中5次是在交通拦截时发生的，她也因此上缴了近8 000美元的罚款。案发一年前，她流过产，之后曾试图自杀；她手臂上布满割痕。去得克萨斯州几个月之前，她曾在每周的“桑迪谈话”视频中谈到自己的烦恼：

> 我很抱歉。对不起，我的国王和王后们，我有两个星期没有发帖了。但我要对你们说实话，我现在遇到了一些问题，你们当中的一些人可能也和我一样……我就是有点儿抑郁，还有创伤后

应激障碍的症状。几周来，我感到“压力山大”……[13]

由此可知，布兰德有医疗和精神病史，但陷入困境的她还是在努力振作。于是她搬到了新的地方，开始新的工作。但就在她开启人生新篇章之时，她被一名警官拦下了——过去痛苦不堪的生活场景突然在眼前一幕幕浮现。为什么？就因为警车在后面赶上来时，她变道没有打转向灯吗？她对新生活的向往本就不堪一击，突然之间，她又对新生活产生了怀疑。在牢房自杀前的3天里，桑德拉·布兰德心烦意乱，经常哭泣，不停地打电话。她的情况很危险。

但恩西尼亚还是固执地坚信举止“透明”理论，把她的情绪起伏和暴躁反抗视为犯罪的迹象。

伦弗罗问到了关键之处——恩西尼亚要求布兰德掐灭香烟时，他为什么不这么说：“嘿，你的烟灰都落到我身上啦？”

恩西尼亚：我只是想让她把烟灭了，以防她将烟朝我扔过来，或只是扔掉。

伦弗罗问他，如果是那样，为什么他当时不立即把逮捕她的原因告诉她。

恩西尼亚：出于自卫考虑，我想先控制住她。

他对她产生了恐惧。对一个手拿香烟、完全无辜的陌生人感到恐惧，这就是不“默认真实”的代价。这也是哈里·马科波洛斯要全副武装地躲在家里，担心美国证券交易委员会的人会闯进他家的原因。

伦弗罗：我之前没有问过这个问题，但现在我要问你。当她对你说“你尽管拖拖看”时，你的回答是：“我正要这么做。”你那么说是什么意思？

恩西尼亚：从她俯身的举动中我可以判断，她下一秒就要跟我动手了。即使不是警察，如果看到有人握紧了拳头，他也能知道那可能是对方要对自己或另一方造成伤害了。

伦弗罗：你没有立即抓捕她，是有原因的吗？

恩西尼亚：是的，长官。

伦弗罗：为什么？

恩西尼亚：她已经打了我一拳，没有什么可以阻止她再次攻击我，甚至让我变成残废。

另一名调查员插话。

路易斯·桑切斯：你害怕了吗？

恩西尼亚：我的安全不止一次受到了威胁。

然后，

桑切斯：我不想听你害怕的原因。所以这种情况发生后，你心律增快持续了多久，肾上腺素升高了多久？之后在什么时候冷静下来的？

恩西尼亚：大概几个小时后，在我开车回家的途中。

布兰德死后，很多人把恩西尼亚描绘成一个没有同情心的警察，这种特征描述没有抓住要领。没有同情心的人一般对他人的感受漠不关心，但恩西尼亚没有无视布兰德的感受。第一次走近她的车子时，他对她说的其中一句话是："出什么事了吗？"当他检查完她的驾驶证返回后，他再次询问："你没事吧？"他当时就发现了她的情绪不平稳，只是他完全误解了她的感受，他以为自己正和一个危险可怕的女人发生冲突。

在这类情况下，《犯罪预防巡逻战术》会指导警察怎么做？"现在很多警察似乎都害怕掌握控制权，不愿意对犯罪嫌疑人严加管束。犯罪嫌疑人可以随意走动，随意站在任何地方，然后警察会努力适应他们的行为。"[14] 但恩西尼亚不会让这种事情发生。

恩西尼亚：好了，你现在下车……下车，不然我就会把你拽出来。我给你的命令都是合法的。

布莱恩·恩西尼亚的目的不只是给她开罚单。他是个好奇心很强的人，他了解视觉式搜身和隐蔽式审讯的所有技巧。当情况看起来似乎可能脱离他的控制时，他很坚决地采取了措施。桑德拉·布兰德那天在公路上出了问题，不是因为布莱恩·恩西尼亚没有按照培训要求去做，结果正相反——他真正践行了培训时所学到的理论。

4

2014 年 8 月 9 日，也就是桑德拉 · 布兰德在得克萨斯州普雷里维尤牢房自杀的前一年，一名白人警察在密苏里弗格森开枪打死了一个名叫迈克尔 · 布朗的 18 岁非裔美国人。他们怀疑布朗是附近一家杂货店抢劫案的犯罪嫌疑人。警察达伦 · 威尔逊遇到他时，两个人发生了冲突。布朗把手伸进警车驾驶座一侧的车窗，挥拳攻击威尔逊。最后，威尔逊朝布朗开了 6 枪。之后，抗议示威活动持续了 17 天。检察署拒绝起诉威尔逊。

弗格森案是美国人生活中的一段特殊插曲，警察当时的行为突然成了人们关注的焦点。那次事件本应该引起执法部门的警惕。美国司法部几乎立即派出了一组调查员前往弗格森，6 个月后，他们发布的调查报告令人震惊。[15] 用美国司法部领导层一位名叫芝勒格 · 贝恩斯的律师的话说，让他震惊的是，弗格森人民之所以愤怒不仅仅是因为布朗死了——甚至不仅仅是因为布朗这个人，而是因为弗格森市多年来早已引起人们不满的出警方式。弗格森警察局完全是在模仿堪萨斯城的警务工作方式，在这里，执法部门一心想要找到各种借口拦车进行检查。

贝恩斯回忆说："这种做法让人非常不安。"

> 一名警察透露："这都是上级要求的。"另一名警察也说："没错，他们每个月都会提名优秀警察，然后我们的上司就会把这些警察的名单贴在墙上，公布这些人在那个月开了多少张罚单。"我们也都理解，他们的目标就是多开罚单。

整个弗格森警察局有很多像布莱恩·恩西尼亚这样的人。贝恩斯继续说：

> 他们知道，他们的工作就是开罚单，逮捕那些没有缴纳罚款和相关费用的人，而这些就是对他们工作表现的考核。

贝恩斯还讲述了一起最让他震惊的事件。有一个年轻的黑人小伙子在一个操场上打篮球，打完后，他坐在车里乘凉。这时候来了一辆警车，一名警察从驾驶座一侧走到他的车窗旁边，要求他出示身份证，指控他是猥亵儿童者。

> 我觉得（那名警察）话里的意思大致是："这里有几个孩子，而你刚好在公园，你在这里干什么？你有恋童癖吧？"……然后，那名警察命令他下车，他的反应是："嘿，我什么也没做。我的意思是，我有宪法规定的合法公民权。我只是打了篮球，然后坐在车里休息。"
>
> 那名警察后来拿枪对着他，威胁他下车。最后，那名警察给他开了8张罚单，理由包括：没有驾驶证，驾驶证被吊销，没系安全带，坐在自己停在公园内的车里，等等。他设法提出了对这个黑人男子的2起指控。

这个黑人甚至因为"虚报身份"吃了一张罚单。因为他的名字是"迈克尔"(Michael)，但他报给警察的名字是口语中常用的"迈克"(Mike)。

就这么一会儿工夫，他被迫承受了大量指控。那名警察依据《弗格森市政法》给他安上了 8 项罪名，他试图进行抗辩。最后，他当场被捕了，后来他还失去了作为联邦政府承包商的工作。那次逮捕彻底改变了他的人生。

迈克被捕与桑德拉·布兰德的经历难道不是如出一辙吗？警察找各种借口调查普通市民，以“大海捞针”的方式寻找犯罪嫌疑人[16]，结果导致许多无辜的人被无端怀疑，警局和社区之间的信任也慢慢消失殆尽，这是弗格森街道上许多人加入抗议队伍的原因：一年又一年，不计其数的警察把打篮球的人当成恋童癖者。①

难道只有密苏里州弗格森或得克萨斯州普雷里维尤发生过这类事件吗？当然不是。回想一下北卡罗来纳州公路巡逻队交通拦截次数激增的现象：在 7 年之内，拦截次数从 40 万增加到 80 万。[18] 在那段时间里，北卡罗来纳州的司机突然更频繁地闯红灯，更频繁地酒驾，更频繁地超速行驶，是不是也是基于这个原因呢？当然不是。那是因为州警察局改变了策略。除了“大海捞针”式的搜查，他们开始采取其他行动。他们告诫警察，执勤时应杜绝“默认真实”的自然倾向，时刻联想到最坏的情况：刚经历求职面试的年轻女性可能会携带武器，会做出危险举动；街头运动后休息的年轻男性可能有恋童癖。

在 400 000 次搜查中，北卡罗来纳州公路巡逻队有几次发现了违

① 大量证据表明，非洲裔美国人比美国白人更容易遭到交通拦截。也就是说，警察并没有一视同仁地对所有公民进行这类侮辱尊严的不当调查，而是在集中调查已经遭受了其他侮辱的公民群体。[17]

禁枪支或毒品呢？只有 17 次。为了找到那 17 个坏家伙，真的值得污蔑 399 983 个像迈克和桑德拉这样的人吗？

当拉里·谢尔曼设计堪萨斯城枪支实验时，他很清楚这个问题。“医生不可能直接剖开患者的身体，看他们的胆囊是否有问题。”谢尔曼说，“在实施任何危险步骤之前，需要医生首先进行大量诊断。拦截和搜查就是一种危险步骤，它可能让市民对警察产生敌意。”在谢尔曼看来，医学上的希波克拉底誓词[①]——“首先，不要伤害”——同样适用于执法部门。“我刚给自己买了一座希波克拉底的大理石半身像，我希望自己每天看到它就可以提醒自己，警务工作应尽量减轻危害。”他继续说道，“我们必须领会，警察所做的一切会多多少少侵犯他人的自由。因此，警务工作并不是将警察部署在犯罪高发地点就万事大吉，还要考虑将出警时对公民人身自由造成的侵犯控制在合理水平——一点儿也不能超量。”

这也是参与谢尔曼堪萨斯城实验的警察必须接受特殊训练的原因。谢尔曼说：“我们都知道，预防性出警可能让警察陷入诉讼风波，我反复强调过这一点。”[②] 更关键的是，这也是堪萨斯城枪支实验仅限于第 144 区的原因——那里是犯罪高发地点。谢尔曼说：“我们一直

---

① 希波克拉底誓词，又称“希波克拉底誓言”，为希腊医生希波克拉底所作。这段誓言总共只有 500 多个字（按中文译本计），但是产生的影响却非常深远，几乎所有学医的学生入学的第一课就是学习“希波克拉底誓词”，而且要正式宣誓。——编者注

② 在后来与伦敦警察厅合作的项目中，当时警察在努力遏制经常发生在青少年群体中的刀伤致死案件，谢尔曼坚持要求巡警向每个交谈过的人递上名片。

“他们有时一晚上会拦下 500 个人进行调查，”谢尔曼说，“然后向这些人递上名片，并说：‘这上面有我的姓名和警察编号。如果你对我的所作所为有任何疑义或者要投诉我，可以按照上面的信息进行。’”

在很努力地确定犯罪高发地点。”于是，他在堪萨斯城最糟糕的社区采取了进一步的行动，运用他和韦斯伯德在明尼阿波利斯实施的深入分析法确定犯罪嫌疑人活动最集中的具体街段，然后要求巡警把精力集中在这些地方。谢尔曼永远不会在目标地带之外的社区安排警察大肆搜查枪支。

在第 144 区，甚至也存在“迈克和桑德拉式误解”。如果在普通社区内大肆进行谢尔曼要求的警务搜查，可能会引起不少麻烦。但是，将堪萨斯城枪支实验区域限定在治安最糟糕社区的最糟糕街区之内，可以缩小“大海捞针”式搜查范围。这既能严厉打击犯罪活动，又能尽量避免侵扰无辜市民。另外，对于在占全城面积 3% 或 4% 的犯罪活动泛滥的街区——这里每年会拨出 100 次甚至 200 次报警电话——生活的人们来说，耦合效应表明，他们的想法也会不同。

“如果在犯罪高发区部署警力，那里的居民会如何反应呢？其实就是让警察在目标社区内的 100 条或 1 000 条街道中选择 10 条犯罪高发街道，把时间花在这些街道上，警力就是这么部署的。”韦斯伯德说，“这样做的话，这个街区内的居民很有可能会说‘侵扰就侵扰吧，毕竟比过后挨枪子儿要好’。”

关于布莱恩·恩西尼亚的第一个问题是：他做对了吗？但第二个问题同样重要：他选对地方了吗？

5

桑德拉·布兰德被拦下时所在的得克萨斯州普雷里维尤有时被称

为休斯敦的“外区”，就像郊区一样，但它其实不是。休斯敦离这里有 50 英里。普雷里维尤是一个小镇：只有几千人口，短短的街道两旁稀疏地分布着牧场和房屋。

普雷里维尤农工大学位于小镇主街道——FM1098 号公路——的尽头，FM1098 号公路延伸到大学校园后拐弯继续向前，与校园西侧接壤。如果沿着这条环绕校园的道路行驶，就会看到左边有一座小小的圣公会教堂，右边是大学的橄榄球场。公路继续延伸穿过大片的草场，草场上偶尔有三三两两的马匹或奶牛。普雷里维尤所在的沃勒县居民主要是共和党人，大部分是中产阶级和工人阶级的白人。

伦弗罗：好，说说那个区域的情况吧，那里是犯罪高发区吗？

恩西尼亚：FM1098 号公路的那一段是犯罪和毒品活动的高发区。它是——根据我对那个地区的了解——在类似情况下，根据我的观察，我查缴过毒品和枪支，遇到过不法分子。

然后恩西尼亚继续告诉伦弗罗，他在那个地方执行过多次逮捕，“被通缉的犯罪嫌疑人、可疑毒贩和违法持有枪械的不法分子，几乎都是我在那附近抓获的”。

但恩西尼亚的执勤记录里却没有相关记录。从 2014 年 10 月 1 日到桑德拉·布兰德事件发生的 2015 年 7 月 10 日，他在那条一英里长的公路上拦下过 27 名司机，开了 6 张超速罚单。这些都是强制停车：我们认为，任何警惕的警察都会这么做的，即使是在堪萨斯城实验之前。但在其他大多数情况下，恩西尼亚只是在为搜罗罪证而进行调查。2015 年 3 月，他记录过一个黑人男性“在单行道上违规驾驶”。他曾以违反《联邦机动车安全标准》第 571.108 条——关于转向灯、车牌照明和刹车灯的联邦车辆安全法规——为由拦下 5 名司机。记录显示，其中两起最严重的违规行为是酒驾。但不要忘了，这是大学校园旁边的道路。

事实就是这样。小镇上的 FM1098 公路并不是“犯罪高发、毒品泛滥的区域”。[19] 3 英里之外的劳里巷——一个半英里长的活动房屋区——只能勉强算是一个有点儿像犯罪高发区的地方。

“为什么要在没有犯罪记录的地方拦下司机？”韦斯伯德问，“我觉得这么做不合理。”

谢尔曼同样感到惊恐，他说：“在那个时间、那个地点以变道违规拦下桑德拉·布兰德是没有道理的。”据谢尔曼所说，即使在堪萨斯城枪支实验期间，在治安状况比普雷里维尤糟糕 100 倍的街区内，派出的特殊警察也只在晚上进行拦车检查。因为夜晚是一天当中犯罪率最高的时间，适合投入大量警力调查犯罪活动。桑德拉·布兰德却是在下午的中间时段被拦在路边的。

布莱恩·恩西尼亚可能故意夸大了这段道路的危险性，旨在说明他对桑德拉·布兰德的处置没有失当。不过，他似乎从未想到，犯罪活动其实与特定地点紧密相关。文学理论家、桥梁工程师和警察局局长都想不到耦合效应，巡警又怎么能想到呢？

正因如此，布莱恩·恩西尼亚去了他不该去的执勤地点，拦截了他不该拦截的人，得出了他不该得出的结论。桑德拉·布兰德之死正是社会对陌生人效应缺乏了解的结果。

6

本书要解决如何了解陌生人这个难题。要了解陌生人，除了和他们对话，我们别无选择，尤其在现代这个几乎已没有国界的星球上。从前的村落生活已经一去不复返了。警察不得不拦下不认识的人；情报人员不得不应对欺骗和不确定因素；年轻人明确表示要参加聚会结交陌生人，因为他们可能会借此遇到令人兴奋的浪漫爱情。然而，在这些必要的任务面前，我们却笨手笨脚，以为不需要任何代价或牺牲就能把陌生人变成我们熟悉或了解的人，但其实我们不能。那我们应该怎么做呢？

我们可以不要再因为会“默认真实”而相互惩罚。如果你的孩子被一个陌生人虐待——即使你在现场，这并不意味着你是一名不合格的家长；如果你是大学校长，当你收到一份关于你的一名员工的模糊报告时，你不会贸然做出最坏的打算，这并不意味着你就是一名罪犯。把别人往好处想是构建现代社会的必要品质。如果我们的信任本性被侵犯，那将是一场悲剧，但是另一种选择——为了预防掠夺和欺骗而放弃信任——其实更糟。

我们还应该承认自己辨别陌生人的能力有限。审问 KSM 时，主要有两种主张：詹姆斯·米切尔和他的同事布鲁斯·杰森一心想要 KSM 开口交代罪行；而查尔斯·摩根担心的是强迫犯人供述的代价——如果强迫囚犯招供会破坏他们的记忆，他们的口供因此变得不可靠该怎么办？摩根较为温和的预期值得我们学习。中情局没有完美的机制来揭露其内部的间谍，投资者也没有完美的机制来发现阴谋家和骗子，我们其他人也没有完美的机制来洞察陌生人的内心世界。我们需要做的是克制和谦虚。我们可以在桥梁上设置障碍，让一时的冲动更难变成永久的遗憾；我们可以告诉年轻人，在联谊会上发生的那种不计后果的饮酒行为，让解读他人的任务变得几乎不可能。确实有一些线索是可以帮助你理解陌生人的，但你在利用它们时需要小心谨慎。

我在本书的开头说过，我不想把桑德拉·布兰德的死赶快忘掉，去忙别的事情。现在，我已经数不清将她与布莱恩·恩西尼亚争执的录像看过多少遍了——每看一次我就对这个案子的“解决”方式更生气。案件被轻描淡写成了一个坏警察和一个愤怒的年轻黑人女司机的冲突，但事实并非如此简单。那天在得克萨斯州普雷里维尤 FM1098 号公路上发生的一切其实是一个集体过失：有人写了一本训练手册，愚蠢地鼓励布莱恩·恩西尼亚去怀疑每一个人，他把这个立场牢牢地记在了心里；得克萨斯州公路巡逻队的某位领导误解了堪萨斯城实验，以为让恩西尼亚和他的同事在低犯罪率社区实施交通拦截搜查是个好主意；在恩西尼亚的周围，每个人都会依照这样的假设行事——拦车检查得克萨斯州街道上的司机时，可以根据他们的声调、有无烦躁的动作和快餐包装纸来对他们进行辨别，将他们分类。这些想法的背后都是一些假设，我们有太多人轻信了这些假设，很少有人去费心重新思考。

伦弗罗：好吧。如果布兰德是个白人，同样的事情还会发生吗？

做证快结束时，恩西尼亚和审问官还在徒劳地努力，想弄清那天到底发生了什么。

恩西尼亚： 这与肤色无关……我们拦下车辆和司机来看有没有违规行为，这与种族和性别毫无关系，我们拦车是为了检查有没有违规行为。

“我们拦车是为了检查有没有违规行为”可能是整个事件过程中最诚实的一句话。但伦弗罗没有继续深入地问，“你们为什么要拦车检查有没有违规行为”，而是继续犯错误。

伦弗罗： 如果你问情绪激动的人“你还好吗”，你觉得他们会怎么反应？她回答你之后，你又说：“你说完了吗？”我的意思是，你这样说的话，谈话会融洽吗？

伦弗罗语气坚定却善解人意，就像一位父亲责备一个不懂餐桌礼仪的小孩子。他们两人已心照不宣地把桑德拉·布兰德的悲剧性死亡定性为警民冲突失控的后果，而现在，伦弗罗在批评恩西尼亚的“餐桌礼仪”。

恩西尼亚： 我从来没想对任何人无礼，也没想无视她的回答，我只是简单地问她“说完了吗”。我想确定她说完了一切想说的，那样的话我就可以继续完成自己的工作，看看她是不是真的有问题。

伦弗罗：公平地说，她可能会认为这是讽刺吗？

恩西尼亚：有可能，但那不是我的本意。

所以，那是她的错，是吗？显然，布兰德误解了他的本意。与陌生人交往时，我们所犯的错误有其背后的原因。如果你对这些错误思想或观念视而不见，对我们围绕这些观念所构建的习俗和做法视而不见，那么你所剩下的就只有个人的成见了："登山客"太轻信别人；格雷厄姆·斯巴涅尔太粗心大意；阿曼达·诺克斯有些阴险；西尔维娅·普拉斯注定早逝。还有，桑德拉·布兰德——在你对 FM1098 号公路上那起致命的交通拦截进行了冗长的剖析之后——不知怎么就成了故事中的坏人。

伦弗罗：当时你有没有回想起培训时学到的内容，认为你拦下的这个人可能只是不喜欢警察？你这样想过吗？

恩西尼亚：想过……可能是这样，她可能不喜欢警察。

由此可见，因为不知道如何与陌生人交谈，在了解他们的过程中，如果出了错，我们往往会怎么做呢？我们会归咎于对方。

致 谢

和所有的书一样，这本书也是团队努力的结果，我很高兴我有最棒的队友。愉快的工作经历让我想起利特尔 & 布朗出版社的很多人，如出色的编辑阿西亚·马奇尼克，我的拥护者里根·亚瑟，以及所有从一开始就支持我写这本书的人：伊丽莎白·加里加、帕梅拉·马歇尔、艾伦·法洛，以及美国最好的出版社的无数员工。大家的辅助让我想起英国企鹅出版社的海伦·康福德说过的一句最英式的话："有很多第三条轨道！我爱它！"特别感谢埃洛伊丝·林顿。感谢我那不知疲倦的事实核查人卡米尔·巴普蒂斯塔，她回答了我无数个问题。还有我的经纪人蒂娜·贝内特，如果没有她的帮助，我就得在一个没有暖气的阁楼里，在羊皮纸上写作。感谢无数花时间阅读手稿并提供了建议的朋友：亚当·奥尔特、安·班卓夫、塔利·法哈迪安、亨利·菲德尔、玛拉·高卡、艾米丽·亨特、林顿全家、布里特·马林、凯特·摩尔、韦斯利·内夫、凯特·泰勒、莉莉和雅各布·韦斯伯格，以及戴夫·维尔特谢夫特。

我希望我没有忘掉谁。

像往常一样，我要特别感谢我的母亲，是她教我写作要简洁明了。遗憾的是，本书完成之前，我的父亲去世了。他本可以仔细阅读这本书，沉思一段时间，然后说一些深思熟虑或有趣的话，或两者兼而有之。没有了他的贡献，这本书逊色了不少。

注 释

本书历时三年写成。在研究过程中，我进行了无数的采访，查阅了许多书和文章，除非另有说明，书中引文均来自我的采访。

以下并不是对书中思想出处的完整描述，只是列出了我认为最重要的原始资料。我肯定有所遗漏，如果读者发现任何疏漏或实例用错现象，请发邮件到 lbpublicity.generic@hbgusa.com 联系我，我将乐意更正。

序 “下车!”

1. 桑德拉·布兰德案是 2018 年 HBO 电视网的纪录片《说出她的名字：桑德拉·布兰德的生与死》的主题，该片由凯特·戴维斯和大卫·海尔布鲁纳导演并制作，制作期间得到了布兰德家人的全力合作。它很好地描述了布兰德的生活，展示了她的思想。然而，它助长了一种猜测——普遍存在于互联网各个角落：布兰德之死有可疑之处。我不认为这些怀疑有说服力，《说出她的名字》也没有可靠的证据支持这些猜测。正如你在本书正文中所读到的，桑德拉·布兰德案的令人心碎之处在于它很复杂，而且可悲的是，这与人们的理解机制很有关系。

2. “Sandy Speaks on her birthday! Feb-ruary 7th, 2015,” YouTube, February 7, 2015, accessed January 10, 2019, https://www.youtube.com/watch?v=KfrZM2Qjvtc.

3. 参见得克萨斯公共安全部门的视频（96.3 万次浏览）、《华尔街日报》的视频（4.2 万次浏览）、《华尔街日报》的第二段视频（3.7 万次浏览），以及没有记录视频观看次数的网站，如 nytimes.com 和 nbc.com。

4. “ *Sandra Bland Traffic Stop*, ” Texas Department of Public Safety, YouTube, 2015, https://www.youtube.com/watch?v=CaW09Ymr2BA.

5. Rachel Clarke and Christopher Lett, “What happened when Michael Brown met Officer Darren Wilson, ” CNN, 2014 年 11 月 11 日，https://www.cnn.com/interactive/2014/08/us/ferguson-brown-timeline/。

6. 关于弗雷迪·格雷，参见 Peter Herman and John Woodrow Cox, “ A Freddie Gray primer:Who was he, how did he die, why is there so much anger? ” *Washington Post*, 2015 年 4 月 28 日，https://www.washingtonpost.com/news/local/wp/2015/04/28/a-freddie-gray-primer-who-was-he-how-did-he-why-is-there-so-much-anger。关于菲兰多·卡斯提尔，参见 Mark Berman, “ Minnesota officer charged with manslaughter for shooting Philando Castile during incident on Facebook, ” *Washington Post*, 2016 年 11 月 16 日，https://www.washingtonpost.com/news/post-nation/wp/2016/11/16/prosecutors-to-announce-update-on-investigation-into-shooting-of-philando-castile/?utm_term=.1e7914da2c3b。关于埃里克·加纳，参见 Deborah Bloom and Jareen Imam, “ New York man dies after chokehold by police, ” CNN, December 8, 2014, https://www.cnn.com/2014/07/20/justice/ny-chokehold-death/index.html。关于沃尔特·斯科特，参见 Michael Miller, Lindsey Bever, and Sarah Kaplan, “ How a cellphone video led to murder charges against a cop in North Charleston, S.C., ” *Washington Post*, 2015 年 4 月 8 日，https://www.washingtonpost.com/news/morning-mix/wp/2015/04/08/how-a-cell-phone-video-led-to-murder-charges-against-a-cop-in-north-charleston-s-c/?utm_term=.476f73934c34。

7. “Sandy Speaks—April 8th 2015 (Black Lives Matter), ” YouTube, April 8, 2015, https://www.youtube.com/watch?v=CIKeZgC8lQ4.

8. William Prescott, *History of the Conquest of Mexico* (New York: Modern

Library, 1980).

9. Bernal Diaz del Castillo, *The Discovery and Conquest of Mexico* (London: George Routledge & Sons, 1928), p. 270, https://archive.org/details/in.ernet.dli.2015.152204/page/n295.

10. Hugh Thomas, *Conquest: Cortés, Montezuma, and the Fall of Old Mexico* (NewYork: Simon&Schuster,1995), p.279.

11. Thomas, *Conquest*, p. 280.

12. Camilla Townsend, " Burying the White Gods: New Perspectives on the Conquest of Mexico," *American Historical Review* 108, no. 3 (2003): 659—687.

13. Matthew Restall, *When Montezuma Met Cortés: The True Story of the Meeting That Changed History* (New York: Harper Collins, 2018), p. 345.

14. 若你对科尔特斯和蒙特祖玛的故事感兴趣，我强烈推荐上面注释 11 和 13 提到的书：莱斯特（Restall）的书很好；汤森（Townsend）是最不可多得的历史学家，他发表在学术期刊上的学术史文章，读起来就像是他为我们所有人写的一样。

第 1 章　专家漏洞 | 菲德尔 · 卡斯特罗的复仇

1. 本句摘自 Brian Latell, *Castro's Secrets: Cuban Intelligence, the CIA, and the Assassination of John F. Kennedy* (New York: Palgrave Macmillan,2013), p. 26.

2. Herald Staff, " Spy work celebrated at museum in Havana," *Miami Herald*, July 16, 2001,http://www.latinamericanstudies.org/espionage/spy-museum.htm.

3. Benjamin B. Fischer, " Doubles Troubles: The CIA and Double Agents during the Cold War," *International Journal of Intelligence and Counterintelligence* 21, no. 1 (2016): 48—74.

4. I. C. Smith, *Inside: A Top G-Man Exposes Spies, Lies, and Bureaucratic*

Bungling Inside the FBI (Nashville:Nelson Current, 2004), pp. 95—96.

5. Herald Staff, " Spy work celebrated at museum in Miami," *Miami Herald*, 2001 年 7 月 16 日。

6. Markus Wolf, with Anne McElvoy, *Man Without a Face: The Autobiography of Communism's Greatest Spymaster* (New York: Times Books/Random House,1997), p. 285.

第 2 章　洞察偏见｜结识元首

1. 关于张伯伦和希特勒的叙述来自许多出处，但主要来自大卫·费伯（David Faber）的精彩著作 *Munich, 1938: Appeasement and World War II* (New York: Simon & Schuster, 2008), 第 272—296 页。"如此标新立异……大吃一惊"，第 229 页；"70% 的英国人认为……为张伯伦的健康干杯"，第 284—285 页；"在赫斯顿机场，他迫不及待……大家都欢呼雀跃"，第 296 页；"没在德国元首身上看到任何'疯狂的迹象'……一定限度的反对"，第 302 页；"把'酒吧社交聚会'当成'粗鲁喧闹的行为'，" 第 300 页；"混杂着惊讶、厌恶和同情的心情"，第 40 页。费伯引用了英国外交官伊冯·柯克帕特里克（Ivone Kirkpatrick）在回忆录《圈儿内》[*The Inner Circle* (London: Macmillan & Company, 1959)] 中对此事的描述，第 97 页；引用了书中《精神错乱的边缘》（"borderline into insanity"）一文，第 257 页。

2. 关于脚注中加拿大总理威廉·莱昂·麦肯齐·金对希特勒的欣赏，参见 *W. L. Mackenzie King's Diary*, June 29, 1937, National Archives of Canada, MG 26 J Series 13, https://www.junobeach.org/canada-in-wwii/articles/aggression-and-impunity/w-l-mackenzie-kings-diary-june-29-1937/.

3. Diana Mosley, *A Life of Contrasts: The Autobiography of Diana Mosley* (London: Gibson Square, 2002), p. 124.

4. 内维尔·张伯伦写给艾达·张伯伦的信，1938 年 9 月 19 日，罗伯特·赛尔夫主编，*The Neville Chamberlain Diary Letters: Volume Four: The Downing Street Years, 1934—1940* (Aldershot, UK: Ashgate, 2005)，第 346 页；“简而言之……可以信赖的人”，第 348 页；“当我看到希特勒的时候……才做的事情”和“希特勒突然不停叫道……在我带来的两份协议上签了名”，内维尔·张伯伦写给希尔达·张伯伦的信，1938 年 10 月 2 日，第 350 页。

5. 关于哈利法克斯的柏林之行，参见 Lois G. Schwoerer, “ Lord Halifax’s Visit to Germany: November 1937,” *The Historian* 32, no. 3 (May1970): 353—375。

6. Peter Neville, *Hitler and Appeasement: The British Attempt to Prevent the Second World War* (London and New York:Hambledon Continuum, 2006), p. 150.

7. Abraham Ascher, *Was Hitler a Riddle? Western Democracies and National Socialism* (Stanford: Stanford University Press, 2012), p. 73.

8. Sir Nevile Henderson, *Failure of a Mission: Berlin 1937—1939* (New York: G. P. Putnam and Sons, 1940), p.82.

9. 参见 D. R. Thorpe, *The Life and Times of Anthony Eden, First Earl of Avon, 1897—1997* (New York: Random House, 2003)。

10. 我认为这是有一定道理的：一方面，你需要先接触诈骗者，才能上当受骗；另一方面，被希特勒愚弄的都是聪明人，他们在国际事务中经验丰富，双方的会面充满了猜疑。为什么他们没能利用面对面会晤得到的关于希特勒的额外信息更好地认清希特勒呢？参见费伯的《慕尼黑 1938》(*Munich, 1938*) 第 285、302、351 页；张伯伦第三次也是最后一次访问了德国，第 414 页；“希特勒先生说的是实话”，第 302 页；“今天早上……也有我的名字”，第 4 页；“在你们的床上安心睡觉吧”，第 6—7 页。

11. 关于森德希尔·穆莱纳桑的研究，参见 Jon Kleinberg et al., “ Human Decisions and Machine Predictions, ” NBER Working Paper 23180, February

2017；以及 Kleinberg et al.,“ Human Decisions and Machine Predictions,” *The Quarterly Journal of Economics* 133, no. 1 (February 2018): 237—293。

12. Emily Pronin et al.,“You Don't Know Me, But I Know You: The Illusion of Asymmetric Insight, ” *Journal of Personality and Social Psychology* 81, no. 4 (2001): 639—656, APA PsychNET.

我引用了普罗宁的部分结论，但是那整个段落都值得我们思考：

> 坚信自己对别人的了解超过别人对自己的了解——认为我们自己具有别人所不具有的对别人的洞察力（却不认为别人具有我们自己所不具有的对我们自己的洞察力）——导致我们在本该倾听的时候却在诉说，本该耐心地听别人说他们如何坚信自己是被误解或被不公正地判决时却心不在焉。同样的信念会使我们认为，他人不懂我们自己的想法、感受、动机和对事件的理解，从而使我们不愿意接受其他人的建议。但我们又太愿意在不了解他人的想法、感受、动机和对事件的理解的情况下，根据我们对他们既往行为的看法，为他人提供建议。事实上，有的信息交流，特别是仔细的、尊重的倾听，可以大大减少人际和群体冲突所带来的挫折感和怨恨情绪，而上述偏见可能会是这种好的信息交流的障碍。

这是明智的看法。

第 3 章　触发器 | 古巴女王

1. 文字转录出自克里斯蒂娜 · 库利（Cristina Khuly）执导的纪录片《击落》(*Shoot Down*)(Palisades Pictures, 2007)。胡安 · 巴勃罗 · 罗克是古巴人在“兄弟救援队”内部的消息来源，他的情况也来自此纪录片。

2.“ CNN 对尤金 · 卡罗尔海军上将的采访——美国海军后方部队上

将” CNN, February 25, 1996, Transcript #47-22, http://www.hermanos.org/CNN%20Interview%20with%20Admiral%20Eugene%20Carroll.htm.

3. 在击落事件发生前的一段时间里，美国政府曾意识到，古巴人对“兄弟救援队”的行动越来越愤怒，并主要通过直接与其领导人何塞·巴苏尔托进行沟通向该组织发出了警报。1995 年夏秋，美国国务院和联邦航空管理局公开发表声明，警告该组织，飞往古巴的飞行计划是不被允许的。联邦航空管理局曾一度试图吊销巴苏尔托的飞行员执照，但是政府的警告在 1996 年秋放慢了脚步，因为官员们认为进一步的警报“更可能激怒巴苏尔托，而不是让他平静下来”。在此期间，“兄弟救援队”因克林顿于 1995 年宣布对古巴难民施行“湿脚、干脚政策”而与克林顿政府不和。

4. Scott Carmichael, *True Believer: Inside the Investigation and Capture of Ana Montes, Cuba's Master Spy* (Annapolis: Naval Institute Press, 2007), p. 5.

5. 23 日，美国国务院与海军少将尤金·卡罗尔会晤后得知了此次击落威胁，但政府并没有联系“兄弟救援队”。相反，美国国务院在袭击发生的前一晚警告美国联邦航空管理局，“明天（‘兄弟救援队’）很可能会试图未经授权飞往古巴领空”。作为回应，美国联邦航空管理局安排雷达中心对飞越佛罗里达海峡的飞机进行紧密监视。然而，24 日，当雷达发现古巴的米格战斗机时，管理局却没有向飞行员发出警告。尽管 F-15 战斗机已经做好了战斗准备，但它未被许可去保护“兄弟救援队”的飞机。美国政府后来将未能保护飞行员的责任归咎于通信问题。在这次事件中幸存的巴苏尔托说，这次袭击是古巴领导人和美国政府之间设计的某种阴谋的结果。出自 Marifeli Pérez-Stable, *The United States and Cuba:Intimate Enemies* (New York: Routledge, 2011), p. 52。

6. 蒙特斯的代号是“古巴女王”；美国国防情报局在她的钱包里发现了密码本，在她的衣柜里找到了无线电收发报机；事后调查报告中的“在她无意的帮助下……为哈瓦那工作”都出自 Jim Popkin，“‘Queen of Cuba’Ana Montes did much harm as a spy. Chances are you haven’t heard of her,” *Washington Post*, 2013 年 4 月 8 日。

7. 关于蒂姆·莱文欺骗实验的完整列表，参见“欺骗和欺骗检测”（“Deceptionand Deception Detection”）https://timothy-levine.squarespace.com/deception，访问时间：2019 年 3 月 7 日。

8. 关于菲利普及其他访谈对象的录像，参见美国国家科学基金会资助的作弊访谈录像（East Lansing, Mich.: Michigan State University, 2007—2011）。

9. 莱文分别让人们看了 22 个说谎者和 22 个说真话的人的录像，人们识别说谎者的正确率为 56%，参见莱文的《被欺骗：“默认真实”理论和说谎与欺骗的社会科学》一书第 13 章第 27 号实验（Tuscaloosa, AL: University of Alabama Press, 2019）。其他心理学家也做过类似的实验，他们的平均正确率是 54%，参见 C. F. Bond, Jr. and B. M. DePaulo, “Accuracy of deception judgments,” *Review of Personality and Social Psychology* 10 (2006): 214—234。

10. Timothy Levine, “Truth-Default Theory (TDT): A Theory of Human Deception and Deception Detection,” *Journal of Language and Social Psychology* 33, no. 4 (2014): 378—392.

11. Stanley Milgram, “Behavioral Study of Obedience,” *Journal of Abnormal and Social Psychology* 64, no.4 (1963): 371—378.

12. 关于米尔格拉姆实验第二个值得注意的地方的陈述主要出自 Gina Perry, *Behind the Shock Machine: The Untold Story of the Notorious Milgram Psychology Experiments* (New York: The New Press, 2013)；“温和又顺从”，第 55—56 页；“……可能杀死了那个坐在椅子上的人”，第 80 页；“‘哦，也许这是真的’”，第 127—129 页。

13. Stanley Milgram, *Obedience to Authority: An Experimental View* (New York: Harper Torchbooks, 1969), p.172.

第 4 章　社交成本 | 圣愚

1. 以下引文的来源是美国证券交易委员会调查办公室。“对证券交易委员会未能发现伯纳德·麦道夫的庞氏骗局的调查——公开版”，2009 年 8 月 31 日，www.sec.gov/news/studies/2009/oig-509.pdf：“私下告诉我们”和“因为麦道夫的姐夫是麦道夫公司的审计师”，第 146 页；“麦道夫的一切做法似乎都讲不通”，第 149 页；“我得出的结论是……得到的任何证据……”，第 153 页；“作为经理……没有想过这是个骗局”，第 158 页；“索拉佐没能认识到，麦道夫所谓的凭‘直觉’交易是‘必然的……荒谬’”，第 211 页。

2. “Opening Statement of Harry Markopolos,” Public Resource Org, YouTube, video provided courtesy of C-SPAN, February 4, 2009, https://www.youtube.com/watch?v=AF-gzN3ppbE&feature=youtu.be,accessed March 8, 2019.

3. 马科波洛斯的传记信息：Harry Markopolos, *No One Would Listen: A True Financial Thriller* (Hoboken, N. J. : John Wiley & Sons, 2010), p. 11。试图持棕色信封接近斯皮策的描述，第 109—111 页。

4. 出自 Timothy R. Levine, *Duped: Truth-Default Theory and the Social Science of Lying and Deception* (University of Alabama Press, 2019) 第 11 章。

5. 关于安格尔顿在中情局内部排查苏联间谍的描述出自 Tom Mangold, *Cold Warrior: James Jesus Angleton—The CIA's Master Spy Hunter* (New York: Simon & Schuster, 1991), pp.263—264。

6. 出自 Timothy R. Levine, *Duped*: *Truth-Default Theory and the Social Science of Lying and Deception* (University of Alabama Press, 2019) 第 11 章。

第 5 章　超越自我 | 案例分析：浴中男孩

1. 以下材料的来源是 *Commonwealth of Pennsylvania vs. Graham Basil Spanier vol. 1* (2017 年 3 月 21 日)：迈克·麦奎里答话的文字转录，第 105—

108、115—116 页；迈克·麦奎里父亲的证词，第 141—142 页；控方结案陈词，第 86—87 页；德拉诺夫接受辩护律师的质询，第 155、163—165 页；温德尔·考特尼证言，第 174—175、189 页；提姆·柯利和约翰·雷科维茨的引言（脚注），第 381、203 页；加里·舒尔茨证言，第 442 页。

2. “Sandusky addresses sex abuse allegations in 2011 interview,” NBC News, June 21, 2012, https://www.nbcnews.com/video/sandusky-addresses-sex-abuse-allegations-in-2011-interview-44570179907，2019 年 3 月 12 日访问。

3. Malcolm Gladwell, “ In Plain View,” *The New Yorker*, 2020 年 9 月 24 日，https://www.newyorker.com/magazine/2012/09/24/in-plain-view。

4. Joe Posnanski, *Paterno* (New York:Simon& Schuster, 2012), p. 251.

5. Jerry Sandusky, *Touched: The Jerry Sandusky Story* (Champaign, Ill.: Sports Publishing Inc., 2000), pp. 33, 210.

6. Jack McCallum, “ Last Call: Jerry Sandusky, the Dean of Linebacker U, is leaving Penn State after 32 years to devote himself to a different kind of coaching, ” *Sports Illustrated*, 1999 年 12 月 20 日，https://www.si.com/vault/1999/12/20/271564/last-call-jerry-sandusky-the-dean-of-linebacker-u-is-leaving-penn-state-after-32-years-to-devote-himself-to-a-different-kind-of-coaching。

7. Bill Lyon, “ Penn State defensive coordinator Jerry Sandusky is the Pied Piper of his time,” *Philadelphia Inquirer*, December 27, 1999.

8. *Commonwealth v. Gerald A. Sandusky*, June 11, 2012, p. 53; Brett Swisher Houtz testimony, June 11, 2012,p. 70; Dorothy Sandusky testimony, June 19, 2012, p. 257.

9. 根据该案的事后调查：“男孩说，他不想让桑达斯基陷入‘麻烦’，而且他认为桑达斯基的举动没有任何意义。这个男孩不想让任何人与桑达斯基谈话，因为那样做的话，桑达斯基可能会不再邀请他参加任何游戏。”Freeh Sporkin & Sullivan, LLP, *Report of the Special Investigative Counsel Regarding* *the Actions of the Pennsylvania State University Related to the Child Sexual Abuse Committed by Gerald A. Sandusky*, 2012 年 7 月 12 日，https://assets.documentcloud.org/documents/396512/report-final-071212.pdf，第 42 页；“这与性没有任何关系”和“向上帝发誓，什么事也没发生”，第 43—46 页。

10. Aaron Fisher, Michael Gillum, and Dawn Daniels, *Silent No More: Victim 1's Fight for Justice Against Jerry Sandusky* (New York: Ballantine Books, 2012).

11. Mark Pendergrast, *The Most Hated Man in America: Jerry Sandusky and the Rush to Judgment* (Mechanicsburg, Penn.: Sunbury Press, 2017), 第 90、52、55 页；费舍尔变换自己的说辞，第 59 页。

12. 更多关于被压抑的创伤性记忆的讨论（脚注），参见 C. J. Brainerd and V. F. Reyna, *The Science of False Memory* (Oxford: Oxford University Press, 2005)；E. F. Loftus and K. Ketcham, *The Myth of Repressed Memory: False Memories and Allegations of Sexual Abuse* (New York: St Martin's Press, 1994)；R. J. McNally, *Remembering Trauma* (Cambridge, Mass.: Harvard University Press, 2003)；R. Ofshe and E. Watters, *Making Monsters: False Memories, Psychotherapy, and Sexual Hysteria* (NewYork: Scribner, 1994)；D. L. Schacter, *The Seven Sins of Memory: How the Mind Forgets and Remembers* (Boston: Houghton Mifflin, 2001)。

13. Geoffrey Moulton, Jr., *Report to the Attorney General of the Investigation of Gerald A. Sandusky*, 2014 年 5 月 30 日，Appendix J, http://filesource.abacast.com/commonwealthofpa/mp4_podcast/2014_06_23_REPORT_to_AG_ON_THE_SAN_SKY_INVESTIGATION.pdf。

14. 让我们说清楚，桑达斯基案很奇怪。自桑达斯基被捕和被定罪以来，一小撮人坚持认为他是清白的，最为直言不讳的是电台脱口秀主持人约翰·齐格勒。齐格勒是保守派记者，他还与 www.framingpaterno.com 网站上的其他三个人有关，该网站专门用于调查起诉桑达斯基的案子。

正如我在对桑达斯基案的讨论中所提到的那样，齐格勒的观点是有说服力的，他认为麦奎里发现桑达斯基与小男孩一起洗澡后，至少隔了5周才向宾夕法尼亚州官方领导报告。参见 John Ziegler, " New Proof that December 29, 2000, Not February 9, 2001, was the Real Date of the McQueary Episode," *The Framing of Joe Paterno* (blog), 2018年2月9日，http://www.framingpaterno.com/new-proof-december-29-2000-not-february-9th-2001-was-real-date-mcqueary-episode。齐格勒认为，麦奎里没看到他以为自己看到的情况，这就是证据。我认为，在"默认真实"的情况下，麦奎里对自己所看到的有所怀疑。不用说，这两种解释之间存在很大差异。

齐格勒还发现了其他许多事实，出于对篇幅和侧重点的考虑，我没有在本章中进行介绍（桑达斯基案非常扑朔迷离）。根据齐格勒的报道，至少有一部分桑达斯基的受害者是不可信的，宾夕法尼亚州立大学提供的高额封口费及决定给谁封口费的相对宽松的标准似乎吸引了他们。

在本章的写作过程中，我多次与齐格勒联系，通过电话与他聊天。他慷慨地与我分享了许多文件，包括私人调查员柯蒂斯·埃弗哈特撰写的备忘录。我不同意齐格勒的最终结论：桑达斯基是清白的。但是，我和他同样认为，实际案情比新闻报道中常说的更为含糊和不寻常。如果读者想探个究竟，可以从齐格勒那里开始了解。

桑达斯基案的第二个怀疑论者（也许是更为主流的）是作家马克·彭德格拉斯特，他于2017年出版了《美国最可恨的人：杰里·桑达斯基与仓促审判》。彭德格拉斯特认为，桑达斯基案是"道德恐慌"和"人类记忆的脆弱性"的经典例证。我对亚伦·费舍尔和艾伦·迈尔斯案的很多叙述都引自彭德格拉斯特的书。我必须说，关于彭德格拉斯特的书，非常值得注意的一点是封底。该书封底上有人类记忆研究领域在世界上最有影响力和最受尊敬的专家中的两位——旧金山大学的理查德·里奥和加州大学尔湾分校的伊丽莎白·洛夫特斯的简介。

洛夫特斯如此说："《美国最可恨的人》讲述了一个的确非凡的故事。令人惊讶的是，在所有媒体报道中，桑达斯基案受到关注的程度绝无仅有，通过疗法和诉讼获得的'记忆'也得到了空前的讨论。人们会认为，如此绝对疯狂的关注终将使案情水落石出。"

我怎么想？我不知道。桑达斯基案中相互矛盾的证据和模棱两可的猜测可留由他人处置，我的兴趣很简单：如果案件真的如此混乱，那怎么能将柯利、舒尔茨、斯巴涅尔关进监狱呢？

15. Sandusky Grand Jury Presentment, 2011 年 11 月 5 日，https://cbsboston.files.wordpress.com/2011/11/sandusky-grand-jury-presentment.pdf, pp. 6—7.

16. 迈克·麦奎里发送给乔纳尔·埃希巴赫的电子邮件是由宾夕法尼亚州立大学的博客作者雷·布雷哈（Ray Blehar）获得的。Ray Blehar, " Correcting the Record: Part1: McQueary's 2001 Eyewitness Report, " *Second Mile - Sandusky Scandal (SMSS): Searching for the Truth through a Fog of Deception*(Blog), 2017 年 10 月 9 日，https://notpsu.blogspot.com/2017/10/correcting-record-part-1-mcquearys-2001.html#more。

17. " Rachael Denhollander delivers powerful final victim speech to Larry Nassar, " YouTube, 2018 年 1 月 24 日，https://www.youtube.com/watch?v=7CjVOLToRJk&t=616s。

18. " Survivor reported sexual assault in 1997, MSU did nothing," YouTube, 2018 年 1 月 19 日，https://www.youtube.com/watch?v=OYJIx_3hbRA。

19. Melissa Korn, " Larry Nassar's Boss at Michigan State Said in 2016 That He Didn't Believe Sex Abuse Claims, " *Wall Street Journal*, 2018 年 3 月 19 日，https://www.wsj.com/articles/deans-comments-shed-light-on-culture-at-michiganstate-during-nassars-tenure-1521453600。

20. Kate Wells and Lindsey Smith, " The Parents," *Believed*, NPR/Michigan Radio, Podcast audio, 2018 年 11 月 26 日，https://www.npr.org/templates/transcript/transcript.php?storyId=669669746。

21. Kerry Howley, " Everyone Believed Larry Nassar," *New York Magazine/The Cut*, 2018 年 11 月 19 日，https://www.thecut.com/2018/11/how-did-larry-nassar-deceive-so-many-for-so-long.html。

22. " Lifelong friend, longtime defender speaks against Larry Nassar," YouTube, 2018 年 1 月 19 日，https://www.youtube.com/watch?v=H8Aa2MQORd4。

23. Mark Pendergrast, *The Most Hated Man in America: Jerry Sandusky and the Rush to Judgment* (Mechanicsburg, Penn.: Sunbury Press, 2017)，2011 年 9 月宾夕法尼亚州立警察对艾伦·迈尔斯的采访，第 147 页。

24. 艾伦·迈尔斯于 2011 年 11 月 9 日接受柯蒂斯·埃弗哈特（刑事辩护调查员）的采访。

25. 脚注中检方关于艾伦·迈尔斯的报告来自安东尼·萨萨诺（Anthony Sassano）写的《关于艾伦·迈尔斯的补充报告》（Supplemental Report on Allan Myers），2012 年 4 月 11 日，宾夕法尼亚州立警察局。引自彭德格拉斯特（Pendergrast）的书《美国最可恨的人》（*The Most Hated Man in America*）第 168 页：

> "科里塞利表示，律师舒宾告诉他，迈尔斯曾告诉他自己被桑达斯基口交、肛交和指交的事件。"萨萨诺在他的报告中写道。舒宾向科里塞利出示了一份 3 页长的文件，据称是迈尔斯对他与桑达斯基的性行为的回忆。科里塞利检查了这份文件，并向我表明，他怀疑这份文件是安东尼·舒宾写的。我告诉他我不需要这份被怀疑是舒宾律师写的

文件的副本。萨萨诺的结论是："此时，我不想对艾伦·迈尔斯进行更多的调查。"

26. 联邦诉杰里·桑达斯基案（上诉），2016 年 11 月 4 日，第 10 页。

27. Jeffrey Toobin, " Former Penn State President Graham Spanier Speaks," *The New Yorker*, 2012 年 8 月 21 日，https://www.newyorker.com/news/news-desk/former-penn-state-president-graham-spanier-speaks。

第 6 章　情绪标签 | 《老友记》的误导

1. 对话来自《老友记》第 5 季第 15 集《敲打乔伊的女孩》，美国全国广播公司，凯文·布莱特执导，1998 年。

2. Paul Ekman and Wallace V. Friesen, *Facial Action Coding System, parts 1 and 2* (San Francisco: Human Interaction Laboratory, Dept. of Psychiatry, University of California, 1978).

保罗·埃克曼是 20 个世纪最重要的心理学家之一。在我的第二本书《眨眼之间》的第 6 章，我用很大的篇幅专门讨论了保罗·埃克曼的作品。埃克曼是 FACS 的共同发明者。我请詹妮弗·富盖特用 FACS 来分析了《老友记》的一集。FACS 已成为分析和理解人类面部表情的黄金标准。埃克曼的主要科学贡献是论证了"渗漏"理论——我们所感觉到的情绪常常不由自主地由脸上某些独特的面部肌肉形态展现。如果你受过面部"语言"培训，并且能有机会一毫秒一毫秒地分解某人的表情录像，则可以识别这些形态。

我在《眨眼之间》中写道："每当我们经历基本情绪时，该情绪便会由脸部肌肉自动表达出来。该响应可能只会在脸上停留几分之一秒，或者只有将电传感器安装到脸上时才能检测得到，但它总是在那里。"

埃克曼提出了两个大胆的主张。首先，这种情绪必然表现在脸上——如果你能感觉到它，你就会表现出来。其次，这些情感表达是普遍的，不论身在何处，每个人都是用他们的脸来表达自己的情感的。

这些命题总是让一些心理学家感到不安。《眨眼之间》出版以来，心理学界对埃克曼的立场的反应越来越强烈。

例如，为什么埃克曼认为情绪是普遍的？20世纪60年代，他和两名同事带着30张照片去了巴布亚新几内亚。照片上是一些西方人的头像，他们的面部表情与基本情绪对应：愤怒、悲伤、轻蔑、厌恶、惊讶、快乐和恐惧。

埃克曼的团队拜访的新几内亚部落被称为“福尔部落”。早在十几年前，他们实际上还生活在石器时代，与世界完全隔绝。埃克曼的想法是，如果福尔部落的人能像纽约或伦敦的人那样很容易地从照片中识别愤怒或惊讶，那么情绪一定是普遍的。事实证明，他们可以识别。

埃克曼和他的同事在一篇论文中写道：“我们的发现支持了达尔文的观点，即因为人类的进化起源相同，不管他们的文化如何，人类情感的面部表情是相似的。”他们的这篇论文发表在了最负盛名的学术期刊《科学》上（参见 P. Ekman et al., “ Pan-Cultural Elements in Facial Display of Emotions,” *Science* 164 [1969]: 86—88 ）。

这种观点——人类的情感反应是普遍存在的——是我们用来理解陌生人的一整套工具背后的原理。这就是我们会有测谎仪，热恋中的情侣会深情地凝视对方的眼睛，内维尔·张伯伦要大胆地前往德国去见希特勒，以及所罗门会在虐童案中严厉地看着被告的原因。

但有个问题：埃克曼太依赖于他对福尔部落的观察。他对他们进行的情绪识别实验并不像他所说的那样具有决定性。

埃克曼与另一位心理学家华莱士·弗里森和人类学家理查德·索伦森一起去了新几内亚，埃克曼和弗里森懂福尔人的语言，索伦森只会用福尔语说几句最简单的话（参见 James Russell, “ Is There Universal Recognition of Emotion from Facial Expression? A Review of the Cross Cultural Studies," *Psychological Bulletin* 115, no. 1 [1994]: 124）。于是，他们去了那里，向部落成员展示了有白人面部表情的照片——完全依赖翻译完成。他们无法让部落里的每个成员自由地联想他认为每张照片中正在发生的事情。那他们如何理解它呢？他们必须简化它。因此，埃克曼和他的小组使用了所谓的"强迫选择"。他们向每个福尔人一张张地展示图片，并要求他们从被列出的几种情绪中选择正确的答案，问他们看到的是愤怒、悲伤、轻蔑、厌恶、惊奇、幸福，还是恐惧。(福尔人的语言里并没有一个真正的词来形容厌恶或惊奇，因此三位研究人员通过即兴表演向他们解释：厌恶是面对恶臭时的情绪，惊奇是看到新事物的情绪。)

那么，强迫选择是一个好方法吗？假设我想知道你是否知道加拿大的首都是哪座城市（以我的经验，相当多的美国人对此一无所知)，那我可以直接问你：加拿大的首都是哪座城市？这是一个自由选择的问题。为了正确回答这个问题，你就必须知道加拿大的首都是哪座城市。以下是这个问题的"强迫选择"版本。

加拿大的首都是：

华盛顿特区

吉隆坡

渥太华

内罗毕

多伦多

你能猜到，不是吗？它不是华盛顿特区，即使对地理一窍不通的人也可能知道那是美国的首都。它可能不是吉隆坡或内罗毕，因为这些名字听起来不像加拿大城市的名字。所以是多伦多还是渥太华？即使你不知道加拿大的首都是哪座城市，你也有 50% 的机会得到正确的答案。这就是埃克曼对福尔部落的调查结果吗？

塞尔吉奥·贾里洛和卡洛斯·克里维利是我在本书第 6 章中提到的两位研究人员，他们的研究始于试图复证埃克曼的发现。他们的想法是：让我们纠正他实验中的错误，看看它是否仍然成立。他们的第一步是挑选一个与世隔绝的部落——特罗布里恩群岛居民，二人中至少有一个人（贾里洛）很熟悉该部落的语言和文化。这是他们相对埃克曼的第一个优势：他们比埃克曼的团队更了解与他们交谈的人。他们还决定不使用“强迫选择”，而是采用更为严格的自由选择的方法。他们摆出一组头像（表情看起来分别是高兴、悲伤、愤怒、害怕和厌恶），问岛上的一个居民：“哪一张是悲伤的脸？”然后他们问下一个人：“哪一张是生气的脸？”……最后，他们统计了所有的回答。

他们发现了什么？当你重新小心而严格地做埃克曼的基础实验时——只是这次——普遍性就消失了。在过去的几年里，同类研究的闸门被打开，这使我在本章中可以描述许多研究。

补充几点：

仔细一想，埃克曼最初的科学论文有点儿奇怪。他认为他对福尔人的研究发现是具有普遍性的。但如果你研究他的数据，你就会发现他并不是在描述普遍性。

福尔人确实擅长正确识别笑脸，但只有大约一半的福尔人能正确识别“恐惧”脸，认为它是恐惧的表情；45% 的福尔人认为“惊讶”脸是一张“可怕”脸；56% 的福尔人将悲伤理解为愤怒。这是普遍性吗？

在我们讨论那些如此支持普遍性的人（比如埃克曼）的时候，克里维利说了一句很有见地的话。他们中的许多人属于“二战”后成长起来的一代，他们出生在一个痴迷于人类差异的世界里。在这个世界里，黑人在基因上被认为是劣等的，犹太人被认为是恶毒的和应该受到损害的，因此他们强烈地被一种理论——认为我们都是一样的理论——吸引。

然而，值得注意的是，反普遍性的著作并不是对埃克曼贡献的否认。在人类情感研究领域，在某种重要意义上，每个研究者都是站在了他的肩膀上。贾里洛和克里维利只是认为，如果不考虑文化因素，你就无法理解情感。

心理学家丽莎·费尔德曼·巴雷特是挑战埃克曼观点的主要学者之一，她认为，“情绪是被制造的……而不是触发的”[参见她的 *How Emotions Are Made* (New York: Houghton Mifflin Harcourt, 2017, p.xiii.) 一书]。我们每个人在一生中都会根据我们所处的文化和环境，为我们的脸建立一套自己的操作指南。人类的脸显示的是他们有多么不同，而非他们有多么相似。如果你所处的社会已经建立了一套通过看脸来理解陌生人的规则，这将是一个大问题。

关于这一新研究方向的更多资料，参见丽莎·费尔德曼·巴雷特等人的研究：“Emotional expressions reconsidered: Challenges to inferring emotion in human facial movements,” *Psychological Science in the Public Interest*（印刷中），以及巴雷特的书《情感》(*Emotions*)(上文已引用)。

3. Jason Vandeventer and Eric Patterson, “Differentiating Duchenne from non-Duchenne smiles using active appearance models,” 2012 *IEEE Fifth International Conference on Biometrics: Theory,Applications and Systems* (*BTAS*) (2012): 319—324.

4. 同上。

5. Paul Ekman and Erika L. Rosenberg, eds., *What the Face Reveals: Basic and Applied Studies of Spontaneous Expression Using the Facial Action Coding System (FACS)*, Second Edition (Oxford University Press: New York, 2005), p.14.

6. Charles Darwin, *The Expression of the Emotions in Man and Animals* (London: J. Murray, 1872). 埃克曼写了大量关于达尔文对情感表达理解的贡献的文章。参见 Paul Ekman, ed., *Darwin and Facial Expression* (Los Altos, Calif.: Malor Books, 2006)。

7. 吉娜·穆罕默德诉企业汽车租赁，第 3—4 页（2006 年第 31 区）。

8. 关于贾里洛和克里维利对特罗布里恩群岛居民的研究，参见 Carlos Crivelli et al., " Reading Emotions from Faces in Two Indigenous Societies, " *Journal of Experimental Psychology: General* 145, no. 7 (July 2016): 830—843, doi:10.1037/xge0000172。这也是比较特罗布里恩人与马德里学生的成功率的图表的出处。

9. Carlos Crivelli et al., " Are smiles a sign of happiness? Spontaneous expressions of judo winners," *Evolution and Human Behavior* 2014, doi: 10.1016/j.evolhumbehav.2014.08.009.

10. Carlos Crivelli et al., " Facial Behavior While Experiencing Sexual Excitement," *Journal of Nonverbal Behavior* 35 (2011): 63—71.

11. Job van der Schalk et al., " Moving Faces, Looking Places: Validation of the Amsterdam Dynamic Facial Expression Set (ADFES), " *Emotion* 11, no. 4(2011): 912. Researchgate.

12. Maria Gendron et al., " Perceptions of Emotion from Facial Expressions Are Not Culturally Universal: Evidence from a Remote Culture," *Emotion* 14, no 2 (2014): 251—262.

13. Mary Beard, *Laughter in Ancient Rome: On Joking, Tickling, and Cracking Up* (Oakland: University of California Press, 2015), p. 73.

14. Achim Schützwohl and Rainer Reisenzein, "Facial expressions in response to a highly surprising event exceeding the field of vision: A test of Darwin's theory of surprise," *Evolution and Human Behavior* 33, no.6 (Nov. 2012): 657—664.

15. Schützwohl is drawing from a previous study: R. Reisenzein and M. Studtmann, " On the expression and experience of surprise: No evidence for facial feedback, but evidence for a reverse self-inference effect," *Emotion*, no. 7 (2007): 612—627.

16. Associated Press, " ' Real Smart Kid' Jailed, This Time for Killing Friend, " *Spokane* (*Wash.*) *Spokesman-Review*, 1995 年 5 月 26 日，http://www.spokesman.com/stories/1995/may/26/real-smart-kid-this-time-time-killing-friend/。

17. Kleinberg et al., "Human Decisions," op. cit.

第 7 章　错误匹配 | 阿曼达 · 诺克斯案简析

1. *Amanda Knox*, directed by Rod Blackhurst and Brian McGinn (Netflix, 2016).

2. Peter Gill, " Analysis and Implications of the Miscarriages of Justice of Amanda Knox and Raffaele Sollecito, " *Forensic Science International: Genetics* 23 (July 2016): 9—18. *Elsevier*, doi:10.1016/j.fsigen.2016.02.015.

3. 莱文的《欺骗》第 13 章。

4. 这是莱文的《欺骗》第 13 章中的实验 27。另参见 Timothy Levine, Kim Serota, Hillary Shulman, David Clare, Hee Sun Park, Allison Shaw, Jae Chul Shim, and Jung Hyon Lee, " Sender Demeanor: Individual Differences in Sender Believability Have a Powerful Impact on Deception Detection Judgments," *Human Communication Research* 37 (2011):377—403。同样出自此来源的还有对经验丰富的执法人员在鉴定"匹配"的"发送者"时的表现的描述。

5. The Global Deception Research Team, " *A World of Lies*, " *Journal of Cross-Cultural Psychology 37*, no.1 (January2006):60—74.

6. Markopolos, *No One Would Listen*, p. 82.

7. Seth Stevenson, " Tsarnaev's Smirk, " *Slate*, 2015 年 4 月 21 日，https://slate.com/news-and-politics/2015/04/tsarnaev-trial-sentencing-phase-prosecutor-makes-case-that-dzhokhar-tsarnaev-shows-no-remorse.html。

8. Barrett, *How Emotions Are Made*, p. 231.

9. *Amanda Knox*, directed by Rod Blackhurst and Brian McGinn (Netflix, 2016).

10. Amanda Knox, *Waiting to Be Heard: A Memoir* (New York: Harper, 2013), pp. 11—12；“你看起来真灵活……声音里充满了鄙视”，第 109 页；“但在西雅图会引人发笑……不太接受文化差异的人”（脚注），第 26 页；“不合时宜地说‘哈哈’时”，第 91 页。

11. John Follain, *Death in Perugia: The Definitive Account of the Meredith Kercher Case from Her Murder to the Acquittal of Raffaele Sollecito and Amanda Knox* (London: Hodder and Stoughton, 2011), pp. 90—91, 93, 94.

12. “Amanda Knox Speaks: A Diane Sawyer Exclusive,” ABC News, 2013，https://abcnews.go.com/2020/video/amanda-knox-speaks-diane-sawyer-exclusive-19079012.

13. *Amanda Knox*, directed by Rod Blackhurst and Brian McGinn (Netflix, 2016).

14. Ian Leslie, “Amanda Knox: What's in a face?” *The Guardian*, 2011 年 10 月 7 日，https://www.theguardian.com/world/2011/oct/08/amanda-knox-facial-expressions。

15. *Amanda Knox*, directed by Rod Blackhurst and Brian McGinn (Netflix, 2016).

16. Tom Dibblee, “On Being Off: The Case of Amanda Knox,” *Los Angeles Review of Books,* 2013 年 8 月 12 日，https://lareviewofbooks.org/article/on-being-off-the-case-of-amanda-knox。

17. Nathaniel Rich, “The Neverending Nightmare of Amanda Knox,” *Rolling Stone*, 2011 年 6 月 27 日，https://www.rollingstone.com/culture/culture-news/the-neverending-nightmare-ofamanda-knox-244620/?print=true。

18. *Amanda Knox*, directed by Rod Blackhurst and Brian McGinn (Netflix, 2016).

第 8 章　短视状态 | 案例分析：大学生联谊会

1. 琼森的证词和对事件的描述来自《人民诉布鲁克 · 特纳》案，第 6

卷，（2016 年 3 月 18 日），第 274—319 页；艾米丽 · 多伊在医院醒来时的证词，第 6 卷，第 445 页；布鲁克 · 特纳关于自己饮酒量的证词，第 7 卷（2016 年 3 月 23 日），第 836、838 页；警察对特纳血液酒精含量的估计，第 7 卷，（2016 年 3 月 21 日），第 554 页；茱莉娅关于她饮酒量的证词，第 5 卷（2016 年 3 月 17 日），第 208—209、213 页；多伊和特纳血液酒精含量（脚注），第 7 卷，第 553—554 页；多伊关于她饮酒量的证词，第 6 卷，第 429、433—434、439 页；特纳关于性行为升级的证词，第 9 卷，第 846—847、850—851、851—853 页；检方的闭幕辩论，第 11 卷，2016 年 3 月 28 日，第 1072—1073 页；特纳关于“磨擦”的证词，第 9 卷，第 831—832 页；多伊关于“断片”的证词，第 6 卷，第 439—440 页；特纳关于“断片”的证词，第 11 卷，第 1099—1100 页；特纳关于多伊语音邮件的证词，第 9 卷，第 897 页。

2. 自 1987 年以来，这一数字得到了数十项研究的支持，其中包括 2015 年《华盛顿邮报 / 凯撒家庭基金会》的民意调查。美国大学协会（AAU）于 2015 年进行的一项研究发现，大学期间，有 23% 的女本科生遭到性侵犯。在美国司法部于 2016 年发布的一项研究中，这一数字甚至更高，达到 25.1%，即 1/4。参见 David Cantor et al., “ Report on the AAU campus climate survey on sexual assault and sexual misconduct,” Westat; 2015，https://www.aau.edu/sites/default/files/%40%20Files/Climate%20Survey/AAU_CampusClimate_Survey_12_14_15.pdf ; Christopher Krebs et al., “ Campus Climate Survey Validation Study Final Technical Reports, ” U.S. Department of Justice, 2016, http：//www.bjs.gov/content/pub/pdf/ccsvsftr.pdf。

3. Bianca DiJulio et al., “ Survey of Current and Recent College Students on Sexual Assault,” *Washington Post*/Kaiser Family Foundation, 2015 年 6 月 12 日，pp. 15-17, http://files.kff.org/attachment/Survey%20Of%20Current%20And%20Recent%20College%20Students%20On%20Sexual%20Assault%20-%20Topline。

4. Lori E. Shaw, " Title IX, Sexual Assault, and the Issue of Effective Consent: Blurred Lines—When Should 'Yes ' Mean 'No '?," *Indiana Law Journal* 91, no. 4, Article 7 (2016): 1412. " It is not enough... ' too much to drink, '" p. 1416. 肖引自 People v. Giardino 98, Cal. Rptr. 2d 315, 324 (Cal. Ct. App. 2000) and Valerie M. Ryan, "Intoxicating Encounters: Allocating Responsibility in the Law of Rape," 40 CAL. W.L. REV. 407, 416 (2004).

5. 德怀特·希斯前往玻利维亚的故事是我最初在《饮酒游戏》("Drinking Games")中所讲的，*The New Yorker*, 2010 年 2 月 15 日，https://www.newyorker.com/magazine/2010/02/15/drinking-games。

6. Dwight B. Heath, " Drinking patterns of the Bolivian Camba," *Quarterly Journal of Studies on Alcohol* 19 (1958): 491—508.

7. Ralph Beals, *Ethnology of the Western Mixe* (New York: Cooper Square Publishers Inc., 1973), p. 29.

8. Claude Steele and Robert A. Josephs, " Alcohol Myopia: Its Prized and Dangerous Effects," *American Psychologist* 45, no. 8 (1990): 921—933.

9. Tara K. MacDonald et al., "Alcohol Myopia and Condom Use: Can Alcohol Intoxication Be Associated With More Prudent Behavior?," *Journal of Personality and Social Psychology* 78, no. 4 (2000): 605—619.

10. Helen Weathers, " I'm No Rapist...Just a Fool," *Daily Mail*, 2007 年 3 月 30 日，www.dailymail.co.uk/femail/article-445750/Im-rapist--just-fool.html。

11. *R v Bree* [2007] EWCA Crim 804: 16—17.

12. *R v Bree* [2007] EWCA Crim 804: 8.

13. *R v Bree* [2007] EWCA Crim 804: 25—35.

14. *R v Bree* [2007] EWCA Crim 804: 32、35、36.

15. Donald Goodwin, "Alcohol Amnesia," *Addiction* (1995): 90, 315—317。

（现如今，没有道德委员会会批准该实验。）销售员经历了 5 天“断片”的故事也出自此来源。

16. Joann Wells et al., “ Drinking Drivers Missed at Sobriety Checkpoints,” *Journal of Studies on Alcohol* (1997): 58, 513—517.

17. Robert Straus and Selden Bacon, *Drinking in College* (New Haven: Yale University Press, 1953), p. 103.

18. Aaron M. White et al., “ Prevalence and Correlates of Alcohol-Induced Blackouts Among College Students: Results of an E-Mail Survey,” *Journal of American College Health* 51, no. 3 (2002): 117—131, doi:10.1080/07448480209596339.

19. Ashton Katherine Carrick, “Drinking to Blackout,” *New York Times*, 2016 年 9 月 19 日，www.nytimes.com/2016/09/19/opinion/drinking-to-blackout.html。

20. William Corbin et al., “Ethnic differences and the closing of the sex gap in alcohol use among college-bound students,” *Psychology of Addictive Behaviors* 22, no. 2 (2008): 240—248,，http://dx.doi.org/10.1037/0893-164X.22.2.240。

21. “身体测量”，美国国家卫生统计中心，美国卫生与公共服务部疾病控制与预防中心，2017 年 5 月 3 日，https://www.https://www.usd.com/.cdc.gov/nchs/fastats/body-measurements.htm。

22. 使用在线血液酒精计算器获得的数字来自 http://www.alcoholhelpcenter.net/program/bac_standalone.aspx。

23. Emily Yoffe, “ College Women: Stop Getting Drunk,” *Slate*, 2013 年 10 月 16 日，slate.com/human-interest/2013/10/sexual-assault-and-drinking-teach-women-the-connection.html。

24. 统计数据来自《华盛顿邮报》/ 凯撒家庭基金会的民意测验。

25. Craig MacAndrew and Robert B. Edgerton, *Drunken Comportment: A Social Explanation* (Chicago: Aldine Publishing Company, 1969), pp.172—173.

26. Emily Doe's Victim Impact Statement, pp. 7-9，https://www.sccgov.org/sites/da/newsroom/newsreleases/Documents/B-Turner%20VIS.pdf。

第 9 章　压力反应丨KSM：当陌生人是恐怖分子时

1. James Mitchell, *Enhanced Interrogation: Inside the Minds and Motives of the Islamic Terrorists Trying to Destroy America* (New York: Crown Forum, 2016), p. 7.

2. Sheri Fink and James Risen, " Psychologists Open a Window on Brutal CIA Interrogations, " *New York Times*, 2017 年 6 月 21 日，https://www.nytimes.com/interactive/2017/06/20/us/cia-torture.html。

3. 摘自维基百科："水中毒，也称水合过度，或水毒血症，是脑功能的致命障碍，当体内电解质的正常平衡因过量饮水而超出安全极限时，就会导致水中毒。"

4. Charles A. Morgan et al., " Hormone Profiles in Humans Experiencing Military Survival Training," *Biological Psychiatry* 47, no. 10 (2000)：891—901，doi:10.1016/s0006-3223(99)00307-8。

5. Charles A. Morgan III et al., " Stress-Induced Deficitsin Working Memory and Visuo-Constructive Abilities in Special Operations Soldiers, " Biological Psychiatry 60, no.7 (2006): 722—729, doi: 10.1016/j. biopsych. 2006.04.021。瑞－奥斯特里思图形最早由安德烈·雷发明，并发表在他的文章《精神病患者的心理问题》中，*Archivesde Psychologie 28*(1941): 215—285。

6. Charles Morgan et al., " Accuracy of eyewitness memory for persons encountered during exposure to highly intense stress, " *International Journal of Law and Psychiatry 27*(2004): 264—265.

7. *Verbatim Transcript of Combatant Status Review Tribunal Hearing for ISN* 10024, 2007 年 3 月 10 日，http://i.a.cnn.net/cnn/2007/images/03/14/transcript_

ISN10024.pdf。

8. Shane O'Mara, *Why Torture Doesn't Work: The Neuroscience of Interrogation* (Cambridge, Mass.: Harvard University Press, 2015), p. 167.

9. Robert Baer, " Why KSM's Confession Rings False," *Time*, 2007 年 3 月 15 日，http://content.time.com/time/world/article/0,8599,1599861,00.html。

10. Adam Zagorin, " Can KSM's Confession Be Believed?" *Time*, 2007 年 3 月 15 日，http://content.time.com/time/national/article/0,8599,1599423,00.html。

第 10 章　普遍真理｜西尔维娅·普拉斯

1. 西尔维娅·普拉斯写给母亲奥瑞莉雅·普拉斯的信函，1962 年 11 月 7 日，参见 Peter K. Steinberg and Karen V. Kukil, eds., *The Letters of Sylvia Plath Volume II: 1956—1963* (New York: Harper Collins, 2018), p. 897。

2. Alfred Alvarez, *The Savage God: A Study of Suicide* (New York: Random House, 1971), pp. 30—31.

3. Mark Runco, "Suicide and Creativity," *Death Studies 22* (1998): 637—654.

4. Stephen Spender, *The Making of a Poem* (New York: Norton Library, 1961), p. 45.

5. Alfred Alvarez, *The Savage God: A Study of Suicide* (New York: Random House, 1971), pp. 18—19.

6. Ernest Shulman, " Vulnerability Factors in Sylvia Plath's Suicide," *Death Studies* 22, no.7 (1988):598—613.

7. 同上。

8. Jillian Becker, *Giving Up: The Last Days of Sylvia Plath* (New York: St. Martin's Press, 2003), pp. 80, 291.

9. "Edge," in *The Collected Poems of Sylvia Plath*, edited by Ted Hughes (New

York: Harper Perennial Modern Classics, 2008), p. 272。中文译文摘自赵琼、岛子译，https://baike.baidu.com/item/%E8%A5%BF%E5%B0%94%E7%BB%B4%E5%A8%85%C2%B7%E6%99%AE%E6%8B%89%E6%96%AF/7777352?fr=aladdin。

10. Douglas J. A. Kerr, " Carbon Monoxide Poisoning: Its Increasing Medico-Legal Importance," *British Medical Journal* 1,no. 3452 (March 5, 1927): 416.

11. Ronald V. Clarke and Pat Mayhew, " The British Gas Suicide Story and Its Criminological Implications, " *Crime and Justice10* (1988): p.88, doi:10.1086/449144.

12. Malcolm E. Falkus, *Always under Pressure*: *A History of North Thames Gas Since 1949* (London: Macmillan, 1988), p. 107.

13. Trevor Williams, *A History of the British Gas Industry* (Oxford: Oxford University Press, 1981), p.190.

14. Ronald V. Clarke and Pat Mayhew, " The British Gas Suicide Story and Its Criminological Implications," *Crime and Justice10* (1988): p. 89.

15. " Lady Lazarus, " *The Collected Poems of Sylvia Plath*, edited by Ted Hughes (New York: Harper Perennial Modern Classics, 2008), pp. 244—245.

16. Ronald V. Clarke and Pat Mayhew, " The British Gas Suicide Story and Its Criminological Implications," *Crime and Justice10* (1988): p. 84.

17. Ronald V. Clarke and Pat Mayhew, " The British Gas Suicide Story and Its Criminological Implications," *Crime and Justice10* (1988): p. 99.

18. 参见 Kim Soffen,"To Reduce Suicides, Look at Gun Violence,"*Washington Post*, 2016 年 7 月 13 日，https://www.washingtonpost.com/graphics/business/wonkblog/suicide-rates/。

19. John Bateson, *The Final Leap: Suicide on the Golden Gate Bridge* (Berkeley:

University of California Press, 2012)，第 8 页；桥上防自杀护栏的搭建历史（或不设置护栏），第 33、189、196 页。

20. 导演埃瑞克·斯蒂尔的纪录片取名《金门大桥》(More 4，2006)。

21. Richard H. Seiden, " Where are they now? Afollow-up study of suicide attempters from the Golden Gate Bridge," *Suicide and Life-Threatening Behavior* 8, no. 4 (1978): 203—216.

22. 这 4 处引用摘自美国运输部提议安装防自杀安全网的一系列公众意见：http://goldengatebridge.org/projects/documents/sds_letters-emails-individuals.pdf。

23. Matthew Miller et al., " Belief in the Inevitability of Suicide: Results from a National Survey," *Suicide and Life-Threatening Behavior* 36, no. 1 (2006).

24. David Weisburd et al., "Challenges to Supervision in Community Policing: Observations on a Pilot Project," *American Journal of Police 7* (1988): 29—50.

25. Larry Sherman et al., *Evidence-Based Crime Prevention* (London: Routledge, 2002)。(谢尔曼和韦斯伯德都是多产作家。我在本书中介绍了他们作品的部分内容。如果你有兴趣，还可以去阅读他们的作品，了解更多内容！)

26. L. W. Sherman et al., " Hot spots of predatory crime: Routine activities and the criminology of place," *Criminology* (1989): 27—56.

27. Glenn Pierce et al., " The character of police work: strategic and tactical implications, " *Center for Applied Social Research Northeastern University*, November 1988. 虽然研究报告的作者不知道他们的数据可以有效支持犯罪集中定律，但当韦斯伯德看到他们的结论时，便将有关研究进行了归纳。

28. 韦斯伯德绘制的西雅图犯罪分布图：

David Weisburd et al., " Understanding and Controlling Hot Spots of Crime: The Importance of Formal and Informal Social Controls, " *Prevention Science* 15, no. 1（2014）：31—43，doi：10.1007/s11121-012-0351-9，参照图 2。地图显示了 1989—

2004 年的犯罪情况。如欲了解韦斯伯德关于犯罪活动和犯罪地点的更多研究内容，参见 David Weisburd et al., *The Criminology of Place: Street Segments and Our Understanding of the Crime Problem* (Oxford: Oxford University Press, 2012)，以及 David Weisburd et al., *Place Matters: Criminology for the Twenty-First Century* (New York: Cambridge University Press, 2016)。

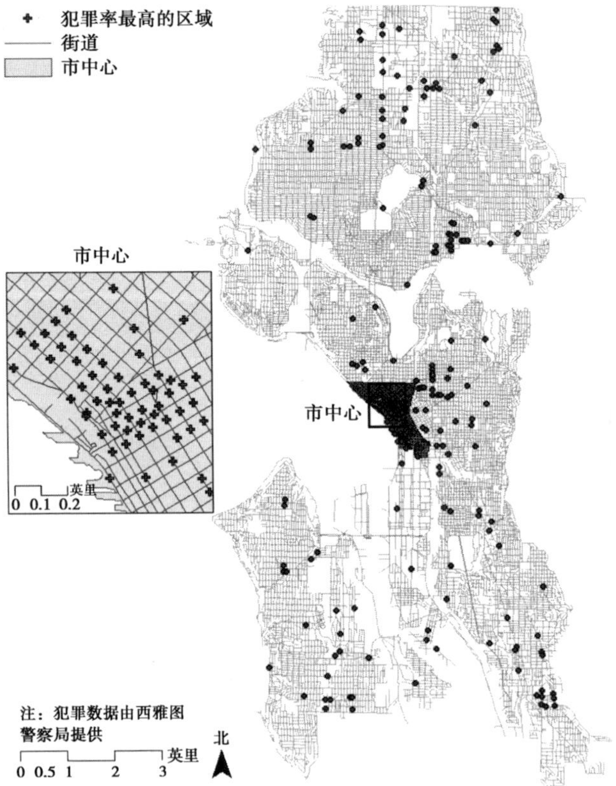

2018 年遇到韦斯伯德之后不久，他安排我和他的同事克莱尔·怀特走访调查了一天。从 2012 年开始，他们两人就一直在巴尔的摩进行一项耗资数

百万美元的“犯罪高发区”研究项目——研究全市的450段街道。“研究充分表明，犯罪活动具有高度集中性。”怀特解释说，“韦斯伯德已经用各大城市的研究数据向我们证明了这一点。现在最大的问题是为什么会这样？为什么犯罪活动高度集中在这些地方？”

怀特和韦斯伯德雇了40个学生进行查访。他们每天派出这些学生记录450段街道上的情况，尽可能多地收集关于社区内居民的信息。“我们向居民提的问题主要与所谓的集体效能和干预意愿有关。”怀特说，“如果有孩子爬到一辆停在路边的汽车上，附近居民愿意说些什么的可能性有多大？如果当地的消防局将要关闭，附近居民愿意做些什么的可能性有多大？我们主要调查这类自发性行为，包括信任问题。您信任附近居民吗？您与附近居民的价值观是否相同？……我们还问了一些关于警察的问题：您觉得警察能做到一视同仁吗？您觉得警察尊重他人吗？”

为了进行比较，选中的街段中有一些是犯罪低发街道，即每年报警电话少于4次的街区；犯罪高发区则是每年报警电话超过18次的街区。请注意，巴尔的摩是一个18世纪就存在的城市，短街道居多。一段每年至少有18次报警电话的街道，步行走完也只需不到一分钟。怀特说，这项研究中的某些街道一年内打了600多次报警电话，这就是韦斯伯德所说的犯罪集中定律。大多数街道不存在犯罪活动，只有少数街道几乎集中了整片区域的所有犯罪活动。

我和怀特开始在离市中心不远的巴尔的摩西区走访调查。

“人们都知道，这里是犯罪率很高的地区之一，也是弗雷迪·格雷被捕及后来暴力事件发生的地方。”她说的是2015年，一个非洲裔犯罪嫌疑人被警方拘留，后来非正常死亡的那个案件。事件发生后，愤怒的市民举行了抗议示威活动。“如果你看过电视剧《火线》，就会发现他们总是会说到巴尔的摩西区。”这个地区是典型的东北部城市的老城区：狭窄的街道两旁是连排的红砖房屋；有些街区已经修复改善，有些则还是原样。“你肯定还会走访许多街区，你觉得这个街区不错，对吧？它给你的感觉是很舒服的。”怀特开车经过这个街区的中心时对我说，“转过这个弯，你就会看到街道两边的房屋全都钉了木条。这里简直是一个鬼城，你会怀疑是不是真的有人住在这里。”

她带我去了研究项目中的第一段街道，然后在那里停下车。她想让我猜测这里是犯罪高发区还是低发区。拐角处是一座造型美观的19世纪教堂，后面是一个小公园。这个街区的部分建筑是典雅的欧式风格。那天阳光明媚。我说这里一定是犯罪低发区。她摇了摇头，说：“这条街道经常发生暴力事件。”

她开车继续往前。

有时，一条街道的治安情况很容易辨别：房屋破败，街道一头有一家酒吧，另一头有一个保释服务中心，一看就像犯罪和毒品活动的高发区。“有些街区很容易辨别，对吧？你如果下车，街上的人就会用他们的暗号大声叫喊，告诉周围的人警察来了。”怀特说着，开始大笑，“我喜欢和现场调查员一起外出调研，他们会告诉我，‘这是我们在街头上用的暗号’。”一次大白天，怀特的现场调查员发现自己陷入了枪战之中——那段街道是公认的犯罪高发区。

但有些破败街区的治安情况却非常不错。有一次，在一片环境格外凄凉的区域内，我们竟然发现了一个看起来很舒适的地方：连续的两段街道两旁是修剪整齐的草坪和粉刷一新的房屋。一栋废弃大楼的窗户上贴了一张纸条，上面提到了《约翰福音》第14章第2—3节：“在我父的家里有许多住处。”这是讽刺街区治安情况良好或糟糕的证据吗？

我向怀特请教如何辨别街道治安情况的好坏。有时她可以判断出来，但通常她也无法判断准确。“事实就是这样。”她说，“周围环境并不是总能反映一个街区内会发生什么。在初步研究中，我们选择的其中一条街道是一个暴力事件高发区，但许多警察和临床医生都认为，‘那里绝对不可能是一个暴力事件高发区’。因为在那个街区，所有的房屋都维护良好，还有美丽的街景。于是我亲自前往调查确认。我想可能是我们的数据出了问题。虽然警察说那里绝对不可能是暴力事件高发区，但事实完全相反。所以说，我们经常无法辨别一个街区情况的好坏。”

与克莱尔·怀特驾车走访巴尔的摩的那个下午让我明白了一个道理：我们真的很容易对陌生人产生误解。巴尔的摩的凶杀率高出全国平均水平许多倍，对此，最简单的事情就是，看到那些废弃建筑、贫困情况及叫喊暗号的毒贩，将他们全部清理出城就好。但犯罪集中定律的要点是："这些区域"内大部分街道的治安情况都非常不错；犯罪高发区指的是某段特定的街道，而不是一整片区域。怀特在谈到巴尔的摩的城市声誉时表示："我们把注意力放在了所有坏人身上，但事实上，大部分人都是好人。"对陌生人或陌生事物的不了解是导致我们更加恐惧的原因。

29. Sylvia Plath, *The Bell Jar* (London: Faber and Faber, 1966), pp. 175, 179, 181.

30. " A Birthday Present, " *The Collected Poems of Sylvia Plath*, edited by Ted Hughes (NewYork: Harper Perennial Modern Classics, 2008), p.207.

31. Ronald V. Clarke and Pat Mayhew, " The British Gas Suicide Story and Its Criminological Implications," *Crime and Justice 10* (1988): p. 91.

32. 参见 Kyla Thomas and David Gunnell, " Suicide in England and Wales 1861—2007: A time-trends analysis, " *International Journal of Epidemiology* 39, issue 6 (2010): 1464—1475, 图 3，https://doi.org/10.1093/ije/dyq094。

33. Anne Sexton, " The Barfly Ought to Sing, " *TriQuarterly* no. 7 (1996): 174—175，引用于 Diane Wood Middlebrook, *Anne Sexton: A Biography* (New York: Houghton Mifflin, 1991), p. 107。

34. Diane Wood Middlebrook, *Anne Sexton: A Biography* (New York: Houghton Mifflin, 1991), p.165.

35. Diane Wood Middlebrook, *Anne Sexton: A Biography* (New York: Houghton Mifflin, 1991), p.397.

36. 同上。

37. Alfred Alvarez, *The Savage God: A Study of Suicide* (New York: Random House, 1971), p40.

38. 参见 David Weisburd et al., " Does Crime Just Move Around the Corner? A Controlled Study of Spatial Displacement and Diffusion of Crime Control Benefits." *Criminology* 44, no. 3(08, 2006): 549—592，图 2。doi: http://dx.doi.org.i.ezproxy.nypl.org/10.1111/j.1745-9125.2006.00057.x。

39. Diane Wood Middlebrook, *Anne Sexton: A Biography* (New York: Houghton Mifflin, 1991), p.216.

40. 同上。

41. " Lethality of Suicide Methods," Harvard T. H. Chan School of Public Health, 2017 年 1 月 6 日。https://www.hsph.harvard.edu/means-matter/means-matter/case-fatality, accessed March17, 2019。

42. Anne Sexton, "The Addict," *The Complete Poems* (New York: Open Road Media, 2016), p. 165.

43. Diane Wood Middlebrook, *Anne Sexton: A Biography* (New York: Houghton Mifflin, 1991), p.216.

44. 同上。

45. 请看 1975 年后一氧化碳中毒的自杀人数是如何下降的。就像民用煤气时代结束时，英国用煤气自杀的人数也开始减少一样。参见 Neil B. Hampson and James R. Holm, " Suicidal carbon monoxide poisoning has decreased with controls on automobile emissions," Undersea and Hyperbaric Medical Society, Inc. 42 (2): 159—164，图 4，2015 年 3 月。

第 11 章　集中定律 | 案例分析：堪萨斯城实验

1. George Kelling et al., “ The Kansas City Preventive Patrol Experiment: A Summary Report ” (Washington, DC: Police Foundation, 1974), p. v，https://www.policefoundation.org/wp-content/uploads/2015/07/Kelling-et-al.-1974-THE-KANSAS-CITY-PREVENTIVE-PATROL-EXPERIMENT.pdf.

2. Alan M. Webber, “ Crime and Management: An Interview with New York City Police Commissioner Lee P. Brown, ” *Harvard Business Review* 63, issue 3 (May-June 1991): 100, https://hbr.org/1991/05/crime-and-management-an-interview-with-new-york-city-police-commissioner-lee-p-brown.

3. George Bush, “ Remarks to the Law Enforcement Community in Kansas City, Missouri, ” 1990 年 1 月 23 日，in *George Bush: Public Papers of the Presidents of the United States*, January 1-June30, 1990, p. 74。

4. 对堪萨斯城第 144 巡逻区的描述摘自 Lawrence Sherman et al., “ The Kansas City Gun Experiment,” National Institute of Justice, 1995 年 1 月，https://www.ncjrs.gov/pdffiles/kang.pdf。

5. James Shaw, “ Community Policing Against Crime: Violence and Firearms ” (PhD dissertation, University of Maryl and College Park, 1994), p. 118.

6. 同上，第 122—123 页。

7. Erik Eckholm, “Who’s Gota Gun? Clues Are in the Body Language,” *New York Times*, 1992 年 5 月 26 日，https://www.nytimes.com/1992/05/26/nyregion/who-s-got-a-gun-clues-are-in-the-body-language.html。

8. David A. Harris, “ Driving While Black and All Other Traffic Offenses: The Supreme Court and Pretextual Traffic Stops, ” *Journal of Criminal Law and Criminology* 87, issue 2(1997): 558, https://scholarlycommons.law.northwestern.edu/cgi/viewcontent.cgi?article=6913&context=jclc.

9. *Heien v. North Carolina*, 135 S. Ct. 534 (2014), https://www.leagle.com/decision/insco20141215960.

10. Lawrence Sherman et al., " The Kansas City Gun Experiment," National Institute of Justice, January 1995, Exhibit 4, p.6. https://www.ncjrs.gov/pdffiles/kang.pdf.

11. Fox Butterfield, " A Way to Get the Gunmen: Get the Guns, " *New York Times*, 1994 年 11 月 20 日，https://www.nytimes.com/1994/11/20/us/a-way-to-get-the-gunmen-get-the-guns.html。

12. James Shaw, " Community Policing Against Crime: Violence and Firearms" (PhD dissertation, University of Maryl and College Park, 1994), p. 136.

13. Lawrence Sherman et al., " The Kansas City Gun Experiment," National Institute of Justice, January 1995, p. 6. https://www.ncjrs.gov/pdffiles/kang.pdf.

14. James Shaw, " Community Policing Against Crime: Violence and Firearms " (PhD dissertation, University of Maryl and College Park, 1994), pp. 155—156.

15. Don Terry, " Kansas City Police Go After Own ' Bad Boys,' " 1991 年 9 月 10 日，https://www.nytimes.com/1991/09/10/us/kansas-city-police-go-after-own-bad-boys.html。

16. 关于21世纪初北卡罗来纳州交通拦截数量增加的情况，参见 Deborah L. Weisel, " Racial and Ethnic Disparity in Traffic Stops in North Carolina, 2000—2001: Examining the Evidence, " North Carolina Association of Chiefs of Police, 2014，http://ncracialjustice.org/wp-content/uploads/2015/08/Dr.-Weisel-Report.compressed.pdf。

17. E. Macbeth and B. Ariel, " Place-based Statistical Versus Clinical Predictions of Crime Hot Spots and Harm Locations in Northern Ireland," *Justice*

Quarterly (August 2017)：22，http://dx.doi.org/10.1080/07418825.2017.1360379.

第 12 章　归咎对方 | 桑德拉 · 布兰德

1. Nick Wing and Matt Ferner, "Here's What Cops and Their Supporters Are Saying about the Sandra Bland Arrest Video," *HuffPost*, 2015 年 7 月 22 日，https://www.huffingtonpost.com/entry/cops-sandra-bland-video_us_55afd6d3e4b07af29d57291d。

2. Texas Department of Public Safety General Manual, Chapter 5, Section 05.17.00, https://www.documentcloud.org/ documents/3146604DPSGeneralManual.html.

3. DHS Press Office, "DHS Releases 2014 Travel and Trade Statistics," https://www.dhs.gov/news/2015/01/23/dhs-releases-2014-travel-and-trade-statistics，访问时间：2019 年 3 月。

4. Charles Remsberg, *Tactics for Criminal Patrol: Vehicle Stops, Drug Discovery, and Officer Survival* (Northbrook, Ill.: Calibre Press, 1995), pp. 27, 50, 68.

5. *Heien v. North Carolina*, 135 S. Ct. 534 (2014),https://www.leagle.com/decision/insco20141215960.

6. Gary Webb, "DWB: Driving While Black," *Esquire* 131, issue 4 (April 1999): 118—127。韦伯的文章率先记录了堪萨斯城警务手段的日益普及。这种警务手段十分有效，但也让人不寒而栗。有一次，他与一位名叫沃格尔的佛罗里达警官坐下交谈。沃格尔是主动式搜查的极力倡导者，他一直认为自己有第六感，能够发现潜在罪犯，并引以为豪。韦伯写道：沃格尔说过，"其他外表特征包括耳环、鼻环、眼睑环等饰品，都是犯罪分子的共同点，还有文身"，特别是与"大麻叶"图案类似的文身；车尾贴可以让他了解司机的性情；"空车返回标志极有可能暗示这类车辆藏有毒品"。

让我休息一下。

7. *Los Angeles Times* Staff, " Citations by Trooper Brian Encinia, " *Los Angeles Times*, 2015 年 8 月 9 日，http://spreadsheets.latimes.com/citations-trooper-brian-encinia/。

8. Charles Remsberg, *Tactics for Criminal Patrol: Vehicle Stops, Drug Discovery, and Officer Survival* (Northbrook, Ill.: Calibre Press, 1995), p. 70.

9.（以及恩西尼亚和伦弗罗之间的问答内容均引自）克利夫·伦弗罗（得克萨斯州公共安全部中尉）的访谈，2015 年 10 月 8 日。音频由奥斯汀 KXAN-TV 取得 https://www.kxan.com/news/investigations/trooper-fired-for-sandra-bland-arrest-my-safety-was-in-jeopardy/1052813612，访问时间：2019 年 4 月。

10. Texas Transportation Code, Title7: Vehicles and Traffic, Subtitle C: Rules of the Road, Chapter 545: Operation and Movement of Vehicles, Sections 104, 105, p. 16, https://statutes.capitol.texas.gov/?link=TN.

11. John E. Reid et al., *Essentials of the Reid Technique: Criminal Investigation and Confessions* (Sudbury, Mass.: Jones and Bartlett Publishers, 2005), p. 98.

《里德手册》主要介绍如何测谎，如何断定谎言，即荒谬的话。例如，里德"系统"教导审讯者必须警惕非言语暗示，因为这类暗示可以"放大"嫌疑人所说的话。非言语暗示指姿态、手势等。正如手册第 93 页所述，"因此，俗话常说'行动胜过语言'，'如果你说的是实话，那你就看着我的眼睛'"。

综合反驳这一主张的所有科学著作，可能会得出意想不到的结论。由托莱多大学犯罪学家理查德·约翰逊提出的批判意见是我最赞成的批判意见之一 [关于约翰逊的研究，参见 " Race and Police Reliance on Suspicious Non-Verbal Cues, " *Policing: An International Journal of Police Strategies and Management* 30, no. 2(June 2007): 277—290.]。

约翰逊回看了许多集以往播出的每集时长半小时的电视纪实节目《警察》。你现在可能还记得这档节目：从 1989 年开始，至今仍在播出，已成为播出时间最久的美国电视节目之一。摄制组跟在警察后面拍摄，以纪实形式记录当天发生的一切，不添加任何言语叙述（奇怪的是，《警察》竟然有很高的人气，尽管观众容易忘记这档纪实节目也是经过大量剪辑的，而且警察似乎也没有那么忙）。约翰逊看了 480 集以往播出的《警察》。他在一直剪辑警察与公民之间的互动视频，在他剪辑的视频片段中，公民的腰部以上要出现在镜头内至少 60 秒。他找了 452 个这样的视频片段，然后根据节目中提供的信息将这些视频片段分为"无辜"和"可疑"两类。这个怀里抱着孩子的母亲家里刚刚被盗？这个一见到警察就逃跑的少年真的偷了那个女士的珠宝？然后，他又按种族将所有剪辑视频分为白人、黑人和西班牙裔三类。

需指出的是，关于所谓的举止暗示，相关研究并不多。但约翰逊的研究比较特殊，因为它不是在大学心理实验室进行的，而是源自真实生活。

我们首先说一说眼神交流（对视）。许多警察都认为这是最重要的举止暗示。执法部门最广泛采用的《里德手册》明确指出：撒谎的人通常会移开目光，而诚实的嫌疑人则不会惧怕持续对视。

那么，约翰逊通过《警察》中的实际互动验证这个思路时发现了什么呢？无辜的人比犯罪的人更有可能与警察对视吗？

约翰逊记录了视频片段内每分钟眼神交流的总秒数。

与涉嫌犯罪的黑人相比，完全无辜的黑人实际上更不可能与警察对视。再来看看白人的结果。

首先需注意的是，整体看来，《警察》中的高加索人与警察对视的可能性远远超过黑人。事实上，在 4 个分组中，涉嫌犯罪的白人通常最有可能与警察对视。如果将眼神对视作为判断某人清白的线索，那么黑人就会比白人可疑。更糟糕的是，你可能最容易怀疑完全无辜的非洲裔美国人。

接着说一说面部表情。根据里德审讯法，面部表情可以有效地暗示嫌疑人的内心状态。我被发现了吗？我会被发现吗？正如手册所述：

“实际表情变化可能暗示嫌疑人在撒谎，没有表情变化则可能说明嫌疑人说的是实话”（Reid et al., *Essentials of the Reid Technique*, p. 99）。

大部分警察认为，有罪或有逃避意向的人经常面带笑容。警察调查结果显示，执法人员经常把“频繁微笑”理解为情况不对劲的征兆。这和纸牌游戏中的“表情会说话”类似。约翰逊也对《警察》中的视频片段进行了微笑分析。这次的数据包括对西班牙裔美国人的研究。

这再一次证明，许多警察依靠的经验法则与研究结果正好相反。最常面带笑容的是无辜的非洲裔美国人。笑得最少的人是西班牙裔嫌疑人。从图表中得出的唯一合理结论是，在《警察》中，黑人最常面带笑容，白人笑得较少，西班牙裔的最不常微笑。

我们再来看另一个特征：说话断断续续。如果有人试图为自己辩解，语气紧张，总是断断续续的，我们就会把这种表现视为逃避或说谎的迹象。没错吧？那么，对《警察》的研究数据又得出了什么结论呢？

非洲裔嫌疑人说话流畅，无辜的西班牙裔人经常紧张地吞吞吐吐。如果你按照《里德手册》中的要求行动，那么你将不会放过无辜的西班牙裔人，而被有罪的非洲裔美国人愚弄。

这是否意味着我们只是需要一套更有效、更具体的警察判别守则——提防说话流畅的黑人，不笑的白人都是图谋不轨的家伙。不是这样的！鉴于约翰发现的极大差异性，这么做也是不可行的。

例如，可以看一看这些反应的研究结果范围。无辜的非洲裔美国人通常会与警察对视持续 7～49.41 秒。有些无辜的黑人几乎从不与警察对视，有些则对视很长时间。无辜黑人的微笑频率是 0～13.34 次。有些无辜的黑人经常面露微笑——平均每分钟笑 13.34 次。但也有一些无辜的黑人从来不笑。无辜白种人的“言语错乱”频率是0.64～9.68次。有些白人会像紧张的青少年一样吞吞吐吐，有些则像温斯顿·丘吉尔一般口若悬河。我们从中可以得出的唯一结论是：在微笑时机、微笑频率、眼神交流或言语流畅性方面，人们的表现没有规律可循。想要从这类行为中找出某种规律是不可能的。

等一下！我好像遗漏了里德审讯法中的重要线索之一：手部动作！

> 在回答问题时，被调查人的双手可能做出以下三种动作中的一种：双手保持静止不动可能暗示被调查人对他的言语回答内容不确信或根本没有说到要点；双手离开身体做出手势，称为“动作暗示”；双手可能与身体的某个部位接触，这种动作被称为适应性行为（Reid et al., p. 96）。

手册接着说明了手部动作是否有助于我们判断被调查人的诚实性。里德审讯法假设，手部动作有一定的规律性。事实真是这样吗？以下是约翰逊的手部动作研究数据。第一列是平均时间，第二列和第三列分别是最短时间和最长时间。请看下表：

每分钟的手势时间

	平均时间（秒）	最短时间（秒）	最长时间（秒）
非洲裔美国人 / 无辜	28.39	00.00	58.46
非洲裔美国人 / 嫌犯	23.98	00.00	56.00
白人 / 无辜	07.89	00.00	58.00
白人 / 嫌犯	17.43	31.00	56.00
西班牙裔 / 无辜	22.14	23.00	57.00
西班牙裔 / 嫌犯	31.41	13.43	53.33
整个样本	23.68	00.00	58.46

如果你能看懂这些数字，那说明你比我聪明。

顺便说一下，所有备受追捧的“里德技术”中最不可思议的是，“在口头回答问题的过程中，脚部动作的变化——突然开始或停止抖腿——极有可能暗示被调查人在撒谎。重要姿势变化也包括脚部动作，通常表现为‘在座位上移动’。做出这种动作时，被调查人一般会双脚着地，身体上移，稍稍离开座位，从而摆出新的姿势。如果被调查人口头回答问题时在座位上立即表现出这类明显的姿势变化，则极有可能说明这个人在撒谎”(Reid et al., *Essentials of the Reid Technique*, p. 98)。

什么？我碰巧是经常紧张地抖腿的那类人。当我感到兴奋，觉得超级幸运，或喝了太多咖啡而有点儿兴奋时，我就会抖腿。这个动作和我有没有说实话到底有什么关系？

再举一个里德审讯法的弊端。我将引用布莱恩·加里尼极具影响力的一篇执法评论文章 [“ Police ‘ Science ’ in the Interrogation Room: SeventyYears of Pseudo-Psychological Interrogation Methods to Obtain Inadmissible Confessions,” *Hastings Law Journal* 61 (2010): 529.] 进行说明。这篇文章主要介绍索尔·卡辛和克里斯蒂娜·方所做的一项研究：[“ ‘ I’m Innocent! ’ : Effects of Training on Judgments of Truth and Deception in the Interrogation Room,” *Law and Human Behavior* 23, no. 5 (October 1999): 499—516.]。

> 实质上，卡辛教授和方教授录制的内容是，调查员根据里德审讯法审问一组参与者，以确定他们是否涉嫌模拟犯罪。第二组参与者（其中一些人接受过里德审讯法训练）观看录像，然后：（1）判断每个被调查人是否有罪；（2）是否相信自己对被调查人所做的有罪或无罪判定。结果就像他们预测的那样让人担忧。首先，判断准确可以说是一种侥幸。其次，“针对如何利用口头和非口头暗示所做的训练并不能提高判断准

确率”。为了解释为什么这类训练不能提高判断准确率，两位作者指出：“关于这类线索可以有效区分罪犯和被指控犯罪但实际没有犯罪的无辜者的主张，没有可靠的经验基础支撑。”

最后，两位作者的报告指出，第二组参与者过于相信他们对犯罪嫌疑人是否有罪的评估结果。作者的原话是：

我们发现，不管参与者是否接受过里德审讯法训练，无论执行任务前后或过程中是否采取了置信度措施，判断准确性和置信度之间不存在显著相关性。这进一步证明了这个领域的元认知问题是，置信水平与理由（包括基于里德审讯法的理由）数量呈正相关。这是另一种无法预测准确性的因变量，但它却被广泛用作判断依据。“里德审讯法训练在这方面产生了特别不利的影响。具体来说，与没有接受过训练的人相比，接受过训练的人反而更不能准确判断被调查人是否说了实话。不过尽管他们经常判断失误，但他们往往更自信，也更能列出大量做出某个判断的理由。”

12. Charles Remsberg, *Tactics for Criminal Patrol: Vehicle Stops, Drug Discovery, and Officer Survival* (Northbrook, Ill.: Calibre Press, 1995), p. 166.

13. “ Sandy Speaks—March 1, 2015, ” YouTube, 2015 年 7 月 24 月 发 布，https://www.youtube.com/watch?v=WJw3_cvrcwE，访问时间：2019 年 3 月 22 日。

14. Charles Remsberg, *Tactics for Criminal Patrol: Vehicle Stops, Drug Discovery, and Officer Survival* (Northbrook, Ill.: Calibre Press, 1995), pp. 83—84.

15. United States Department of Justice Civil Rights Division, “ Investigation of the Ferguson Police Department, ” 2015 年 3 月 4 日，https://www.justice.gov/

sites/default/files/opa/press-releases/attachments/2015/03/04/ferguson_police_department_report.pdf。

16. 关于“大海捞针”式搜查引起的困局，更多信息如下：大多数国家鼓励中年妇女定期做乳腺造影检查。但乳腺癌其实很少见。在接受乳腺造影检查的女性中，实际患有乳腺癌的只占不到0.5%。因此，确诊乳腺癌也类似“大海捞针”式搜查。

流行病学家乔安·埃尔莫尔近期的研究数据正说明了这一点。她说，想象一下，一组放射科医生对10万名女性进行了乳腺造影检查。按照统计学概率，在这10万名女性中，应该有480例乳腺癌。放射科医生会发现多少例呢？398例。对于像读取乳腺造影检查结果这类艰巨任务来说，这个结果已经相当不错了。

但在做出正确诊断的过程中，放射科医生还可能发现8 957例假阳性。这就是“大海捞针”式搜查的工作原理：如果你想在某人的行李中找到并不能经常被发现的枪支，那么你肯定要进行大量搜查。

现在，假设你想更准确地诊断出癌症患者。也许398/480的识别水平还不够高。埃尔莫尔又进行了一次统计，这次是由一组充分接受过训练的放射科医生负责检查。这些医生的警惕性非常强，疑心很重，他们就像医疗领域里的“布莱恩·恩西尼亚”。在本应识别出480例癌症的情况下，他们正确诊断出了422例——比之前多发现了好几十例！但这种多疑性的做法产生了多少例假阳性呢？10 947例。另有2 000名健康状况良好的女性被误诊为乳腺癌，她们可能因此要接受她们本不需要做的治疗。训练有素的放射科医生更擅长发现肿瘤，不是因为他们的诊断准确性更高，而是因为他们的疑心更重。在他们眼里，所有来检查的人都是癌症患者。

如果你是女性，那么你更愿意让哪组放射科医生读取你的乳腺造影检查结果呢？你是更担心自己患癌的超低概率被忽略，还是更担心被误诊为癌症患者的概率变大许多？这个问题的答案没有对错之分，因为每个人对于健康的态度和风险观念不同。不过，重要的是，这些数据可以让我们知道“大海捞针”式搜查带来的经验教训：寻找罕见的东西总是要付出一定代价的。

17. Charles R. Epp, Steven Maynard-Moody, and Donald Haider-Markel, *How Police Stops Define Race and Citizenship* (Chicago: University of Chicago Press, 2004).

18. 北卡罗来纳州公路巡逻队统计数据：“Open Data Policing: North Carolina”, https://opendatapolicing.com/nc/，访问时间：2019 年 3 月。

19. 下面这张犯罪活动分布地图反映的是巴尔的摩犯罪数据整合公司 SpotCrime 收集的 2013—2017 年的沃勒县数据，相关数据由当地警察局提供。

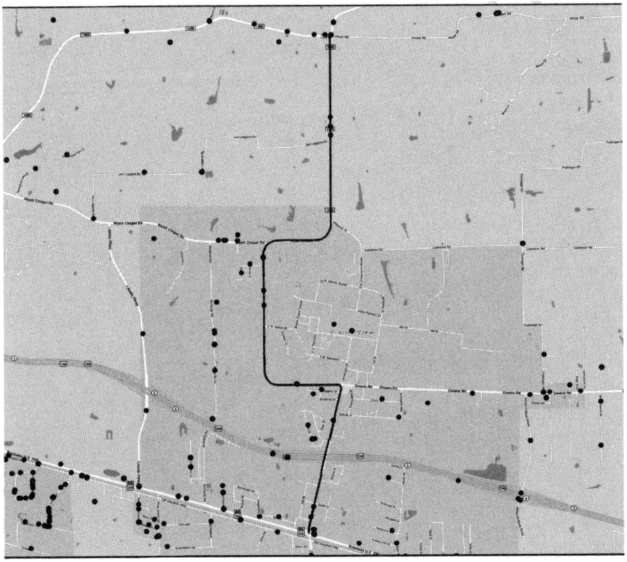

部分材料版权声明

作者感谢被允许使用以下受版权保护的材料：

照片：杜兴式微笑和非杜兴式微笑。经保罗·埃克曼博士 / 保罗·埃克曼集团有限责任公司许可重印。

图：“愤怒”，来自 Job van der Schalk et al., “ Moving Faces, Looking Places: Validation of the Amsterdam Dynamic Facial Expression Set (ADFES),” *Emotion* 11, no. 4 (2011): 912。作者允许转载。

图片：“瑞－奥斯特里思复杂图形”“感到压力前 / 感到压力后的实验对象根据回忆绘出的瑞－奥斯特里思复杂图形样本”“压力下的实验对象根据回忆绘出的瑞－奥斯特里思复杂图形样本”，来自 Charles A. Morgan et al., “ Stress-Induced Deficits in Working Memory and Visuo-Constructive Abilities in Special Operations Soldiers,” *Biological Psychiatry* 60, no. 7 (2006): 722—729。经查尔斯·A. 摩根三世博士和爱思唯尔出版社许可复制。

节选：《边缘》[6l.]、《拉撒路夫人》[2]、《生日礼物》[6] 摘自泰德·休斯编辑的《西尔维娅·普拉斯诗集》，版权所有 ©1960，1965，1971，1981，版权归西尔维亚·普拉斯所有；编辑材料版权（1981）归泰德休斯所有。经哈珀·柯林斯出版社许可重印。

节选：安妮·塞克斯顿的《瘾君子》，选自《生死抉择》(Boston: Houghton Mifflin, 1966)。经 SLL / 斯特林勋爵文学公司许可重印。版权归安妮·塞克斯顿所有。

图："图 10-1　1960—1977 年英格兰和威尔士的煤气自杀人数与民用煤气一氧化碳含量之间的关系""图 10-2　1900—1984 年英格兰和威尔士及美国的煤气自杀率（每 100 万人口）""图 10-3　英国 25～44 岁女性使用民用煤气自杀及其他自杀方法的自杀率"，摘自 Ronald V. Clarke and Pat Mayhew, " The British Gas Suicide Story and Its CriminologicalImplications," *Crime and Justice* 10 (1988): 79—116。经罗纳德·V. 克拉克、帕特·梅休和芝加哥大学出版社允许转载。

地图：戴维·韦斯伯德等人绘制的泽西城地图，" Does Crime Just Move Around The Corner? A Controlled Study of Spatial Displacement and Diffusion of Crime Control Benefits," *Criminology* 44, no. 3 (2006): 549—591。经戴维·韦斯伯德和美国犯罪学学会允许复制。